DataBase

TOEIC® L&Rテスト
最強 単語&フレーズ

早川 幸治 著

桐原書店

「覚えられない」を卒業する単語＆フレーズの学び方改革！

「英単語が覚えられない……」という悩みはありませんか？「記憶力が悪いので……」なんて思っていませんか？ 英単語は記憶力を使って覚えるものではありません。これまでの語彙学習法で英単語が覚えられなかったとしたら，それは「脳の働き」を無視した学習をしていたからです。語彙学習に大切なことは，「脳が単語の意味を思い出しやすい状態」を作ってあげることです。そして，それを仕組み化してしまうことで，英単語がスムーズに頭に入るようになります。

「単語テストでは満点を取れるのに，その単語力をリスニングやリーディングで活かせない……」という悩みもあるかもしれません。「単語は覚えられるのに，（英語が）聞けない・読めない」理由は，その単語の使い方まで理解していないからです。例えば，卒業アルバムで人の顔と名前を覚えても，その人がどういう人かまではわからないように，単語も文字と意味だけを覚えても使い方まではわかりません。よって，語彙学習を仕組み化してしまうのです。

本書は，このような「覚えられない」「覚えても聞けない・読めない」という語彙学習を卒業するために「仕掛け」と「仕組み」を取り入れています。

その1つは，「ジャンル別」であることです。単語＆フレーズの意味がすぐに出てこなくても，「イベントの話で使われていた」という場面をぼんやりと思い出せれば，推測することができます。そして，もう1つは「レベル別」であることです。見出し語句をレベル別に学習するだけでなく，例文で使用している語彙も TOEIC® の頻出語句を使い，かつレベルを合わせています。ほかにも，派生語や反意語，関連語句などの情報を掲載していますので，色々な角度から語彙を学ぶことができます。

さぁ，苦痛でしかなかった苦手な語彙学習を，得意に変えましょう！ 語彙学習に「魔法」はありません。でも，手品（タネとシカケ）はあります。苦手を得意にするための具体的なタネとシカケについては，「本書の構成と効果的な利用法」に書いてあります。

それでは，Go on to the next page！

2020 年 2 月

早川 幸治（Jay）

CONTENTS

本書の構成

レベル別
使用頻度が高く覚えやすいものから学習します。例文の語彙もそのレベルを超えるものは使われていません。

ジャンル別
語句には使われやすい文脈があります。脈絡のない語句を連続して学習するよりも，ジャンルと関連付けながら学習することで，効率よく身に付けられます。

見出し語句番号

チェックボックス
学習の進度をチェックしましょう。

発音とアクセント
注意が必要なものには 発ア の印がついています。

(Level 1)

買物・店

0011	customer [kástəmər]	名 客
0012	purchase [pɔ́ːrtʃəs]	動 ～を購入する　名 購入 buy ～を購入する
0013	available [əvéiləbəl]	形 手に入る，利用できる 幅広い意味で「OK」のこと ⇔ unavailable 入手できない
0014	out of stock [áut əv stάːk]	フレーズ 在庫がない，品切れて ⇔ in stock 在庫がある
0015	look for [lúk fər]	フレーズ ～を探す
0016	choose [tʃúːz]	動 ～を選ぶ ⇨ 名 choice 選択
0017	reach [ríːtʃ]	動 手を伸ばす，～を達成する
0018	exchange [ikstʃéindʒ]	動 ～を交換する　名 交換 電池交換や不良品の交換は replace を使う
0019	tax [tǽks]	名 税金
0020	bakery [béikəri]	名 パン屋 パンやケーキなどを売っている店

10

見出し語句の品詞
名 のように表示しています。
名 名詞 ／ 動 動詞 ／ 形 形容詞 ／ 副 副詞 ／ 前 前置詞 ／ 接 接続詞
フレーズ 2 語以上の語句

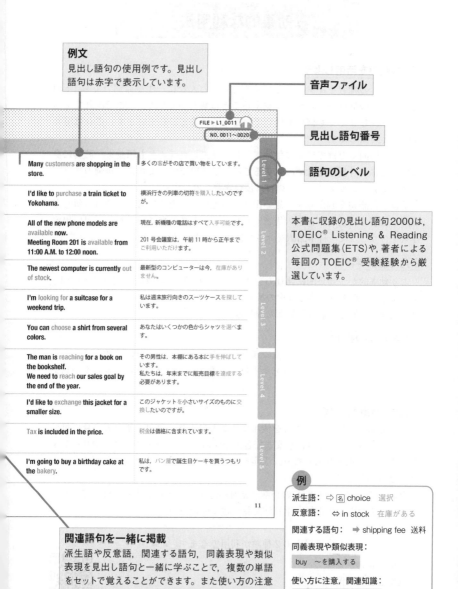

例文
見出し語句の使用例です。見出し語句は赤字で表示しています。

音声ファイル

FILE ▶ L1_0011

NO. 0011～0020

見出し語句番号

語句のレベル

Many customers are shopping in the store.	多くの客がその店で買い物をしています。
I'd like to purchase a train ticket to Yokohama.	横浜行きの列車の切符を購入したいのですが。
All of the new phone models are available now. Meeting Room 201 is available from 11:00 A.M. to 12:00 noon.	現在，新機種の電話はすべて入手可能です。 201号会議室は，午前11時から正午までご利用いただけます。
The newest computer is currently out of stock.	最新型のコンピューターは今，在庫がありません。
I'm looking for a suitcase for a weekend trip.	私は週末旅行向きのスーツケースを探しています。
You can choose a shirt from several colors.	あなたはいくつかの色からシャツを選べます。
The man is reaching for a book on the bookshelf. We need to reach our sales goal by the end of the year.	その男性は，本棚にある本に手を伸ばしています。 私たちは，年末までに販売目標を達成する必要があります。
I'd like to exchange this jacket for a smaller size.	このジャケットを小さいサイズのものに交換したいのですが。
Tax is included in the price.	税金は価格に含まれています。
I'm going to buy a birthday cake at the bakery.	私は，パン屋で誕生日ケーキを買うつもりです。

Level 1

Level 2

Level 3

Level 4

Level 5

本書に収録の見出し語句2000は，TOEIC® Listening & Reading 公式問題集（ETS）や，著者による毎回のTOEIC® 受験経験から厳選しています。

11

関連語句を一緒に掲載
派生語や反意語，関連する語句，同義表現や類似表現を見出し語句と一緒に学ぶことで，複数の単語をセットで覚えることができます。また使い方の注意点や，関連知識についても説明を加えています。

例

派生語： ⇨ 名 choice　選択

反意語： ⇔ in stock　在庫がある

関連する語句： ➡ shipping fee　送料

同義表現や類似表現：

buy　～を購入する

使い方に注意，関連知識：

幅広い意味で「OK」のこと

5

効果的な利用法

脳の仕組みを活用しよう

　カラオケの練習をイメージしてください。どんなに一生懸命聞いても，1回聞いただけの歌詞やメロディを覚えることは難しいですが，CMで流れてくる歌は，意識しなくても何度も聞いているうちに覚えてしまいます。これは脳の仕組みと関係します。

　脳は1回聞くだけでは身に付けてくれません。カラオケも語彙も，確実に身に付けるには「**反復を仕組み化すること**」が必要です。まさに，語彙力アップのタネでありシカケとなるものは，**反復学習**なのです。

　学習した語句を脳が確実に思い出せる状態にするためにも，その日学習した範囲を復習する前に，前回の復習からスタートしてください。何度も思い出す作業を行うことで，日本語訳を介さずに英語のまま理解できるようになります。

多角的語彙学習法

　より効率的かつ効果的に語彙力を高めるための学習の流れが以下の2つです。
1．文字←→音声（活字と音声の繰り返し）
2．語句←→英文（語句と英文の繰り返し）

音声の効果的活用

　音声を活用することで，記憶に残り易くなります。文字だけで歌を歌えるようにはならないように，音声をマネして音読することで，さらに定着率が高まります。

英文を活用する効果

　見出し語句だけでなく英文を活用することにより，語句の使い方を身に付けることができます。それは英文まで音読をすることで，リスニング力やリーディング力にも転化され易くなり，表現や文法も同時に身に付けることができるようになるからです。

　なお，ここで紹介したものが唯一絶対の方法ではありません。自分で工夫しながら，あなたの脳が好む学習法を見つけてください。

　ナレーターの音声は以下の2種類が利用できます。

見出し語句→意味
見出し語句→例文

入手はこちらから ▶ ▶ ▶

Level 1

**基本語句
250**

~ Score 470

ホテル・レストラン

0001	**reservation** [rèzərvéiʃən]	名 (ホテルや列車などの) 予約
0002	**reserve** [rizə́:rv]	動 ～を予約する
0003	**book** [búk]	動 ～を予約する
0004	**cancel** [kǽnsəl]	動 ～を取り消す ⇨ 名 cancellation キャンセル, 取り消し
0005	**meal** [mí:l]	名 食事
0006	**serve** [sə́:rv]	動 ～を提供する, ～に給仕する
0007	**shuttle** [ʃʌ́tl]	名 シャトルバス

学校

0008	**education** [èdʒəkéiʃən]	名 教育
0009	**degree** [digrí:]	名 学位
0010	**lecture** [léktʃər]	名 講義

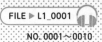
I made a reservation for a group of six.	私は6人のグループで予約をしました。
I reserved a room for two nights.	私は部屋を2泊予約しました。
I'd like to book a table for two people at seven o'clock tomorrow.	明日の7時に，2人用のテーブルを予約したいのですが。
If you need to cancel your reservation, please call us.	予約を取り消す必要がある場合は，お電話ください。
The plan includes three meals during your stay.	このプランには，ご滞在中の3回の食事が含まれています。
Our restaurant serves Japanese food.	当レストランでは日本料理を出しています。
The hotel has a shuttle service to and from the airport.	ホテルは空港へ行き来するシャトルバスサービスがあります。

Everyone has a chance to receive higher education.	すべての人に高等教育を受ける機会があります。
You can get a Master's degree in one year.	あなたは1年で修士の学位を取得できます。
The university offers lectures on a variety of topics.	その大学は，さまざまなテーマに関する講義を提供しています。

Level 1

Level 2

Level 3

Level 4

Level 5

買物・店

0011	☐☐	**customer** [kʌ́stəmər]	名 客
0012	☐☐	**purchase** [pə́:rtʃəs]	動 ～を購入する　名 購入 buy　～を購入する
0013	☐☐	**available** [əvéiləbəl]	形 手に入る, 利用できる 幅広い意味で「OK」のこと ⇔ unavailable　入手できない
0014	☐☐	**out of stock** [áut əv stá:k]	フレーズ 在庫がない, 品切れで ⇔ in stock　在庫がある
0015	☐☐	**look for** [lúk fər]	フレーズ ～を探す
0016	☐☐	**choose** [tʃú:z]	動 ～を選ぶ ⇨ 名 choice　選択
0017	☐☐	**reach** [rí:tʃ]	動 手を伸ばす, ～を達成する
0018	☐☐	**exchange** [ikstʃéindʒ]	動 ～を交換する　名 交換 電池交換や不良品の交換は replace を使う
0019	☐☐	**tax** [tǽks]	名 税金
0020	☐☐	**bakery** [béikəri]	名 パン屋 パンやケーキなどを売っている店

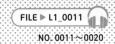

Many customers are shopping in the store.	多くの客がその店で買い物をしています。
I'd like to purchase a train ticket to Yokohama.	横浜行きの列車の切符を購入したいのですが。
All of the new phone models are available now. Meeting Room 201 is available from 11:00 a.m. to 12:00 noon.	現在，新機種の電話はすべて入手可能です。 201 号会議室は，午前 11 時から正午までご利用いただけます。
The newest computer is currently out of stock.	最新型のコンピューターは今，在庫がありません。
I'm looking for a suitcase for a weekend trip.	私は週末旅行向けのスーツケースを探しています。
You can choose a shirt from several colors.	あなたはいくつかの色からシャツを選べます。
The man is reaching for a book on the bookshelf. We need to reach our sales goal by the end of the year.	その男性は，本棚にある本に手を伸ばしています。 私たちは，年末までに販売目標を達成する必要があります。
I'd like to exchange this jacket for a smaller size.	このジャケットを小さいサイズのものに交換したいのですが。
Tax is included in the price.	税金は価格に含まれています。
I'm going to buy a birthday cake at the bakery.	私は，パン屋で誕生日ケーキを買うつもりです。

Level 1 / Level 2 / Level 3 / Level 4 / Level 5

11

| 0021 | ☐☐ | **battery** [bǽtəri] | 名 電池, バッテリー |

交通

0022	☐☐	**arrive** [əráiv]	動 到着する
0023	☐☐	**arrival** [əráivəl]	名 到着
0024	☐☐	**depart** [dipá:rt]	動 出発する
0025	☐☐	**departure** [dipá:rtʃər]	名 出発
0026	☐☐	**delay** [diléi]	動 ~を遅らせる, 遅れる 名 遅れ
0027	☐☐	**crowded** [kráudid]	形 込んでいる
0028	☐☐	**traffic** [trǽfik]	名 交通 (量) 「多い」「少ない」は heavy, light で表す
0029	☐☐	**sign** [sáin]	名 看板, 記号 動 (~に) 署名する
0030	☐☐	**ride** [ráid]	名 乗ること 動 乗る
0031	☐☐	**license** [láisəns]	名 免許 (証)

Please change the batteries every three months.	バッテリーは3カ月ごとに交換してください。
This train will arrive at Tokyo Station at 4:00 p.m.	この列車は午後4時に東京駅に到着します。
Please look at the schedule for the arrival times.	到着時間については，その時刻表をご覧ください。
The train departs every 10 minutes from platform 1.	その列車は，1番ホームから10分ごとに出発します。
Please have your passport ready at the departure gate.	出発ゲートでは，パスポートをご用意ください。
The airplane has been delayed due to heavy rain.	その飛行機は，大雨のため遅れています。
Trains are crowded with people in the morning.	列車は，午前中は人で込み合っています。
Traffic is light at this time of day.	この時間帯には交通量が少ない。
Please follow the signs to the airport. If you agree with the contents, please sign the document.	空港までの看板に従ってお越しください。この内容に同意なさる場合，書類に署名してください。
Could you give me a ride to the station?	駅まで車に乗せていただけますか。
Please bring your driver's license with you.	あなたの運転免許証を持参してください。

Level 1
Level 2
Level 3
Level 4
Level 5

13

商品

0032	☐☐	**product** 〆 [prάdəkt]	名 製品，生産物
0033	☐☐	**quality** [kwάləti]	名 品質，質 ⇔ quantity 量
0034	☐☐	**a wide variety of** [ə wáid vəráiəti əv]	フレーズ 幅広い種類の a wide range of 幅広い種類の
0035	☐☐	**selection** [səlékʃən]	名 品ぞろえ，選択，精選品
0036	☐☐	**select** [səlékt]	動 ～を選択する

お金

0037	☐☐	**spend** [spénd]	動 ～を費やす
0038	☐☐	**reasonable** [ríːznəbəl]	形 （価格が）手ごろな
0039	☐☐	**fee** [fíː]	名 料金，手数料 基本的に手数料や入場料の意味
0040	☐☐	**pay** [péi]	動 ～を支払う
0041	☐☐	**payment** [péimənt]	名 支払い

You can purchase products **online or at your nearest store.**	製品は，オンラインまたは最寄りの店舗で購入することができます。
Our products are popular because of their high quality.	当社の製品は，その高い品質のおかげで人気があります。
Rance Store has a wide variety of **products from bicycles to computers.**	ランスストアは，自転車からコンピューターまで幅広い種類の製品をそろえています。
You can choose from a large selection **of items.**	あなたは，商品の多彩な品ぞろえの中から選ぶことができます。
Please select **the items you wish to order by clicking on the images.**	画像をクリックすることで，注文したい品物を選択してください。

I spend **about five thousand yen on books every month.**	私は毎月，書籍に5000円くらいを費やします。
You can buy many products online at reasonable **prices.**	多くの製品が，オンラインで手ごろな価格で購入できます。
A shipping fee **is included in the price.**	配送料金はその価格に含まれています。
I need to pay **ten dollars for the membership fee.**	会費として私は10ドルを支払う必要があります。
Please make your payment **by the end of the week.**	週の終わりまでにお支払いをしてください。

15

注文・発送

0042	☐☐	**order** [ɔ́ːrdər]	動 ～を注文する 名 注文
0043	☐☐	**ship** [ʃíp]	動 ～を発送する ➡ shipping fee 送料
0044	☐☐	**shipment** [ʃípmənt]	名 発送（品）
0045	☐☐	**charge** [tʃáːrdʒ]	動 （～に）…を請求する
0046	☐☐	**bill** [bíl]	名 請求書, 勘定
0047	☐☐	**extra** [ékstrə]	形 追加の
0048	☐☐	**record** 名 [rékərd] ⑦ 動 [rikɔ́ːrd]	名 記録 動 ～を記録する

服装

0049	☐☐	**wear** [wéər]	動 ～を着る, ～を身に着ける
0050	☐☐	**formal** [fɔ́ːrməl]	形 正式の ⇔ informal 形式ばらない
0051	☐☐	**clothing** [klóuðiŋ]	名 衣類

You can order our products online.	当社の製品をオンラインで注文することができます。
We will ship your order within three business days.	当社は，3営業日以内にご注文品を発送いたします。
The shipment of my order was delayed.	私の注文品の発送が遅れました。
We charge $9 for shipping.	私たちは配送料に9ドルを請求します。
We will send you a bill for your order.	あなたに注文品の請求書をお送りします。
We can use fast delivery at no extra cost.	私たちは追加の費用なしでスピード配達を利用できます。
You can check your order record on the website.	あなたの注文の記録はウェブサイトで確認できます。
You can wear casual clothes at our office.	ここのオフィスではカジュアルな服を着てもかまいません。
You are required to wear a formal suit at the ceremony.	その式典では正装用スーツを着用しなければなりません。
I bought a jacket at a clothing store.	私は衣料品店でジャケットを買いました。

イベント

0052	☐☐	**annual** [ǽnjuəl]	形 年に一度の
0053	☐☐	**anniversary** [æ̀nəvə́:rsəri]	名 〜周年，（毎年の）記念日
0054	☐☐	**audience** [ɔ́:diəns]	名 聴衆
0055	☐☐	**excited** [iksáitid]	形 興奮した ⇨ 動 excite 〜を興奮させる ➡ exciting game 興奮させる試合 ➡ excited people 興奮させられている人々
0056	☐☐	**workshop** [wə́:rkʃàp]	名 研修会，ワークショップ
0057	☐☐	**regular** [régjələr]	形 定期的な
0058	☐☐	**seating** [sí:tiŋ]	名 座席

サービス・割引

0059	☐☐	**discount** ⑦ 名 [dískaunt] 動 [diskáunt]	名 割引 動 〜を割り引く ➡ discounted price 割引価格
0060	☐☐	**improve** [imprú:v]	動 〜を改善する
0061	☐☐	**improvement** [imprú:vmənt]	名 改善

18

The annual conference will be held in May this year.	年次会議は，今年は 5 月に開催されます。
This year is the 10th anniversary of our company's founding.	今年は，当社の創立 10 周年となります。
There is a large audience in the concert hall.	コンサートホールには大勢の聴衆がいます。
The audience is excited about the live performance.	聴衆はライブ演奏に興奮しています。
New employees will learn sales techniques at the workshop.	新入社員は，研修会で販売テクニックを学ぶ予定です。
The musician holds a regular concert in winter.	そのミュージシャンは冬に定期コンサートを開催します。
Seating is limited, so please hurry.	座席には限りがありますので，お急ぎください。
The store is offering a discount this month.	この店は今月，割引を行っています。
Your comments will help us improve our service.	みなさんのご意見は，当社のサービスを改善することに役立ちます。
We need some improvement in the quality of our service.	当社のサービスの質は，ある程度の改善が必要です。

Level 1
Level 2
Level 3
Level 4
Level 5

19

| 0062 ☐☐ | **membership**
[mémbərʃip] | 名 会員，会員の資格 |

芸術・美術館

0063 ☐☐	**hang** [hǽŋ]	動 (壁などに) かける
0064 ☐☐	**gallery** [gǽləri]	名 ギャラリー，画廊
0065 ☐☐	**create** [kriéit]	動 ～を作る ⇨ 名 creation 創造
0066 ☐☐	**handmade** [hǽndméid]	形 手作りの

規則・ルール

0067 ☐☐	**follow** [fálou]	動 ～に従う，(～の) あとについて 行く
0068 ☐☐	**be required to *do*** [bi rikwáiərd tə dú:]	フレーズ ～することを要求される， ～することを命じられる
0069 ☐☐	**avoid** [əvɔ́id]	動 ～を避ける ➡ avoid ～ing ～しないようにする
0070 ☐☐	**deadline** [dédlàin]	名 締め切り
0071 ☐☐	**guidelines** [gáidlàinz]	名 指針，ガイドライン

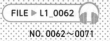
To get a discount, please show your membership card.	割引を受けるには，会員証をご提示ください。
Some pictures are hanging on the wall.	絵が壁にかけてあります。
There are about a hundred paintings in the gallery.	そのギャラリーには 100 枚くらいの絵画があります。
This work of art was created by a famous artist of the 19th century.	この芸術作品は，19 世紀の有名な芸術家によって作られました。
Handmade toys are popular gifts for children.	手作りのおもちゃは，子どもたちに人気の贈り物です。
You must follow the rules at all times.	あなたはいつでも規則に従わなければなりません。
All of the employees are required to attend the security workshop.	全従業員は，安全管理の研修会に参加することを要求されます。
You should avoid driving a car in the storm.	嵐の中で車を運転することは避ける［運転しないようにする］べきです。
The deadline for the financial report is tomorrow.	財務報告書の締め切りは明日です。
Please check the safety guidelines when you visit the factory.	工場を訪れるときは安全指針を確認してください。

Level 1

Level 2

Level 3

Level 4

Level 5

21

旅行・出張

| 0072 | **arrange for** [əréindʒ fər] | フレーズ ～を手配する |
| | | |

arrangement [əréindʒmənt]
名 手配, 配置

abroad [əbrɔ́:d]
副 外国へ [に]
overseas 海外に

overseas [òuvərsí:z]
副 海外に
abroad 外国へ [に]

luggage [lʌ́gidʒ]
名 手荷物
baggage 手荷物

foreign [fɔ́rən, fɔ́(:)rən]
形 外国の
⇔ domestic 国内の, 家庭の

agency [éidʒənsi]
名 代理店
⇨ 名 agent 代理人

brochure [brouʃúər]
名 パンフレット, 小冊子
pamphlet パンフレット

tourism [túərìzəm]
名 観光業

sightseeing [sáitsì:iŋ]
名 観光

guided tour [gáidid túər]
フレーズ ガイド付きツアー

The travel agent will arrange for a hotel room.	旅行代理店がホテルの部屋を手配します。
I need to make my travel arrangements by the end of the week.	私は週末までに旅行の手配をする必要があります。
Mr. Sato travels abroad with his family every year.	佐藤さんは，毎年家族と一緒に外国へ旅行をします。
Our team members often go overseas to do research.	私たちのチームのメンバーは研究をするために，しばしば海外に出かけます。
Please put your luggage under your seat.	お客様の手荷物は座席の下に置いてください。
I sometimes go on business trips to foreign countries.	私はときどき外国に出張に出かけます。
The travel agency focuses on single-day tours.	その旅行代理店は，日帰りツアーに重点を置いています。
Please take a look at our brochure for package tours.	当社のパッケージツアーのパンフレットをご覧ください。
The tourism industry has been growing in recent years.	近年になって，観光業界は成長してきました。
I'll take our foreign visitors to Kyoto for sightseeing.	私は海外からの訪問客を観光のために京都に連れて行くつもりです。
We offer guided tours to the famous historic spots.	当社は，有名な史跡へのガイド付きツアーを提供しています。

Level 1
Level 2
Level 3
Level 4
Level 5

23

| 0083 | ☐☐ | **weather**
[wéðər] | 名 天気 |

インターネット・コンピューター

0084	☐☐	**access** [ækses]	動 ～にアクセスする 名 アクセス, 利用
0085	☐☐	**connect** [kənékt]	動 接続する, つなぐ ⇨ 名 connection 接続
0086	☐☐	**security** [sikjúəriti]	名 安全

申込

0087	☐☐	**apply for** [əplái fər]	フレーズ ～に応募する, ～に申し込む
0088	☐☐	**application** [æplikéiʃən]	名 申込 (書類) スマートフォンのアプリのことも指すが, 通常は app と略す
0089	☐☐	**confirm** [kənfə́:rm]	動 ～を確認する
0090	☐☐	**confirmation** [kà:nfərméiʃən]	名 確認 confirmation e-mail オンラインで注文後に届く確認 E メール
0091	☐☐	**form** [fɔ́:rm]	名 用紙, 形 動 ～を形づくる
0092	☐☐	**fill out** [fíl áut]	フレーズ ～に記入する

Most of Japan has clear weather at this time of year.
日本のほとんどの地域では，1年のこの時期は晴れの天気です。

You can access the system from your computer.
あなたのコンピューターからシステムにアクセスできます。

You can connect to the Internet for free.
インターネットには無料で接続できます。

Do not share your password for security reasons.
安全上の理由から，自分のパスワードを人と共有しないでください。

To apply for the position, please submit your résumé.
その職に応募するには，あなたの履歴書を提出してください。

Please complete the application to attend the seminar.
そのセミナーに参加するには，この申込書に記入してください。

This e-mail is to confirm your order of a coffee maker.
このEメールは，コーヒーメーカーのあなたの注文を確認するためのものです。

After you complete your order, a confirmation e-mail will be sent to you.
あなたが注文を完了すると，確認Eメールが送信されます。

Write your full name and date of birth on this form.
この用紙にあなたのフルネームと生年月日を記入してください。

Please fill out a form to apply for membership.
入会を申し込むには，用紙に記入してください。

Level 1
Level 2
Level 3
Level 4
Level 5

25

書類・Eメール

0093	**include** [inklú:d]	動 ~を含む
0094	**contain** [kəntéin]	動 ~を含む container「コンテナ」は contain するもの
0095	**complete** [kəmplí:t]	動 ~を完成させる 形 完全な
0096	**mail** [méil]	動 ~を郵送する ➡ e-mail a report レポートをEメールで送る
0097	**correct** [kərékt]	動 ~を修正する 形 正しい ➡ correct answer 正しい答え

リサーチ・マーケティング

0098	**search** [sə́:rtʃ]	動 検索する, 探す 名 検索
0099	**market** [má:rkət]	名 市場 動 ~を市販する 動 market a new computer 「新しいコンピューターを発売する」
0100	**result** [rizʌ́lt]	動 結果として起こる 名 結果, 成果
0101	**collect** [kəlékt]	動 ~を集める ⇨ 名 collection 収集
0102	**demand** [dimǽnd]	名 需要 動 ~を要求する ➡ on demand オンデマンドの, 要求に応じて

The price list is included in the document.	価格表は文書の中に含まれています。
This document contains some errors.	この文書はいくつかの誤りを含んでいます。
Please complete the report and send it to the manager.	そのレポートを完成させ，部長に送ってください。
I'll mail a greeting card to my friends living overseas.	海外に住んでいる友達にグリーティングカードを郵送するつもりです。
Please double-check the document and correct any errors.	その文書をもう一度チェックして，どんな間違いも修正してください。

Before the meeting, I will search for information on the Internet.	その会議の前に，インターネットで情報を検索します。
We will put a new computer on the market.	当社は，新型のコンピューターを市場に投入する予定です。
The advertisement resulted in an increase in sales.	その広告は，売上の増加を結果としてもたらしました。
It is important to collect opinions from customers.	顧客からの意見を集めることが重要です。
Demand for our product is increasing.	当社の製品への需要は増えています。

Level 1

Level 2

Level 3

Level 4

Level 5

家

0103	☐☐	**furniture** [fə́:*r*nitʃə*r*]	名 〈集合的に〉家具
0104	☐☐	**garage** 発 [gərɑ́:dʒ]	名 車庫
0105	☐☐	**garbage** [gɑ́:*r*bidʒ]	名 (台所の) 生ごみ

位置

0106	☐☐	**next to** [nékst tú:]	フレーズ ～の隣に
0107	☐☐	**behind** [biháind]	前 ～の後ろに 副 後ろに
0108	☐☐	**across from** [əkrɔ́(:)s frəm]	フレーズ ～の向かいに
0109	☐☐	**away** [əwéi]	副 離れて

逆接

| 0110 | ☐☐ | **although** [ɔ:lðóu] | 接 ～だけれども |
| 0111 | ☐☐ | **however** [hauévə*r*] | 副 しかしながら |

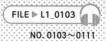
I ordered a new sofa at the nearest furniture store.	私は最寄りの家具店で新しいソファーを注文しました。
Our car is parked in the garage.	私たちの車は車庫に止めてあります。
Please take out the garbage.	生ごみを外に出してください。

There is a chair next to a table.	テーブルの隣に椅子があります。
A woman is standing behind the counter.	女性がカウンターの後ろに立っています。
There is a post office across from the station.	駅の向かいに郵便局があります。
I'll be away from home for two weeks.	私は2週間家を離れる予定です。

Although the train was delayed, we will arrive at the meeting on time.	列車は遅れたけれども，私たちは時間どおりに会議に到着します。
I ordered a table online. However, I haven't received it yet.	私はオンラインでテーブルを注文しました。しかしながら，まだそれを受け取っていません。

Level 1
Level 2
Level 3
Level 4
Level 5

時・時間

0112	☐☐	**current** [kə́:rənt]	形 現在の

0113	☐☐	**currently** [kə́:rəntli]	副 現在, 今は now 現在

0114	☐☐	**during** [djúəriŋ]	前 ～の間

0115	☐☐	**for a while** [fər ə hwáil]	フレーズ しばらくの間

0116	☐☐	**finally** [fáinəli]	副 ついに, 最後に

0117	☐☐	**until** [əntíl]	前 接 ～まで継続して

予定・準備

0118	☐☐	**be scheduled for** [bi skédʒu:ld fər]	動 ～の予定になっている

0119	☐☐	**behind schedule** [biháind skédʒu:l]	フレーズ 予定より遅れて late 遅れて ⇔ ahead of schedule 予定より早く

0120	☐☐	**prepare** [pripéər]	動 準備する ⇨ 名 preparation 準備

0121	☐☐	**postpone** [poustpóun]	動 ～を延期する

I'll explain our current situation before talking about our plan.	私たちの計画について話す前に，現在の状況を説明します。
We are currently offering a discount for members.	私たちは現在，会員向けの割引を提供しています。
You can ask me any questions during the break.	休憩の間に，私にどんな質問でもしてください。
I'll be away on business for a while.	私はしばらくの間，出張で不在になります。
I finally completed the beginner course.	私は，ついに初級コースを修了しました。
I'll stay in New York until next Monday.	私は来週の月曜日までニューヨークに滞在します。
The next meeting is scheduled for tomorrow morning.	次回の会議は明日の午前の予定になっています。
The project is two days behind schedule.	そのプロジェクトは2日予定より遅れています。
I need to prepare for the presentation.	私はプレゼンテーションの準備をする必要があります。
The meeting was postponed until next week.	その会議は来週まで延期されました。

Level 1

Level 2

Level 3

Level 4

Level 5

31

会議・議題

0122	☐☐	**attend** [əténd]	動 ～に出席する
0123	☐☐	**conference** [ká:nfərəns]	名 会議
0124	☐☐	**miss** [mís]	動 ～を逃す
0125	☐☐	**hold** [hóuld]	動 ～を開催する, ～を手に持つ, ～をつかむ
0126	☐☐	**decision** [disíʒən]	名 決定 ⇨ 動 decide ～を決定する ➡ make a decision 決定する
0127	☐☐	**example** [igzǽmpəl]	名 例, 手本
0128	☐☐	**item** [áitəm]	名 項目, 品物

広報・広告・宣伝

0129	☐☐	**advertise** [ǽdvərtàiz]	動 ～を宣伝する
0130	☐☐	**advertisement** [ǽdvərtàizmənt, ædvərtáizmənt]	名 広告 ➡ place an advertisement 広告を掲載する
0131	☐☐	**coupon** [kú:pɑn]	名 クーポン

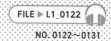

All of the new employees attended the orientation.	新入社員全員がオリエンテーションに出席しました。
More than 500 people joined the annual conference.	その年次会議には，500人以上が参加しました。
I missed the meeting because I had to visit a client.	ある顧客を訪問しなければならなかったので，その会議を逃しました。
We hold a team meeting every Monday morning.	私たちは毎週月曜日の朝にチーム会議を開催しています。
The manager made a decision about the new project.	部長は，その新しいプロジェクトについて決定をしました。
Let me give you an example of the work.	その仕事の例を示しましょう。
Let's discuss each item on the list.	そのリストの各項目について議論しましょう。
We plan to advertise the new product on TV.	わが社は，その新製品をテレビで宣伝する予定です。
We placed an advertisement in some business magazines.	わが社は，いくつかのビジネス誌に広告を掲載しました。
You can use this coupon until December 31.	このクーポンは12月31日まで使用できます。

Level 1

Level 2

Level 3

Level 4

Level 5

企業・経営

0132	☐☐	**CEO** [si: i: óu]	名 最高経営責任者 (chief executive officer)，会長
0133	☐☐	**executive** [igzékjətiv]	形 重役の，幹部の 名 重役，役員
0134	☐☐	**management** [mǽnidʒmənt]	名 管理，経営，(the -) 経営陣
0135	☐☐	**organization** [ɔ̀:rgənəzéiʃən]	名 組織
0136	☐☐	**corporation** [kɔ̀:rpəréiʃən]	名 企業 company 会社
0137	☐☐	**corporate** [kɔ́:rpərət]	形 企業の
0138	☐☐	**industry** [índəstri]	名 業界，産業
0139	☐☐	**benefit** [bénəfit]	名 利益，恩恵

求人・人事

| 0140 | ☐☐ | **employee** [implɔ́ii:] | 名 従業員，社員
⇨ 動 employ ～を雇用する
-ee 「～される人」のこと |
| 0141 | ☐☐ | **experience** [ikspíəriəns] | 名 経験
動 ～を経験する |

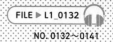
The CEO made an announcement about opening a new factory.	最高経営責任者は，新しい工場の開設について発表をしました。
The management had an executive meeting about the company's future.	経営陣は会社の将来についての重役会議を開催しました。
A degree in business management is required for the position.	その役職には経営管理の学位が必要です。
Richard Mudrock is the president of a research organization.	リチャード・マドロックは研究組織の理事長です。
Quest Tech Services is an international corporation with offices in twelve countries.	クエスト・テック・サービス社は，12カ国に事務所を持つ国際的な企業です。
The manager will explain a new corporate policy.	部長が，新しい企業の方針について説明します。
Bonz Travels is one of the most popular companies in the tourism industry.	ボンズ・トラベルズ社は，観光業界で最も人気の高い会社の1つです。
I'm sure you can receive benefits from our service.	あなたはきっと私たちのサービスから利益を得ることができるでしょう。
There are about 500 employees in our company.	当社にはおよそ500人の従業員がいます。
Two years of work experience is required for the position.	その職務には2年間の実務経験が必要です。

Level 1

Level 2

Level 3

Level 4

Level 5

35

0142	☐☐	**career** 🄬 [kəríər]	名 仕事, 経歴
0143	☐☐	**résumé** [rézəmèi]	名 履歴書
0144	☐☐	**interview** [íntərvjù:]	名 面接, インタビュー
0145	☐☐	**opportunity** [à:pərtjú:niti]	名 機会, チャンス
0146	☐☐	**retire** [ritáiər]	動 (定年)退職する ⇨ 名 retirement 退職

財務・会計

0147	☐☐	**account** [əkáunt]	名 (預金)口座
0148	☐☐	**accounting** [əkáuntiŋ]	名 経理, 会計
0149	☐☐	**budget** [bʌ́dʒət]	名 予算
0150	☐☐	**economy** [ikánəmi]	名 経済, 節約
0151	☐☐	**financial** [fainǽnʃəl, fənǽnʃəl]	形 財政的な
0152	☐☐	**earn** [ə́:rn]	動 ～を稼ぐ

I started my career as an engineer.	私はエンジニアとして仕事をスタートしました。
Please submit your résumé to Patricia Newman.	パトリシア・ニューマンにあなたの履歴書を提出してください。
Please come in for a job interview next Thursday.	来週の木曜日に就職面接に来てください。
The company will provide opportunities to improve your skills.	この会社は，あなたのスキルを向上させる機会を提供します。
Mr. Davidson is going to retire at the end of the year.	デビッドさんは今年末で退職する予定です。
I'd like to open a bank account.	銀行口座を開きたいのですが。
The accounting department will contact you about your salary.	経理部が給与についてあなたに連絡するでしょう。
We have a large enough budget for product development.	私たちには製品開発のために十分な予算があります。
Having more tourists is good for the local economy.	より多くの観光客が来ることは，地域経済にとってよいことです。
The financial situation of our company has improved over the past year.	当社の財務状況は，この1年で改善されました。
Jessica Lee earns a high salary as a marketing specialist.	ジェシカ・リーは，マーケティングの専門家として高い給料を稼いでいます。

Level 1
Level 2
Level 3
Level 4
Level 5

37

修理・交換

0153	☐☐	**out of order** [àut əv ɔ́:rdər]	フレーズ 故障して
0154	☐☐	**fix** [fíks]	動 〜を修理する repair 〜を修理する
0155	☐☐	**repair** [ripéər]	動 〜を修理する 名 修理 fix 〜を修理する
0156	☐☐	**renovate** [rénəvèit]	動 〜を改装する, 〜を修復する
0157	☐☐	**renovation** [rènəvéiʃən]	名 改装, 修復
0158	☐☐	**tool** [tú:l]	名 道具 ➡ power tool 電動工具 (ドリルなど)
0159	☐☐	**technician** [tekníʃən]	名 技術者

施設

0160	☐☐	**park** [pá:rk]	動 〜を駐車する
0161	☐☐	**parking** [pá:rkiŋ]	名 駐車, 駐車場
0162	☐☐	**facility** [fəsíliti]	名 施設

This projector is out of order, so please use another one.	このプロジェクターは故障しているため，別のを使ってください。
The printer is broken, so we need to fix it.	そのプリンターは壊れているので修理する必要があります。
The air conditioner will be repaired over the weekend.	そのエアコンは週末にかけて修理されるでしょう。
We plan to renovate our office next month.	わが社は来月，オフィスを改装する予定です。
The cafeteria is closed due to renovation.	そのカフェテリアは，改装のために閉店しています。
I used these tools to build the book case.	本棚を作るために，これらの道具を使いました。
A technician visited our office to fix the photocopier.	そのコピー機を修理するために，技術者が私たちのオフィスにやって来ました。
Do not park your car on the street.	あなたの車を路上に駐車しないでください。
There is a parking space in front of the building.	その建物の前に駐車スペースがあります。
The facility is designed for concerts.	この施設はコンサート用に設計されています。

Level 1
Level 2
Level 3
Level 4
Level 5

39

同意・反対

0163	**agree** [əgríː]	動 同意する，賛成する ⇔ disagree 反対する
0164	**disagree** [dìsəgríː]	動 反対する ⇔ agree 同意する，賛成する
0165	**agreement** [əgríːmənt]	名 合意，賛成 ➡ reach an agreement 合意に達する
0166	**accept** [əksépt]	動 ～を受け入れる，～を引き受ける ⇔ reject ～を拒否する
0167	**allow** [əláu]	動 ～を許可する，～を許す ⇔ prohibit ～を禁止する

判断・注意

0168	**sure** [ʃúər]	形 確信して
0169	**caution** [kɔ́ːʃən]	名 注意，警告 動 ～に警告する
0170	**hurry** [hə́ːri]	動 急ぐ 名 急ぎ
0171	**point at** [pɔ́int æt]	フレーズ ～を指し示す
0172	**feel free to** *do* [fíːl fríː tə dúː]	フレーズ 気軽に～する

Level 1

Level 2

Level 3

Level 4

Level 5

I agree with you about the change to the schedule.	私はスケジュールの変更についてあなたに同意します。
I disagree with the plan because it's too expensive.	コストが高すぎるため，私はその計画には反対です。
We reached an agreement about the project.	私たちは，そのプロジェクトについて合意に達しました。
Laurel Jackson accepted a job offer from a bank.	ローレル・ジャクソンは，ある銀行からの仕事のオファーを受け入れました。
Taking photographs is not allowed in the museum.	その博物館では，写真を撮影することは許可されていません。
I'm sure the plan will work well.	私はその計画がうまくいくと確信しています。
You must use the device with caution.	その装置は注意して使用しなければなりません。
The spring sale ends next Sunday, so please hurry.	スプリングセールは次の日曜日に終わりますので，お急ぎください。
The man is pointing at the screen.	その男性は画面を指し示しています。
Feel free to call me at any time.	いつでもお気軽に私に電話をしてください。

新聞・雑誌

0173 ☐☐	**article** [áːrtikl]	名 (新聞や雑誌の) 記事
0174 ☐☐	**fact** [fǽkt]	名 事実
0175 ☐☐	**cover** [kʌ́vər]	動 ～を取り扱う, ～を覆う, ～を包む
0176 ☐☐	**focus** [fóukəs]	動 焦点をあてる, 重点を置く 名 焦点, 重点

種類・分類

0177 ☐☐	**another** [ənʌ́ðər]	形 別の
0178 ☐☐	**both of** [bóuθ əv]	フレーズ 両方の ➡ both A and B　A と B の両方とも
0179 ☐☐	**especially** [ispéʃəli]	副 特に
0180 ☐☐	**match** [mǽtʃ]	動 ～と釣り合う

I read an article about Japanese history in the magazine.	私はその雑誌で，日本の歴史に関する記事を読みました。
The story includes historical facts.	その物語には歴史的な事実が含まれています。
This article covers basic sales techniques.	この記事は，基本的な販売テクニックを取り扱っています。
The article focuses on advertising.	この記事は広告に焦点をあてています。

Do you have another jacket in the same size?	同じサイズの別のジャケットはありますか。
Both of the employees have experience in marketing.	両方の社員ともマーケティングの経験があります。
There are many important points to consider, especially security.	考慮すべき多くの重要な点，特に安全性があります。
The jacket matches your shoes.	そのジャケットはあなたの靴に釣り合っています。

Level 1
Level 2
Level 3
Level 4
Level 5

43

程度

0181	**weak** [wíːk]	形 弱い ⇔ strong 強い
0182	**strongly** [strɔ́(ː)ŋli]	副 強く
0183	**sharply** [ʃáːrpli]	副 急激に, 鋭く
0184	**suddenly** [sʌ́dnli]	副 突然に
0185	**broad** [brɔ́ːd]	形 幅広い ➡ broad street 広い道
0186	**narrow** [nǽrou]	形 (幅が) 狭い ⇔ wide, broad 幅広い
0187	**heavily** [hévili]	副 激しく ⇨ 形 heavy 激しい
0188	**fully** [fúli]	副 完全に ⇨ 形 full 完全な
0189	**largely** [láːrdʒli]	副 主に mainly 主に
0190	**exactly** [igzǽktli]	副 まさに 返事で Exactly. は「まさにその通り。」という意味
0191	**at least** [ət líːst]	フレーズ 少なくとも

Before entering a new market, we need to think about our strong and weak points.	新しい市場に参入する前に，私たちは自分たちの強みと弱みについて考える必要があります。
We strongly recommend that you apply for the seminar early.	あなたが早めにそのセミナーに申し込むことを強くお勧めします。
Air ticket prices drop sharply after the holiday travel season.	航空券の価格は，休みの間の旅行シーズンの後で急激に下がります。
The machine is getting old, and sometimes stops suddenly.	その機械は古くなってきていて，ときどき突然に止まります。
She has a broad knowledge of IT trends.	彼女は，ITの動向についての幅広い知識を持っています。
Please be careful when you drive on a narrow street.	狭い通りで運転するときは注意してください。
The product was heavily damaged during shipment.	その製品は配送中に激しく損傷しました。
The restaurant tables are fully booked for today.	今日は，レストランのテーブルは完全に予約で埋まっています。
Sales have increased largely because of the advertisement.	主に宣伝が理由で売上が伸びました。
The size of the new bag is exactly the same as that of the old one.	その新しいバッグのサイズは，古いもののサイズとまさしく同じです。
You will receive your ticket at least two weeks before the concert.	あなたは，コンサートの少なくとも2週間前にチケットを受け取るでしょう。

Level 1
Level 2
Level 3
Level 4
Level 5

45

0192 ☐☐	**beyond** [bi(j)ánd]	前 ～を超えて ➡ beyond control　コントロールできない
0193 ☐☐	**difficulty** [dífikʌlti]	名 困難，難しさ ⇨ 形 difficult　難しい
0194 ☐☐	**difference** [dífərəns]	名 違い ⇨ 形 different　違う
0195 ☐☐	**possibility** [pàsəbíliti]	名 可能性 ⇨ 形 possible　可能な

増減

0196 ☐☐	**increase** 動 [inkrí:s]　名 [ínkri:s]	動 ～を増加させる，増加する 名 増加 rise　増加する ⇔ decrease　減少する，～を減少させる／減少
0197 ☐☐	**decrease** 動 [dì:krí:s]　名 [dí:kri:s]	動 減少する，～を減少させる 名 減少 fall, drop　下がる ⇔ increase　～を増加させる，増加する／増加
0198 ☐☐	**drop** [drá:p]	動 下がる，落ちる
0199 ☐☐	**grow** [gróu]	動 成長する，育つ
0200 ☐☐	**growth** [gróuθ]	名 成長

You cannot send any packages beyond the size limit.	大きさの制限を超えて小包を送ることはできません。
Please let me know if you have difficulty in understanding the content.	あなたがその内容を理解するのに困難がある場合は, 私に伝えてください。
I'd like to know the difference between the two products.	私はその 2 つの製品の違いを知りたいです。
The managers discussed the possibility of creating a new market.	部長たちは, 新しい市場を生み出す可能性について論じました。
Because of high demand, we need to increase production.	高い需要のため, 当社は生産量を増加させる必要があります。
The sales of our printer decreased last month.	先月, 当社のプリンターの売上は減少しました。
Smartphone sales have dropped by 5 percent over the past two months.	スマートフォンの売上は, 過去 2 カ月で 5% 下がりました。
The new company is growing quickly.	その新しい会社は急速に成長しています。
The TV advertisement helped our sales growth.	そのテレビ広告は, 当社の売上の成長を助けました。

Level 1

Level 2

Level 3

Level 4

Level 5

ポジティブ

0201	☐☐	**be pleased to _do_** [bi plíːzd tə dúː]	フレーズ ～ (する) ことをうれしく 思う be happy to _do_ ～するのがうれしい
0202	☐☐	**be interested in** [bi íntərəstid in]	フレーズ ～に興味 [関心] がある
0203	☐☐	**helpful** [hélpfl]	形 役立つ

伝達

0204	☐☐	**according to** [əkɔ́ːrdiŋ túː]	フレーズ ～によれば
0205	☐☐	**announce** [ənáuns]	動 ～を発表する, ～を告知する ⇨ 名 announcement 発表
0206	☐☐	**contact** [kántækt]	動 ～と連絡を取る 名 連絡 contact information 電話番号やメール アドレスなど連絡先の情報のこと
0207	☐☐	**call back** [kɔ́ːl bǽk]	フレーズ ～に折り返し電話をする
0208	☐☐	**explain** [ikspléin]	動 ～を説明する
0209	☐☐	**explanation** [èksplənéiʃən]	名 説明
0210	☐☐	**conversation** [kànvərséiʃən]	名 会話

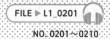
I'm pleased to meet you.	あなたに会えてうれしいです。
I'm interested in learning a new language.	私は新しい言語を学ぶことに興味があります。
The manager always gives us helpful advice.	部長はいつも私たちに役立つアドバイスをくれます。
According to the weather report, it will rain tomorrow.	天気予報によれば，明日は雨が降るでしょう。
The CEO announced a new company plan.	最高経営責任者が会社としての新しいプランを発表しました。
If you have any questions, please contact me by e-mail.	もし何かご質問があれば，Eメールで私と連絡を取ってください。
Could you call me back as soon as possible?	至急私に折り返し電話をしていただけますか。
I'd like to explain a few things about the new project.	新しいプロジェクトについて，いくつかのことを説明します。
Let me give you an explanation about the problem.	その問題について，あなたに説明をさせてください。
I had a conversation with my coworkers this morning.	今朝，私は同僚たちと会話をしました。

Level 1
Level 2
Level 3
Level 4
Level 5

49

0211	☐☐	**clearly** [klíərli]	副 はっきりと
0212	☐☐	**mention** [ménʃən]	動 ～に言及する
0213	☐☐	**mean** [mí:n]	動 ～を意味する
0214	☐☐	**purpose** [pɑ́:rpəs]	名 目的
0215	☐☐	**each other** [ì:tʃ ʌ́ðər]	代 お互い（に）

提案・支援

0216	☐☐	**suggest** [sʌɡdʒést]	動 ～を提案する
0217	☐☐	**suggestion** [səɡdʒéstʃən]	名 提案
0218	☐☐	**provide** [prəváid]	動 ～を提供する
0219	☐☐	**recommend** [rèkəménd]	動 ～を勧める
0220	☐☐	**assistance** [əsístəns]	名 援助 ⇨ 動 assist ～を援助する

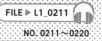

It's important to speak clearly at the meeting.	会議でははっきりと話すことが大切です。
I mentioned some problems in the report.	私はレポートの中で，いくつかの問題に言及しました。
What does this sentence mean?	この文は何を意味しますか？
The purpose of this meeting is to share ideas.	この会議の目的は，アイデアを共有することです。
Robert and Paul have known each other for a long time.	ロバートとポールは，長い間お互いに知り合いです。
I suggest that you ask for help.	あなたが手助けを求めることを提案します。
If you have any questions or suggestions, please let me know.	何かご質問やご提案がありましたら，お知らせください。
We provide support for new members.	私たちが新しいメンバーにサポートを提供します。
I recommend that you use a bus to get to the airport.	空港に行くにはバスを使うことをお勧めします。
We'll provide assistance to new employees.	私たちが新入社員への援助を行います。

Level 1

Level 2

Level 3

Level 4

Level 5

医療・製薬会社・歯科

0221	**medicine** [médəsən]	名 薬, 医薬品
0222	**medical** [médikəl]	形 医療の
0223	**dental** [déntəl]	形 歯科の, 歯の ⇨ 名 dentist 歯科医
0224	**appointment** [əpɔ́intmənt]	名 予約, (面談などの) 約束
0225	**brush** [brʌ́ʃ]	動 ～を磨く 名 ブラシ ➡ toothbrush 歯ブラシ

オフィス・仕事

0226	**coworker** [kóuwə̀:rkər]	名 同僚 colleague 同僚
0227	**colleague** [káli:g]	名 同僚 coworker 同僚
0228	**photocopy** [fóutoukàpi]	名 コピー 動 (～を) コピーする
0229	**photocopier** [fóutoukàpiər]	名 コピー機
0230	**task** [tǽsk]	名 仕事 job, work 仕事

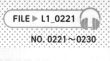
Please take this medicine three times a day.	この薬を1日3回服用してください。
The doctor checked the patient's medical record.	医師はその患者の医療記録をチェックしました。
I have a dental appointment today.	今日は歯科の予約があります。
I have an appointment with Dr. Jackson from 2:00 p.m.	午後2時からジャクソン先生に予約をしています。
You should brush your teeth after every meal.	あなたは毎食後に歯を磨くべきです。
Some of my coworkers helped me with a job.	私の同僚の何人かが仕事を手伝ってくれました。
I usually work with colleagues at the office.	私はたいていオフィスで同僚と働いています。
Could you make a photocopy of this document?	この文書のコピーを取ってもらえますか？
Please use this photocopier to make a color copy.	カラーコピーをするには，このコピー機を使用してください。
I have a lot of tasks to finish this week.	今週，私は多くの仕事を終える必要があります。

0231	☐☐	**paperwork** [péipərwə̀:rk]	名 書類仕事, 事務
0232	☐☐	**automatically** [ɔ̀:təmǽtikəli]	副 自動的に
0233	☐☐	**progress** 名[prágres] 動[prəgrés]	名 進歩 動 進歩する
0234	☐☐	**environment** [enváiərənmənt]	名 環境
0235	☐☐	**responsible** [rispánsəbəl]	形 責任がある ⇨ 名 responsibility 責任, 義務 ➡ be responsible for ～に責任がある
0236	☐☐	**flexible** [fléksəbəl]	形 柔軟な, 融通が利く ⇨ 名 flexibility 柔軟 (であること)
0237	☐☐	**take care of** [tèik kéər əv]	フレーズ ～に対応する, ～の面倒 　　　　　を見る

運動

0238	☐☐	**condition** [kəndíʃən]	名 (健康) 状態
0239	☐☐	**athlete** [ǽθli:t]	名 運動選手, アスリート
0240	☐☐	**athletic** [æθlétik]	形 運動の
0241	☐☐	**physical** [fízikl]	形 身体の, 物理的な

Before you start the job, please finish the paperwork.	その仕事を始める前に，書類仕事を終わらせてください。
Your phone number is recorded automatically.	あなたの電話番号は自動的に記録されます。
We made great progress in the project.	私たちはそのプロジェクトで大きな進歩を遂げました。
A good working environment is important for employees.	従業員にとって，よい職場環境は大切です。
Our team is responsible for ordering copy paper.	私たちのチームがコピー用紙の注文に責任があります。（注文を担当しています。）
Our company began flexible work hours twenty years ago.	当社は 20 年前に柔軟な勤務時間制を取り入れました。
I'll take care of answering phone calls.	私が電話に対応しましょう。

Athletes are required to stay in good condition.	運動選手はよい健康状態を維持することが求められます。
Ralph Hoffman trained hard to become a professional athlete.	ラルフ・ホフマンは一生懸命トレーニングしてプロの運動選手になりました。
JDI Footwear developed new athletic shoes.	JDI フットウェア社は，新しい運動靴を開発しました。
Please take special care of your physical condition.	体調には特に注意してください。

Level 1

Level 2

Level 3

Level 4

Level 5

製造・生産

0242	☐☐	**factory** [fǽktəri]	名 工場
0243	☐☐	**develop** [divéləp]	動 〜を開発する
0244	☐☐	**development** [divéləpmənt]	名 開発
0245	☐☐	**process** [práses]	名 過程, 処理 動 〜を処理する
0246	☐☐	**production** [prədʌ́kʃən]	名 生産
0247	☐☐	**innovation** [ìnəvéiʃən]	名 革新 ⇨ 動 innovate 〜を刷新する

不動産・物件

0248	☐☐	**convenient** [kənvíːnjənt]	形 便利な ⇨ 名 convenience 便利さ
0249	☐☐	**accessible** [æksésəbəl]	形 アクセスしやすい, 交通の便が よい access + ible (できる)
0250	☐☐	**rent** [rént]	動 〜を賃借 [賃貸] する 名 賃借 [賃貸] 料 ➡ monthly rent 月々の賃借料 [家賃]

Washing machines are produced in the overseas factory.	洗濯機は，海外の工場で生産されています。
ETV Motors announced a plan to develop a new car model.	ETV モーターズは，新型車を開発する計画を発表しました。
Our factory focuses on development of printers.	当社の工場は，プリンターの開発に重点を置いています。
The design was changed in the final step of the development process.	デザインが，開発過程の最終段階で変更されました。
We are increasing production of digital products.	当社は，デジタル製品の生産を増やしています。
Innovation in technology has changed our industry.	技術の革新が私たちの業界を変えています。

The apartment building is in a convenient place.	そのアパートの建物は便利な場所にあります。
Our office is easily accessible from the station.	私たちのオフィスは駅から簡単にアクセスできます。
I'd like to rent an apartment near the shopping center.	ショッピングセンターの近くのアパートを借りたいのですが。

スキルアップに必要な2つのこと

　レベル1はいかがでしたか？　知っている単語＆フレーズが多かったかもしれませんし，新しい単語＆フレーズにもたくさん出会えたかもしれません。レベル2からは量も増え，難易度も上がりますので，改めて語彙学習の上達について確認しておきます。

　新しい知識やスキルを身に付ける時，スポーツでも楽器演奏でも，仕事でも勉強でも，上達するのに必要なことは共通しています。

　それは「**環境**」と「**基準**」です。

　泳げるようになるためには，プールという環境に入らなければいけません。その上で，「バタ足で水に浮ける」という基準なのか，「バタフライで25メートル泳げるようになる」という基準なのかによって，トレーニング方法も習得のスピードも変わるはずです。

　読者の皆さんは，語彙学習の環境はできています。その環境と同じくらい大切なのが「**基準**」です。「見出し語句の意味を覚える」のと「見出し語句が使われた英文をお手本通りに言えるようになる」とでは習得度が変わります。前者の場合は，語彙テストには対応できるかもしれませんが，聞ける・読めるというレベルまでは到達しません。ゴールは「見出し語句の意味を覚えること」であり，その途中では覚えられない語句がでてくるはずです。一方，後者の場合は「英文を言えるようになる」がゴールですから，見出し語句の意味を覚えるのが前提となります。

　「**基準**」が低ければ負荷がかからずに楽にこなせますが，その分「できるようにならない」「覚えられない」という悩みが蓄積されます。逆に，「**基準**」が高ければ反復も必要となり負荷もかかりますが，「できるようになってきた！」という成功体験が蓄積されます。身に付ける語彙力が聞く力・読む力に転換されるためにも，ここからは「**基準**」を高めて学習を進めてください！

Level 2

絶対に必要な語句 800

Score 470 〜 600

買い物・店

0251	☐☐	**shopper** [ʃɑ́pər]	名 買い物客
0252	☐☐	**clerk** [klə́ːrk]	名 店員，事務員 salesclerk 店員
0253	☐☐	**in stock** [in stɑ́k]	フレーズ 在庫がある ⇔ out of stock 在庫がない，品切れで
0254	☐☐	**inventory** [ínvəntɔ̀ːri]	名 在庫
0255	☐☐	**cashier** 発 [kæʃíər]	名 レジ係
0256	☐☐	**business hours** [bíznəs àuərz]	フレーズ 営業時間
0257	☐☐	**hours of operation** [áuərz əv àpəréiʃən]	フレーズ 営業時間
0258	☐☐	**footwear** [fútwèər]	名 (集合的に) 履き物
0259	☐☐	**try on** [trái án]	フレーズ ～を試着する
0260	☐☐	**florist** [flɔ́(ː)rist]	名 花屋
0261	☐☐	**demonstrate** [démənstrèit]	動 ～を実演する，～を実証する ⇨ 名 demonstration 実演

There are some shoppers in the store.	その店には何人かの買い物客がいます。
Please ask our shop clerks if you have any questions about products.	製品について何かご質問がある場合は，当店の店員にお尋ねください。
The item you ordered is in stock now, so we can deliver it to you tomorrow.	お客様が注文された商品はただ今在庫があるので，明日お届けできます。
Suzannah is checking our inventory to see if we have enough items.	スザンナは，十分な商品があるかどうかを確認するために在庫をチェックしています。
After selecting your meal, please pay at the cashier.	料理を選ばれましたら，レジ係に代金をお支払いください。
Our business hours are from 9:00 a.m. to 8:00 p.m. every day.	当店の営業時間は，毎日午前9時から午後8時までです。
The hours of operation at our store are from 10:00 a.m. to 8:00 p.m.	当店の営業時間は，午前10時から午後8時までです。
We sell popular footwear such as sandals and sneakers.	当店は，サンダルやスニーカーなどの人気の履き物を販売しています。
Please tell us if you want to try on any shoes.	靴を試着したい場合は私どもに伝えてください。
The florist carries various kinds of flowers.	その花屋は，さまざまな種類の花を取り揃えています。
We will demonstrate our product at all of our store locations to increase sales.	当社は売り上げを伸ばすために，すべての店舗で商品の実演をするつもりです。

Level 1
Level 2
Level 3
Level 4
Level 5

61

0262	☐☐	**sample** [sǽmpəl]	動 ～を試食する 名 サンプル
0263	☐☐	**grocery** [gróusəri]	名 食料品（店）
0264	☐☐	**appliance** [əpláiəns]	名 電化製品

家事・料理

0265	☐☐	**housekeeping** [háuskì:piŋ]	名 家事
0266	☐☐	**laundry** [lɔ́:ndri]	名 洗濯（物）
0267	☐☐	**sweep** [swí:p]	動 ～を掃く
0268	☐☐	**wipe** [wáip]	動 ～をふく ⇨ 名 wiper （自動車の）ワイパー
0269	☐☐	**vacuum** [vǽkju:m]	動 ～に掃除機をかける ➡ vacuum cleaner 掃除機
0270	☐☐	**refrigerator** [rifrídʒərèitər]	名 冷蔵庫
0271	☐☐	**microwave oven** [máikrouwèiv ʌ́vən]	フレーズ 電子レンジ
0272	☐☐	**taste** [téist]	名 味，味見 動 ～を味わってみる

You can sample some food items at our supermarket.	当スーパーマーケットでは，いくつかの食品を試食することができます。
I got some milk at the grocery store.	私は，その食料品店で牛乳を買いました。
You can find our latest microwave oven at your nearest home appliance store.	当社の最新型電子レンジは，お客様の最寄りの家庭用電化製品の店で見つけることができます。
The robot cleaner has made housekeeping easier.	ロボット掃除機は，家事を楽にしてくれています。
I have to do the laundry this weekend.	私は今週末に洗濯をしなければなりません。
A man is sweeping the floor.	1人の男性が床を掃いています。
A woman is wiping the windows.	1人の女性が窓をふいています。
I vacuum the room once a week.	私は週に一度，その部屋に掃除機をかけます。
Can you take out the milk from the refrigerator?	冷蔵庫から牛乳を取り出してくれますか。
You can heat food in the microwave oven in the kitchen.	あなたは台所にある電子レンジで食べ物を加熱できます。
Do you like the taste of this cake?	あなたは，このケーキの味が気に入りましたか。

Level 1
Level 2
Level 3
Level 4
Level 5

63

交通

0273	☐☐	**transportation** [trænspərtéiʃən]	名 交通機関，輸送
0274	☐☐	**be closed to** [bi klóuzd tú:]	フレーズ ～に閉鎖されている
0275	☐☐	**be stuck in traffic** [bi stÁk in trǽfik]	フレーズ 交通渋滞に巻き込まれる
0276	☐☐	**route** [rú:t, ráut]	名 道，道筋
0277	☐☐	**aboard** [əbɔ́:rd]	前 (船・航空機・列車など) に乗って 副 (船・航空機・列車などに) 乗って
0278	☐☐	**intersection** [ìntərsékʃən]	名 交差点
0279	☐☐	**direction** [dərékʃən]	名 方向，指示
0280	☐☐	**round-trip** [ráundtríp]	形 往復の

乗り物

0281	☐☐	**passenger** [pǽsəndʒər]	名 乗客
0282	☐☐	**vehicle** 🔈 [ví:əkəl, ví:hikəl]	名 乗り物

Please use public transportation **to go to the city center.**	市の中心部へ行くには，公共交通機関をご利用ください。
The main street is closed to traffic **today due to road work.**	その大通りは，道路工事のために今日は通行止めとなっています。
The employee was stuck in traffic **and came late to the meeting.**	その社員は交通渋滞に巻き込まれたので，会議に遅れてやって来ました。
We recommend this route **to go to the airport from our office.**	私たちのオフィスから空港に行くには，この道をお勧めします。
Welcome aboard **Flight 201 to New York.**	ニューヨーク行き 201 便へのご搭乗ありがとうございます。
Please stop at the intersection **before making a turn.**	あの交差点では，停止してから曲がってください。
Can you tell me which direction **the museum is?**	その美術館がどちらの方向にあるのか教えてもらえますか。
I bought a round-trip **ticket to London for the business trip.**	私は，出張のためにロンドンとの往復チケットを買いました。

Passengers **are lined up to take a bus.**	乗客たちは，バスに乗るために並んでいます。
People are getting off the vehicle.	人々がその乗り物から降りているところです。

0283	☐☐	**pick up** [pík áp]	フレーズ ~を車で迎えに行く，~を拾い上げる，（預けていたもの）を引き取る
0284	☐☐	**aircraft** [éərkræft]	名 航空機 airplane 飛行機
0285	☐☐	**aisle** [áil]	名 （乗り物・劇場・店などの）通路 window seat は窓側の席のこと
0286	☐☐	**takeoff** [téikɔ̀(:)f]	名 離陸
0287	☐☐	**landing** [lǽndiŋ]	名 着陸
0288	☐☐	**crew** [krú:]	名 乗組員
0289	☐☐	**cruise** [krú:z]	動 （船や飛行機が）巡航する 名 巡洋航海
0290	☐☐	**motorcycle** [móutərsàikəl]	名 オートバイ

旅行・出張

0291	☐☐	**leave** [lí:v]	動 出発する，去る，~のままにする 名 休暇
0292	☐☐	**out of town** [áut əv táun]	フレーズ 留守中で，出張中で

I'll pick up some guests at the airport.	私が空港までお客様を車で迎えに行きます。
Please wait for the announcement to board the aircraft.	その航空機に搭乗するようにとのアナウンスがあるまでお待ちください。
Which would you prefer, a window or an aisle seat?	窓側と通路側の席のどちらがお好みですか。
Please fasten your seatbelt before takeoff.	離陸の前にはシートベルトをお締めください。
Please fasten your seatbelts and prepare for landing.	シートベルトを締め，着陸に備えてください。
The airline crew will serve drinks soon.	航空機の乗務員は，すぐに飲み物を出すでしょう。
This huge ship is cruising around the world.	この巨大な船は，世界中を巡航しています。
You must wear a helmet to ride a motorcycle.	オートバイに乗るには，ヘルメットを着用しなければなりません。
When are you leaving for Seattle?	あなたはいつシアトルに向けて出発する予定ですか。
I'll be out of town on business this week.	私は今週，出張で留守にすることになるでしょう。

Level 1

Level 2

Level 3

Level 4

Level 5

0293	☐☐	**travel agent** [trǽvəl éidʒənt]	フレーズ 旅行代理店（の従業員）
0294	☐☐	**destination** [dèstənéiʃən]	名 目的地
0295	☐☐	**region** [rí:dʒən]	名 地域, 地方
0296	☐☐	**coordinate** [kouɔ́:rdənèit]	動 ～を調整する ⇨ 名 coordination 調整
0297	☐☐	**comfortable** [kʌ́mfətəbəl]	形 快適な
0298	☐☐	**comfort** [kʌ́mfərt]	名 快適さ
0299	☐☐	**carry-on luggage** [kǽriɒn lʌ́gidʒ]	フレーズ 機内持ち込み手荷物
0300	☐☐	**backpack** [bǽkpæk]	名 バックパック
0301	☐☐	**baggage** [bǽgidʒ]	名 手荷物 luggage 手荷物
0302	☐☐	**belongings** [bilɔ́(:)ŋiŋz]	名 所持品, 所有物
0303	☐☐	**souvenir** [sù:vəníər]	名 おみやげ
0304	☐☐	**explore** [iksplɔ́:r]	動 ～を探検する, ～を探求する

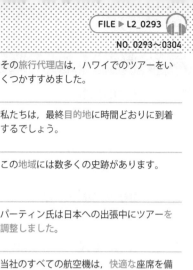

The travel agent recommended some tours in Hawaii.	その旅行代理店は，ハワイでのツアーをいくつかすすめました。
We will arrive at the final destination on time.	私たちは，最終目的地に時間どおりに到着するでしょう。
There are many historic sites in the region.	この地域には数多くの史跡があります。
Mr. Partin coordinated tours during his business trip to Japan.	パーティン氏は日本への出張中にツアーを調整しました。
All of our aircraft have comfortable seating.	当社のすべての航空機は，快適な座席を備えています。
The first class section offers you comfort and convenience.	ファーストクラスの座席は，お客様に快適さと便利さをご提供します。
Carry-on luggage must not be over 18 kilograms.	機内持ち込み手荷物は，18キログラムを超えてはいけません。
A man is carrying a backpack.	1人の男性がバックパックを担いでいます。
You cannot bring heavy baggage onto the airplane.	重い手荷物は機内に持ち込むことはできません。
Please keep an eye on your belongings at all times.	自分の所持品は，常に注意して見ておいてください。
You can buy some souvenirs at the gift shop.	あなたは，そのギフトショップでおみやげを買えます。
This guided tour will allow us to explore the historic district.	このガイド付きツアーは，私たちに歴史地区を探検させてくれます。

Level 1

Level 2

Level 3

Level 4

Level 5

不動産・物件

0305	☐☐	**property** [prápərti]	名 物件
0306	☐☐	**real estate** [ríːəl istèit]	フレーズ 不動産, 土地
0307	☐☐	**be located in** [bi lóukeitid in]	フレーズ ～にある, 位置する
0308	☐☐	**landlord** [lǽndlɔ̀ːrd]	名 大家, 地主
0309	☐☐	**within walking distance** [wiðín wɔ́ːkiŋ dístəns]	フレーズ 徒歩圏内に, 歩いて行ける距離に
0310	☐☐	**neighborhood** [néibərhùd]	名 地域, 近所
0311	☐☐	**condominium** [kàndəmíniəm]	名 分譲マンション ➡ apartment building　アパート

求人

0312	☐☐	**job opening** [dʒáb òupəniŋ]	フレーズ 仕事の欠員, 職の空き
0313	☐☐	**applicant** [ǽplikənt]	名 応募者, 志願者 candidate　候補者
0314	☐☐	**candidate** [kǽndədèit]	名 候補者 applicant　応募者, 志願者

We will view some properties tomorrow to find a new office.	私たちは明日，新しいオフィスを見つけるために，いくつかの物件を見て回るつもりです。
The real estate agent gave me some property information.	その不動産業者は，私にいくつかの不動産情報を提供してくれました。
The shop is located in the central area of the city.	その店は，市の中心部にあります。
The real estate agent discussed some conditions with the landlord.	不動産業者は，いくつかの条件について大家と話し合いました。
A park is located within walking distance.	公園が１つ徒歩圏内にあります。
The area is well known for its quiet neighborhoods.	このあたりは，閑静な地域として有名です。
All the rooms of the condominium were already sold.	その分譲マンションのすべての部屋は，すでに完売しました。
We have job openings in research positions.	当社は，研究職に欠員があります。
The human resources manager interviewed each applicant.	人事部長が，それぞれの応募者に面接をしました。
Successful candidates will have a chance to work abroad.	採用された候補者は，海外で働く可能性があります。

Level 1

Level 2

Level 3

Level 4

Level 5

0315	☐☐	**position** [pəzíʃən]	名 職, 位置 動 ～を配置する
0316	☐☐	**seek** [síːk]	動 ～を探す, ～を募集する look for ～を探す
0317	☐☐	**require** [rikwáiər]	動 ～を必要とする, ～を要求する need ～を必要とする
0318	☐☐	**requirement** [rikwáiərmənt]	名 要件, 必要条件
0319	☐☐	**preferred** [prifə́ːrd]	形 望ましい, 好ましい ⇨ 動 prefer ～のほうを好む
0320	☐☐	**qualification** [kwὰləfikéiʃən]	名 資格, 適性
0321	☐☐	**qualified** [kwáləfàid]	形 資格のある, 適任の
0322	☐☐	**background** [bǽkgràund]	名 経歴, 背景
0323	☐☐	**along with** [əlɔ́ːŋ wið]	フレーズ ～と一緒に
0324	☐☐	**serve as** [sə́ːrv ǽz]	フレーズ ～としての役割を果たす work as ～として働いている

More than 20 people have applied for the manager position.	20 人以上の人たちが管理職に応募しています。
We are currently seeking system engineers.	当社は現在，システムエンジニアを募集しています。
Verbal and written communication skills are required.	口頭および文書によるコミュニケーション能力が必要です。
Applicants must meet all of the requirements to get the position.	応募者が，その職を得るにはすべての要件を満たさなければなりません。
Foreign language skills are preferred for the position.	その職には，外国語のスキルがあることが望ましいです。
Two candidates meet all the qualifications for the job.	2 人の候補者が，その仕事に必要なすべての資格を満たしています。
Qualified applicants must have at least three years of experience.	資格のある応募者には，少なくとも 3 年の経験が必須です。
Please refer to the résumé for my background.	私の経歴につきましては，履歴書をご参照ください。
To apply for the position, your résumé along with a cover letter is required.	その職に応募するには，カバーレターと一緒に履歴書が必要です。
We are looking for someone to serve as a marketing researcher.	当社は，市場調査員としての役割を果たしてくれる人を探しています。

Level 1

Level 2

Level 3

Level 4

Level 5

採用

0325	☐☐	**hire** [háiər]	動 ～を採用する
0326	☐☐	**recruit** [rikrú:t]	名 新入社員 動 ～を新規採用する
0327	☐☐	**employment** [emplɔ́imənt]	名 雇用, 仕事
0328	☐☐	**employ** [emplɔ́i]	動 ～を雇用する

人事・人材育成

0329	☐☐	**human resources** [hjú:mən rí:sɔ̀:rsiz]	フレーズ 人事, 人材 personnel 人事, 人員 HR と略すこともある
0330	☐☐	**personnel** [pɜ̀:rsənél]	名 人事, 人員 human resources 人事, 人材
0331	☐☐	**performance** [pərfɔ́:rməns]	名 実績, 成果, 演技
0332	☐☐	**contribute** [kəntríbju:t]	動 貢献する, 寄付する
0333	☐☐	**contribution** [kàntribjú:ʃən]	名 貢献, 寄付
0334	☐☐	**able** [éibəl]	形 できる

We are hiring additional staff to prepare for the busy season.	繁忙期に備えて，当社は追加のスタッフを採用しています。
The recruits are currently doing on-the-job training.	新入社員は現在，実地訓練を行っています。
Please sign the employment contract before December 10.	12月10日までに雇用契約書に署名してください。
I was employed by Grand Hotel five years ago.	私は5年前にグランド・ホテルに雇われました。

The decision has already been made by the human resources department.	その決定は，すでに人事部によって下されています。
The personnel manager will explain the new hiring policy.	人事部長が新しい採用方針について説明します。
We were impressed by the outstanding performance of the staff.	私たちは，社員の目覚ましい実績に感心しました。
Our experienced staff have contributed to the company's growth.	当社の経験豊富なスタッフが，会社の成長に貢献してきました。
Miranda made a great contribution to the success of the project.	ミランダは，そのプロジェクトの成功に大きな貢献をしました。
I was able to complete the report on time.	私は，そのレポートを時間どおりに完成することができました。

0335	☐☐	**ability** [əbíliti]	名 能力
0336	☐☐	**be capable of** [bi kéipəbəl əv]	フレーズ ～の能力がある
0337	☐☐	**managerial** [mænədʒíəriəl]	形 管理（職）の, マネージャーの ⇨ 名 management 管理, 経営
0338	☐☐	**eligible** [élidʒəbəl]	形 資格のある, 適格な
0339	☐☐	**deserve** [dizə́:rv]	動 ～に値する
0340	☐☐	**transfer** 動 [trænsfə́:r] 名 [trǽnsfə:r]	動 ～を転勤させる 名 転勤
0341	☐☐	**train** [tréin]	動 ～を訓練する
0342	☐☐	**senior** [sí:njər]	形 （役職が）上級の, 年上の

ホテル・レストラン

| 0343 | ☐☐ | **complimentary**
[kàmpləméntəri] | 形 無料の
free 無料の |
| 0344 | ☐☐ | **recipe**
[résəpi] | 名 レシピ, 調理法 |

Our engineers have the ability to speak Japanese.	当社のエンジニアは，日本語を話す能力を持っています。
The new software is capable of processing data quickly.	その新しいソフトウェアは，データを迅速に処理することができます。
Two years of managerial experience is required for the position.	その職には，管理職の 2 年間の経験が必要です。
Full-time employees are eligible to receive a bonus.	正社員は，ボーナスを受け取る資格があります。
Andrew deserves a promotion because of his outstanding achievements.	アンドリューは，彼のめざましい業績のために昇進に値します。
Several employees will be transferred to the headquarters next month.	来月，何人かの社員が本社に転勤させられることになっています。
We train new employees during the first month of their employment.	当社は，新入社員を雇用してから最初の 1 カ月間に訓練します。
New employees will work under a senior accountant for the first six months.	新入社員は，最初の 6 カ月間上級の会計士の下で働きます。
The hotel offers a complimentary breakfast.	このホテルでは無料の朝食をご提供しています。
The chef makes delicious cakes using her own recipes.	シェフは，オリジナルのレシピを使っておいしいケーキを作ります。

Level 1

Level 2

Level 3

Level 4

Level 5

0345	☐☐	**cancellation** [kæns<i>ə</i>léi<i>ʃə</i>n]	名 キャンセル，取り消し ⇨ 動 cancel ～を取り消す
0346	☐☐	**diner** [dáin<i>ə</i>r]	名 食事客
0347	☐☐	**beverage** [bév<i>ə</i>ridʒ]	名 飲み物 drink 飲み物
0348	☐☐	**flavor** [fléiv<i>ə</i>r]	名 味，風味 動 ～に味をつける
0349	☐☐	**refreshment** [rifréʃm<i>ə</i>nt]	名 軽食
0350	☐☐	**fill** [fíl]	動 ～を満たす，～をいっぱいにする
0351	☐☐	**occupied** [ákj<i>ə</i>pàid]	形 使用中で ⇔ unoccupied 使われていない
0352	☐☐	**organic** [ɔ:rgǽnik]	形 オーガニックの
0353	☐☐	**cuisine** [kwizí:n]	名 料理 dishes 料理

Cancellation must be made at least one week before your reservation date.	キャンセルは，あなたが予約した日の少なくとも1週間前にしなければなりません。
Diners are enjoying holiday meals at the restaurant.	食事客は，レストランで休日の食事を楽しんでいます。
Central Hotel will serve food and beverages from 6:00 a.m. to 11:00 p.m.	セントラルホテルは，午前6時から午後11時まで食事と飲み物を提供しています。
We will start selling a new flavor of ice cream next week.	当社は来週，新しい味のアイスクリームの販売を始めます。
We provide refreshments in the banquet room.	私たちは，宴会場で軽食をお出しします。
A man is filling the glass with water.	1人の男性がグラスを水で満たしています。
All of the tables are occupied.	すべてのテーブルが使用中です。
Perry's Veggies is famous for its organic vegetables.	ペリーズ・ベジーズは，オーガニック（有機栽培）の野菜で有名です。
We serve Chinese cuisine cooked by Chinese chefs.	当店では，中国人シェフが調理した中華料理をご提供しています。

Level 1

Level 2

Level 3

Level 4

Level 5

芸術・美術館・図書館

0354	☐☐	**artwork** [ɑ́ːrtwə̀ːrk]	名 芸術作品
0355	☐☐	**display** [displéi]	動 ～を陳列する, ～を展示する, 　～を表示する 名 陳列, 表示, ディスプレイ
0356	☐☐	**on display** [ɑn displéi]	フレーズ 展示されて
0357	☐☐	**exhibit** [igzíbit]	動 ～を展示する
0358	☐☐	**exhibition** [èksəbíʃən]	名 展覧会, 展示 (会)
0359	☐☐	**drawing** [drɔ́ːiŋ]	名 線画, スケッチ, くじ引き, 抽選
0360	☐☐	**modern** [mádərn]	形 現代的な
0361	☐☐	**entertain** [èntərtéin]	動 ～を楽しませる ⇨ 名 entertainment　エンターテインメ 　ント
0362	☐☐	**piece** [píːs]	名 一点, 作品
0363	☐☐	**photographer** [fətágrəfər]	名 写真家, 写真を撮る人

The National Museum of Art has a collection of artwork from all over the world.	国立美術館には，世界中の芸術作品の収蔵品があります。
Famous artwork is displayed in the museum.	有名な芸術作品が美術館に陳列されています。
Watercolor paintings are on display in Section D.	水彩画はセクションD に展示されています。
The gallery exhibits paintings and photographs by local artists.	その美術館は，地元のアーティストによる絵画や写真を展示しています。
The art exhibition is open to the public during the weekend.	その美術展覧会は，週末は一般公開されます。
You can purchase some drawings at the gallery. If your purchase is more than 50 dollars, you can enter the drawing.	その画廊では，いくつかの線画を購入することができます。 購入金額が 50 ドルを超えたら，くじ引きに参加できます。
Kevin majored in art at university and he is familiar with modern art.	ケビンは大学で美術を専攻し，現代美術に精通しています。
The museum has many displays to entertain children.	博物館には子どもたちを楽しませるたくさんのディスプレイがあります。
The gallery has more than 200 pieces of modern art.	その美術館には，現代美術の 200 点以上の作品があります。
These pictures were taken by a professional photographer, Charles Stanton.	これらの写真は，プロの写真家であるチャールズ・スタントンによって撮影されました。

Level 1

Level 2

Level 3

Level 4

Level 5

0364	☐☐	**open to the public** [óupən tə ðə páblik]	フレーズ 一般公開されて
0365	☐☐	**on loan** [ɑn lóun]	フレーズ 貸し出し中で
0366	☐☐	**librarian** [laibréəriən]	名 司書, 図書館員

広報・広告・宣伝

0367	☐☐	**promotion** [prəmóuʃən]	名 (販売)促進, 昇進
0368	☐☐	**promote** [prəmóut]	動 ~を宣伝する, ~を促進[増進]する, ~を昇進させる
0369	☐☐	**potential** [pəténʃəl]	形 潜在的な, 可能性がある 名 潜在能力, 可能性
0370	☐☐	**promotional** [prəmóuʃənəl]	形 販売促進のための, 昇進の, 昇格の
0371	☐☐	**commercial** [kəmá:rʃəl]	形 商用の, 商業の ⇔ personal 個人的な
0372	☐☐	**place** [pléis]	動 ~を置く, ~を配置する 名 場所
0373	☐☐	**draw** [drɔ́:]	動 ~を引きつける, ~を(線で)描く

The English garden is open to the public for free.	その英国式庭園は，無料で一般公開されています。
Some paintings are currently on loan to the FS Gallery.	一部の絵画は現在，FS ギャラリーに貸し出し中です。
You can ask our librarians anything about books.	本に関することは何でも，当館の司書に尋ねてください。
As part of the sales promotion, we will offer samples of our new candy at stores.	販売促進の一環として，当社は店頭で新しいキャンディーの試供品を配る予定です。
Our company will promote our new products with TV commercials.	当社は，新製品をテレビコマーシャルで宣伝する予定です。
We reach potential customers by using social media.	当社は，ソーシャルメディアを使うことで潜在的な顧客と接触しています。
We will launch a promotional campaign for three weeks next month.	当社は来月に 3 週間の販売促進キャンペーンを始めます。
You are not allowed to use these images for commercial use.	これらの画像を商用目的で使用することは認められていません。
We placed an advertisement in some magazines.	当社は，いくつかの雑誌に広告を掲載しました。
We need to draw more attention from customers.	私たちは，顧客からもっと注目を引きつける必要があります。

Level 1
Level 2
Level 3
Level 4
Level 5

83

| 0374 | ☐☐ | **sponsor**
[spánsər] | 動 ～を後援する，～のスポンサーになる
名 スポンサー |

注文・発送

0375	☐☐	**place an order** [pléis ən ɔ́:rdər]	フレーズ 注文をする order （～を）注文する
0376	☐☐	**shipping fee** [ʃípiŋ fi:]	フレーズ 送料
0377	☐☐	**warehouse** [wéərhàus]	名 倉庫
0378	☐☐	**load** [lóud]	動 ～を積み込む　名 積み荷，荷物 ⇔ unload　（荷物）を降ろす
0379	☐☐	**overnight** [óuvərnàit]	形 翌日の，一泊の

リサーチ・マーケティング

0380	☐☐	**satisfaction** [sæ̀tisfǽkʃən]	名 満足（度）
0381	☐☐	**satisfied** [sǽtisfàid]	形 満足した
0382	☐☐	**survey** 名 [sə́rvei]　動 [sərvéi]	名 調査 動 ～を調査する
0383	☐☐	**questionnaire** [kwèstʃənéər]	名 アンケート

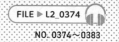
We sponsor a charity marathon every year.	当社は，毎年チャリティーマラソンを後援しています。
You can place an order through our website.	お客様は，当社のウェブサイトから注文することができます。
Shipping fee is included in the price.	送料は価格に含まれています。
Your orders will be shipped from our warehouse.	ご注文の品は，当社の倉庫から発送されます。
Workers are loading boxes onto the truck.	作業員が，箱をトラックに積み込んでいます。
Overnight delivery is available if you bring a parcel before 11:00 a.m.	お客様が午前11時以前に荷物を持ち込まれた場合は，翌日の配達がご利用できます。
We need to improve customer satisfaction.	当社は顧客満足度を高める必要があります。
Most of our customers are satisfied with our service.	当社のほとんどの顧客は，私どものサービスに満足しています。
We regularly request customer feedback with a survey.	私たちは調査を用いて，顧客からの意見を定期的に募っています。
Please fill out a questionnaire before you leave the room.	部屋から出る前にアンケートにご記入ください。

Level 1
Level 2
Level 3
Level 4
Level 5

85

0384	☐☐	**conduct** [kəndʌ́kt]	動 ～を実施する
0385	☐☐	**analyze** [ǽnəlàiz]	動 ～を分析する
0386	☐☐	**analysis** [ənǽləsis]	名 分析
0387	☐☐	**scale** [skéil]	名 尺度, 規模, はかり
0388	☐☐	**carry out** [kǽri áut]	フレーズ ～を実施する, ～を実行する conduct ～を行う

出版物

0389	☐☐	**content** [kántent]	名 内容, 中身
0390	☐☐	**author** [ɔ́:θər]	名 著者 writer 作家
0391	☐☐	**publish** [pʌ́bliʃ]	動 ～を出版する
0392	☐☐	**subscribe to** [səbskráib tú:]	フレーズ ～を定期購読する
0393	☐☐	**subscriber** [səbskráibər]	名 定期講読者

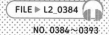
We conducted a survey at all store locations.	当社は，すべての店舗で調査を実施しました。
The research team analyzed the survey results to improve our service.	調査チームは，当社のサービスを改善するために調査結果を分析しました。
Market analysis is necessary before entering any market.	どの市場でも，参入する前には市場分析が必要不可欠です。
Please rate our service on a scale of 1 to 5.	当社のサービスを1から5までの尺度で評価してください。
We'll carry out a survey to find out customer needs.	私たちは，顧客のニーズを見つけ出すために調査を実施します。

To understand the contents of the book, you need to know many technical words.	その本の内容を理解するには，多くの専門用語を知っている必要があります。
The author of some famous books will come to the bookstore tonight.	いくつか有名な本の著者が，今夜その書店にやって来ます。
Dr. Martin has published five books on management.	マーティン博士は，経営に関する5冊の著書を出版しています。
Thank you for subscribing to our magazine.	当雑誌を定期購読していただき，ありがとうございます。
Subscribers receive our magazine on the first day of the month.	定期購読者は，当社の雑誌を毎月1日に受け取ります。

Level 1
Level 2
Level 3
Level 4
Level 5

0394	☐☐	**subscription** [səbskrípʃən]	名 定期講読
0395	☐☐	**copy** [kápi]	名 一部 (一冊), 複製, 模写 動 ～を複製する, ～を模写する
0396	☐☐	**issue** [íʃuː]	名 (刊行物の) 号, 問題, 争点 動 ～を発行する
0397	☐☐	**edit** [édit]	動 ～を編集する
0398	☐☐	**edition** [idíʃən]	名 (刊行物の) 版
0399	☐☐	**editor** [édətər]	名 編集者
0400	☐☐	**editorial** [èditɔ́ːriəl]	形 編集に関する 名 社説, 論説

昇進・昇給・表彰

0401	☐☐	**prize** [práiz]	名 賞 (品), 景品
0402	☐☐	**award** [əwɔ́ːrd]	名 賞 動 ～に賞を授与する
0403	☐☐	**award-winning** [əwɔ́ːrdwìniŋ]	形 受賞経験のある

Your subscription to *World Business Magazine* will end next month.	『ワールド・ビジネス・マガジン』のお客様の定期購読は，来月に終了します。
Everyone in this room can get a copy of a book by Nancy Anderson.	この部屋にいる全員が，ナンシー・アンダーソンの書いた本を一部ずつ手に入れることができます。
AZ Magazine features holiday gifts in the December issue.	AZ誌は，12月号でクリスマスプレゼントを特集しています。
River Publishers issues a weekly and a monthly magazine.	リバー・パブリッシャーズ社は，週刊誌と月刊誌を発行しています。
The article is too long, so you need to edit it.	その記事は長すぎるので，あなたはそれを編集する必要があります。
The second edition of the textbook was published last week.	その教科書の第2版は，先週発行されました。
After writing the article, please send it to the editor.	その記事を書いた後で，編集者に送ってください。
We are looking for editorial staff to work on the international journal.	当社は，国際的な学術雑誌を制作する編集部員を募集しています。
Ms. Taylor got the first prize in the design contest.	テイラーさんは，デザインコンテストで一等賞を受賞しました。
Emily Reeds received an award for her excellent performance.	エミリー・リーズは，彼女の優れた業績に対して賞を受けました。
Our dishes are cooked by our award-winning chef.	当店の料理は，受賞歴のあるシェフによって調理されています。

Level 1
Level 2
Level 3
Level 4
Level 5

0404	☐ ☐	**get promoted** [gét prəmóutid]	フレーズ 昇進する
0405	☐ ☐	**honor** [ánər]	動 ~を表彰する
0406	☐ ☐	**nominate** [námənèit]	動 ~を (候補者として) 推薦する, ~をノミネートする
0407	☐ ☐	**nomination** [nàmənéiʃən]	名 推薦, 指名
0408	☐ ☐	**reward** [riwɔ́:rd]	動 ~に報酬を与える 名 報酬

研修・セミナー

0409	☐ ☐	**participate in** [pɑːrtísəpèit ín]	フレーズ ~に参加する
0410	☐ ☐	**participation** [pàːrtisəpéiʃən]	名 参加
0411	☐ ☐	**participant** [pɑːrtísəpənt]	名 参加者
0412	☐ ☐	**lead** [líːd]	動 ~を指導する, ~を導く, (-to) ~に通じている
0413	☐ ☐	**enroll in** [inróul ín]	フレーズ ~に参加する, 登録する register for ~に登録する, apply for ~ に応募する, sign up for ~を申し込む

Anna Parker got promoted to manager last week.	アンナ・パーカーは先週，部長に昇進しました。
The sales representative was honored for breaking the Best Sales record.	その営業部員は，これまでの売上最高記録を更新したことで表彰されました。
Mr. Lee has been nominated for the Best Marketer award.	リー氏は，最優秀マーケター賞に推薦されました。
The nomination of the new executive has been approved.	その新しい役員の推薦が承認されました。
The CEO rewarded the employees with special bonuses.	CEO は社員たちに特別ボーナスの報酬を与えました。

All managers must participate in the budget meeting next Monday.	すべての管理職は，次の月曜日の予算会議に参加しなければなりません。
Participation in the training program is highly recommended.	その訓練プログラムへの参加を強くお勧めします。
There are about 500 participants in the event.	そのイベントには，およそ 500 人の参加者がいます。
Robert will lead a sales workshop for the new employees. The path leads to a house.	ロバートが新入社員向けの販売研修会を指導することになっています。 その道は 1 件の家に通じています。
Thirty people enrolled in the design workshop.	30 人が，そのデザイン講習会に参加しました。

Level 1

Level 2

Level 3

Level 4

Level 5

0414	☐☐	**intensive** [inténsiv]	形 集中的な
0415	☐☐	**certificate** [sərtífikət]	名 修了証書, 証明書

契約・交渉・手続き

0416	☐☐	**contract** [kántrækt]	名 契約 (書)
0417	☐☐	**renew** [rinjú:]	動 ～を更新する
0418	☐☐	**renewal** [rinjú:əl]	名 更新
0419	☐☐	**valid** [vǽlid]	形 有効な ⇔ invalid 無効な
0420	☐☐	**invalid** [ìnvǽlid]	形 無効な ⇔ valid 有効な
0421	☐☐	**expire** [ikspáiər]	動 (契約期限が) 切れる
0422	☐☐	**expiration** [èkspəréiʃən]	名 (契約期限の) 満了, (期限切れによる) 失効
0423	☐☐	**effective on (date)** [iféktiv ɔn]	フレーズ (日時) をもって, 限りで ➡ effective from ～から効力がある

Ms. Brown participated in an intensive seminar for two days.	ブラウンさんは，2日間の集中セミナーに参加しました。
When you complete the course, we will issue a certificate.	コースの修了時に，修了証書を発行いたします。

If you agree, please sign the contract.	あなたが同意されるなら，この契約書に署名してください。
If you renew your subscription by October 10, you will get a large discount.	お客様が10月10日までに定期購読を更新すると，大幅な割引を受けられます。
Please sign the renewal form and send it back to us.	更新申込書に署名して，弊社宛に送り返してください。
You need to show a valid form of identification.	あなたは，有効な身分証明書を提示する必要があります。
This coupon expired yesterday, so it is invalid.	このクーポン券は昨日期限が切れたので，無効です。
Your membership will expire on December 31.	あなたの会員資格は，12月31日に期限が切れることになっています。
The expiration date of your contract is April 21.	あなたとの契約の満了日は4月21日です。
Effective on April 1, the new traffic rules start.	4月1日をもって，新しい交通規則が発効します。

Level 1
Level 2
Level 3
Level 4
Level 5

93

0424	☐☐	**negotiate** [nigóuʃièit]	動 交渉する，（契約など）を取り決める
0425	☐☐	**negotiation** [nigòuʃiéiʃən]	名 交渉
0426	☐☐	**negotiable** [nigóuʃiəbəl]	形 交渉の余地がある
0427	☐☐	**signature** [sígnətʃər]	名 署名 ⇨ 動 sign （〜に）署名する
0428	☐☐	**lease** [líːs]	名 賃貸借（リース）契約 動 〜を賃貸しする，〜を賃借りする

サービス・割引

0429	☐☐	**voucher** [váutʃər]	名 クーポン，商品引換券
0430	☐☐	**gift certificate** [gíft sərtìfikət]	フレーズ ギフト券，商品券 coupon, voucher　クーポン券，引換券
0431	☐☐	**free of charge** [fríː əv tʃáːrdʒ]	フレーズ 無料で for free, at no cost　無料で
0432	☐☐	**trial** [tráiəl]	名 お試し
0433	☐☐	**limited** [límitid]	形 限られた ⇔ unlimited　無制限の

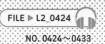

Ms. Garcia is negotiating a contract with her client.	ガルシアさんは，顧客との契約を交渉しているところです。
We will start negotiations on the price of the service.	当社は，サービスの価格について交渉を始めるつもりです。
You need to work three days a week, but your working hours are negotiable.	あなたは週に3日働く必要がありますが，勤務時間は交渉の余地があります。
To complete the process, you are required to put your signature on the form.	この手続きを完了するには，用紙にあなたの署名をしなければなりません。
We signed a lease to use the photocopiers for 2 years.	当社は，コピー機を2年間使用するためのリース契約に署名しました。

You can download a voucher through our website.	当店のウェブサイトからクーポンをダウンロードしていただけます。
We offer a gift certificate for a discount on your next purchase.	当店は，お客様の次回のご購入品が割引となるギフト券をお渡ししています。
Snacks are offered free of charge in the back of the store.	軽食は店の裏手で無料で提供されます。
You can use a free 30-day trial for our online programming course.	当社のオンラインプログラミングコースで30日間のお試しをご利用できます。
You can take advantage of our service at no cost for a limited period of time.	あなたは，限られた期間内に無料で当社のサービスをご利用できます。

Level 1
Level 2
Level 3
Level 4
Level 5

| 0434 ☐☐ | **take advantage of**
[tèik ədvǽntidʒ əv] | フレーズ ～をうまく活用する |

規則

0435 ☐☐	**legal** [lí:gəl]	形 法律の，合法的な ⇔ illegal 違法の
0436 ☐☐	**illegal** [ilí:gəl]	形 違法の ⇔ legal 法律の，合法的な
0437 ☐☐	**standard** [stǽndərd]	名 基準，規格
0438 ☐☐	**limitation** [lìmitéiʃən]	名 制限
0439 ☐☐	**regulation** [règjəléiʃən]	名 規則
0440 ☐☐	**comply with** [kəmplái wiθ]	フレーズ （規則・方針など）に従う
0441 ☐☐	**in compliance with** [in kəmpláiəns wiθ]	フレーズ ～に準拠して，～に従って
0442 ☐☐	**strict** [stríkt]	形 厳しい，厳密な

You should take advantage of your paid holidays.	あなたは有給休暇をうまく活用すべきです。
Please contact a legal office if you have questions about the new laws.	新法について質問がある場合は，法律事務所にご連絡ください。
There is a penalty for illegal parking.	違法駐車には罰則があります。
We have set the standard for quality in our business.	当社は，われわれの業務における品質基準を設定いたしました。
There is no limitation on the number of files you can access.	あなたがアクセスできるファイルの数に制限はありません。
The new traffic regulations start next month.	その新しい交通規則は，来月から発効します。
You must comply with the guidelines at the factory.	工場ではガイドラインに従う必要があります。
Marion Company produces its products in compliance with industry standards.	マリオン社は，業界標準に準拠して製品を生産しています。
We have strict rules about the work environment.	当社には，労働環境に関する厳しい規則があります。

Level 1
Level 2
Level 3
Level 4
Level 5

製造・生産

0443	**produce** [prədjúːs]	動 ~を生産する
0444	**productivity** [pròudʌktíviti]	名 生産性 [力]
0445	**operate** [ápərèit]	動 ~を操作する, ~を運転する
0446	**operation** [àpəréiʃən]	名 操業, 運用
0447	**manufacture** [mǽnjəfǽktʃər]	動 ~を製造する　名 製造 (業) make, produce　~を作る
0448	**manufacturer** [mǽnjəfǽktʃərər]	名 メーカー, 製造業者
0449	**supplier** [səpláiər]	名 供給業者 ⇨ 動 supply　~を供給する
0450	**dependable** [dipéndəbəl]	形 信頼できる ⇨ 動 depend (on)　~次第である, 　　~に頼る
0451	**dependability** [dipèndəbíliti]	名 信頼性
0452	**automated** [ɔ́ːtəmèitid]	形 自動化された
0453	**discontinue** [dìskəntínjuː]	動 ~を中止する, ~をやめる ⇔ continue　~を続ける

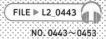
We produce sports gear for professional athletes.	当社は，プロの運動選手向けのスポーツ用品を生産しています。
Our new factory has greatly improved its productivity.	当社の新工場は，生産性を大幅に向上させました。
You must wear a hard hat when you operate the machine.	機械を操作するときは，ヘルメットを着用しなければなりません。
Edward is responsible for supervising the operation of the factory.	エドワードは，その工場の操業を指揮することに責任があります。
The factory manufactures several electric appliances.	その工場は，何種類かの電化製品を製造しています。
The compact printer model was developed by a leading manufacturer.	その小型プリンターは，大手メーカーによって開発されました。
Contact the supplier to order additional parts.	その供給業者に連絡して，追加の部品を注文してください。
We purchase car parts from dependable suppliers.	当社は，信頼できる供給業者から自動車部品を購入しています。
Our company's products have a reputation for dependability.	当社の製品は，信頼性に定評があります。
The batteries are produced in our automated plant.	その電池は，当社の自動化された工場で生産されています。
Due to declining sales, we discontinued production of the photocopier.	売上の減少により，当社はコピー機の生産を中止しました。

Level 1

Level 2

Level 3

Level 4

Level 5

99

0454	☐☐	**invent** [invént]	動 ～を発明する ⇨ 名 invention 発明
0455	☐☐	**specification** [spèsəfikéiʃən]	名 仕様（書），内訳
0456	☐☐	**automobile** [ɔ́:təmoubì:l]	名 自動車 car 自動車

イベント・講演

0457	☐☐	**organize** [ɔ́:rgənàiz]	動 ～を計画する，～を組織する
0458	☐☐	**celebrate** [séləbrèit]	動 ～を祝う ⇨ 名 celebration 祝賀会
0459	☐☐	**reception** [risépʃən]	名 宴会，受付
0460	☐☐	**mark** [mɑ́:rk]	動 ～を記録する，～に印をつける 名 印，記号
0461	☐☐	**take place** [tèik pléis]	フレーズ ～が行われる，起こる
0462	☐☐	**convention** [kənvénʃən]	名 会議，大会
0463	☐☐	**banquet** [bǽŋkwət]	名 宴会，晩さん会
0464	☐☐	**invite** [inváit]	動 ～を招待する，～を誘う

We are trying to invent a new motor.	当社は，新しいモーターを発明しようとしています。
We need to decide on the specifications for the product.	私たちは，その製品の仕様を決める必要があります。
Robots are mainly used in the automobile industry.	ロボットは，主に自動車産業で利用されています。
Our team organized events every month.	私たちのチームは，毎月イベントを計画しました。
Smart Mall celebrates its fifth year of business this year.	スマート・モール社は，今年，創業5周年を祝います。
Please join the reception after the lecture.	講演後の宴会にご参加ください。
Thomas Library will mark its 50th anniversary next month.	トーマス図書館は，来月で50周年を迎えます。
The company picnic will take place this weekend.	会社主催のピクニックは今週末に行われます。
The convention hall is located in the heart of Tokyo.	その会議場は東京の中心部にあります。
We will have a banquet at a hotel after the event.	このイベント終了後に，ホテルで宴会を開催します。
You can invite guests to the company's annual party.	あなたは会社の年次パーティーにゲストを招待してもいいですよ。

Level 1
Level 2
Level 3
Level 4
Level 5

0465	☐☐	**invitation** [ìnvitéiʃən]	名 招待（状）
0466	☐☐	**host** [hóust]	動 ～を主催する 名 主催者
0467	☐☐	**lecturer** [léktʃərər]	名 講演者，講師 ⇨ 名 lecture 講義
0468	☐☐	**activity** [æktíviti]	名 活動
0469	☐☐	**catering** [kéitəriŋ]	名 仕出し屋，仕出 ⇨ 動 cater ～に料理を提供する， ～のケータリングをする

会議・議題

0470	☐☐	**agenda** [ədʒéndə]	名 議題
0471	☐☐	**matter** [mǽtər]	名 件，事柄，問題 動 重要である
0472	☐☐	**teleconference** [téləkùnfərəns]	名 テレビ会議
0473	☐☐	**overview** [óuvərvjù:]	名 概要，要約
0474	☐☐	**conclusion** [kənklú:ʒən]	名 結論 ⇨ 動 conclude ～だと結論を下す
0475	☐☐	**absent** [ǽbsənt]	形 欠席した ⇨ 名 absence 欠席 ⇔ present 出席した

Let's send invitation cards to the customers on the list.	そのリストに載っている顧客に招待状を送りましょう。
The museum hosts charity events every summer.	その美術館は毎年夏にチャリティーイベントを主催しています。
The lecturer will talk about the importance of data security.	その講演者は，データの機密保護の重要性について話す予定です。
Kids can join the outdoor activity at the event.	子どもたちは，そのイベントで野外活動に参加できます。
Food will be prepared by a catering company.	食事は，仕出し業者が用意することになっています。

The last item on our agenda is the customer satisfaction survey.	私たちの議題の最後の項目は，顧客満足度調査です。
Let's discuss the matter later today.	その件は，今日後ほど話し合いましょう。
We had a teleconference with the French design team.	私たちはフランスのデザインチームとテレビ会議を行いました。
The manager explained the overview of the project.	部長は，プロジェクトの概要を説明しました。
After a long discussion, we reached a conclusion.	私たちは，長い議論の末に１つの結論に達しました。
Mr. Wagner was absent from the monthly meeting.	ワグナー氏は月例会議を欠席しました。

0476	**session** [séʃən]	名 会合, 会議
0477	**productive** [prədʌ́ktiv]	形 建設的な, 生産的な

請求・支払い・金額

0478	**refund** 名 [ríːfʌnd] 動 [rifʌ́nd]	名 払い戻し(金) 動 (金銭)を払い戻す
0479	**inexpensive** [ìnikspénsiv]	形 安価な ⇔ expensive 高価な
0480	**deposit** [dipázət]	名 保証金, 預金 動 〜を預金する, 〜を保証金として払う
0481	**due date** [djúː dèit]	フレーズ 期限日, 締め切り日 deadline 期限, 締め切り
0482	**invoice** [ínvɔis]	名 請求書, 明細書
0483	**fare** [féər]	名 (乗り物の)料金
0484	**overcharge** 動 [òuvərtʃáːrdʒ] 名 [óuvərtʃàːrdʒ]	動 〜に過剰請求をする 名 過剰請求
0485	**prepaid** [prìpéid]	形 プリペイド方式の, 前払いされた

The next session will be held at the head office.	次の会合は本社で開催されます。
We had a productive meeting with our client.	私たちは顧客との建設的な会議を行いました。

If the product is damaged, we'll give you a full refund.	もし製品が破損していたら，当社は全額の払い戻しをいたします。
The restaurant is popular because of its tasty and inexpensive dishes.	そのレストランは，おいしくて安価な料理で人気があります。
You are required to make a deposit of 100 dollars.	あなたは，100 ドルの保証金を払う必要があります。
Please make your payment by the due date.	どうか期限日までに，お支払いをしてください。
Your total cost is written in the invoice.	お客様の総費用は，請求書に記載されています。
How much is the bus fare from here to the station?	ここから駅までのバス料金はいくらですか。
I was overcharged for my purchase.	私が購入した商品に過剰請求されました。
You can use this prepaid card, so you don't need to use cash.	このプリペイドカードを使えるので，現金を使う必要はありません。

Level 1
Level 2
Level 3
Level 4
Level 5

財政・予算・見積・経費

0486	☐☐	**accountant** [əkáuntənt]	名 会計士
0487	☐☐	**profit** [práfət]	名 利益
0488	☐☐	**economical** [èkənámikəl]	形 経済的な
0489	☐☐	**costly** [kɔ́(:)stli]	形 コストがかさむ expensive 高価な
0490	☐☐	**estimate** 動 [éstəmèit] 名 [éstəmət]	動 ～を見積もる 名 見積もり
0491	☐☐	**expense** [ikspéns]	名 費用, 支出 ⇨ 形 expensive 高価な
0492	☐☐	**earnings** [ə́:rniŋz]	名 利益, 報酬 income 収入
0493	☐☐	**income** [ínkʌm]	名 収入
0494	☐☐	**balance** [bǽləns]	名 残高, 釣り合い 動 ～のバランスを保つ
0495	☐☐	**insurance** [inʃúərəns]	名 保険

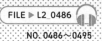
The accountant is in charge of finance for our company.	その会計士は，当社の財務を担当しています。
Increasing profit is one of the company's most important goals.	利益を増やすことは，その企業の最も重要な目標の１つです。
We'll choose the most economical way to advertise our service.	私たちはサービスを宣伝するのに最も経済的な方法を選びます。
It is costly to maintain a production facility.	生産設備を維持するのは，コストがかさみます。
Please estimate the cost of making online advertisements.	オンライン広告を制作する費用を見積もってください。
All the travel expenses are covered by the company.	すべての旅行費用は，会社によってカバーされます。
The cost cut strategy has resulted in an increase in earnings.	コスト削減戦略は，利益の増加につながりました。
How much income do I need to rent an apartment?	アパートを借りるには，どれくらいの収入が必要ですか。
You can check the balance by accessing your account.	お客様は，ご自分の口座にアクセスして残高を確認できます。
The insurance covers medical costs.	その保険は医療費をカバーします。

Level 1
Level 2
Level 3
Level 4
Level 5

107

点検・確認

0496	☐☐	**review** [rivjúː]	動 ～を再検討する，～を批評する， 　　～を復習する 名 再検討，批評，復習 check ～を確認する
0497	☐☐	**evaluate** [ivǽljuèit]	動 ～を評価する rate ～を評価する
0498	☐☐	**evaluation** [ivæ̀ljuéiʃən]	名 評価
0499	☐☐	**examine** [igzǽmin]	動 ～を詳細に検査する，～を調べる， 　　～を診察する study ～を調べる
0500	☐☐	**inspect** [inspékt]	動 ～を検査［視察］する check ～を確認する
0501	☐☐	**inspection** [inspékʃən]	名 点検，検査
0502	☐☐	**inspector** [inspéktər]	名 調査［視察］官
0503	☐☐	**make sure** [mèik ʃúər]	フレーズ (-to *do*) 必ず～する， 　　～を確かめる
0504	☐☐	**identification** [aidèntəfikéiʃən]	名 身分証明書，識別
0505	☐☐	**measure** [méʒər]	動 ～を測定する 名 測定，手段

I reviewed the document before submitting it to the manager.	私は，その文書を部長に提出する前にもう一度見直しました。
The manager evaluates employees' performance every year.	部長が毎年，社員の実績を評価します。
Employee evaluation forms are used to review the employees' performance.	社員評価表は，従業員の実績を審査するために使われます。
Please examine the equipment before using it.	使用前には，その機器をよく検査してください。
The mechanic inspected the machine and fixed the problem.	その整備工は，装置を検査して不具合を修理しました。
The regular inspection of the factory is scheduled for next month.	その工場の定期点検は来月に予定されています。
The inspector came to check the working environment of the office.	その調査官は，このオフィスの労働環境をチェックしに来ました。
Please make sure to turn off the light when you leave the room. Please make sure that the door is locked.	部屋を出るときは，必ず照明を消してください。 ドアに鍵がかかっていることを確かめてください。
Photo identification is required to open an account.	口座を開くには，写真付きの身分証明書が必要です。
We need to measure the size of the table before making a purchase.	購入する前に，そのテーブルの寸法を測る必要があります。

109

| 0506 ☐☐ | **measurement** [méʒərmənt] | 名 寸法, サイズ, 測定 |

書類・E メール

0507 ☐☐	**submit** [səbmít]	動 ~を提出する
0508 ☐☐	**submission** [səbmíʃən]	名 提出 (物)
0509 ☐☐	**enclose** [inklóuz]	動 ~を同封する
0510 ☐☐	**attach** [ətǽtʃ]	動 ~を添付する, ~を取り付ける ⇨ 名 attachment 添付
0511 ☐☐	**file** [fáil]	動 ~をファイルに整理する 名 ファイル
0512 ☐☐	**format** [fɔ́ːrmæt]	動 体裁を整える 名 体裁
0513 ☐☐	**confidential** [kànfidénʃəl]	形 秘密の, 機密の
0514 ☐☐	**fold** [fóuld]	動 ~を折る, ~を折りたたむ
0515 ☐☐	**store** [stɔ́ːr]	動 ~を保管する
0516 ☐☐	**forward** [fɔ́ːrwərd]	動 ~を転送する 副 前に, 先に, 外へ

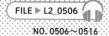
We need to take your measurements to make the dress.	私たちはドレスを作るために，あなたの寸法を測る必要があります。
I'll submit a report to the manager tomorrow.	私は明日，部長に報告書を提出します。
All submissions must be completed by the end of the day.	すべての提出物は，今日中に完了させる必要があります。
I have enclosed our new brochure for our products.	当社の製品の新しいパンフレットを同封しました。
Please make sure to attach the file to your e-mail.	必ずそのファイルをメールに添付してください。
I'll file the documents on the desk before I leave the office today.	私が今日オフィスを出る前に，机の上の書類をファイルに整理します。
Please format the document before submitting it to the client.	顧客に書類を提出する前に，体裁を整えてください。
Please do not share confidential information with clients.	顧客とは機密情報を共有しないでください。
Please fold the paper in half and put it into the box.	その紙を半分に折り，箱の中に入れてください。
We need to store documents in the cabinet.	文書をキャビネットに保管する必要があります。
Could you forward the client's e-mail to me?	私にその顧客のEメールを転送していただけますか。

Level 1
Level 2
Level 3
Level 4
Level 5

111

0517	☐☐	**delete** [dilí:t]	動 ～を削除する
0518	☐☐	**chart** [tʃá:rt]	名 グラフ，図表
0519	☐☐	**electronically** [ilèktránikəli]	副 電子的に

医療

0520	☐☐	**patient** [péiʃənt]	名 患者 形 忍耐強い
0521	☐☐	**pharmacy** [fá:rməsi]	名 薬局
0522	☐☐	**pharmacist** [fá:rməsist]	名 薬剤師
0523	☐☐	**illness** [ílnəs]	名 病気 ⇨ 形 ill 病気の
0524	☐☐	**recover** [rikávər]	動 回復する ⇨ 名 recovery 回復
0525	☐☐	**be injured** [bi índʒərd]	フレーズ けがをする ➡ injury けが
0526	☐☐	**checkup** [tʃékʌ̀p]	名 健康診断，点検

You can delete old files from the computer.	古いファイルをコンピューターから削除することができます。
This chart explains the recent increase in sales.	このグラフは，最近の売上の増加を説明するものです。
I'll send the document electronically to everyone.	その文書は，全員に電子的に送信します。
Dr. Lopez has many appointments with patients today.	ロペス医師は今日，患者と多くの予約があります。
It takes time, so we need to be patient.	時間がかかるので，私たちは忍耐強くいる必要があります。
You can pick up some medicine at a pharmacy near here.	一部の薬は，この近くの薬局で手に入れることができます。
The pharmacist helped me find medicine for a cold.	その薬剤師は，私が風邪薬を見つけるのを手伝ってくれました。
The illness started from a virus.	その病気はウイルスが原因でした。
I hope you will recover from the illness soon.	私は，あなたが病気からすぐに回復することを願っています。
No one was injured in the accident.	その事故でけがをした人はいませんでした。
I had a medical checkup at the hospital yesterday.	昨日，私は病院で健康診断を受けました。

Level 1
Level 2
Level 3
Level 4
Level 5

113

企業・経営

0527	☐☐	**firm** [fə́:rm]	名 事務所, 会社 company 会社
0528	☐☐	**headquarters** [hédkwɔ̀:rtərz]	名 本拠, 本社 head office 本社
0529	☐☐	**branch** [bræntʃ]	名 支店, 支社
0530	☐☐	**administration** [ədmìnistréiʃən]	名 管理
0531	☐☐	**board of directors** [bɔ́:rd əv dəréktərz]	フレーズ 役員会, 理事会
0532	☐☐	**run** [rʌ́n]	動 ～を経営する, 立候補する
0533	☐☐	**own** [óun]	動 ～を所有する have 持っている
0534	☐☐	**family-owned** [fǽməlióund]	形 家族経営の
0535	☐☐	**strategy** [strǽtədʒi]	名 戦略
0536	☐☐	**appoint** [əpɔ́int]	動 ～を任命する, ～を指名する ⇨ 名 appointment 任命
0537	☐☐	**representative** [rèprizéntətiv]	名 担当者

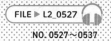
The accounting firm will check our financial situation.	その会計事務所が当社の財務状況を検査します。
Our headquarters is located in New York.	当社の本拠はニューヨークにあります。
We will open a new branch office in Singapore.	当社は，シンガポールに新しい支店を開設する予定です。
If you have any questions about the fees, please call the administration office.	料金について何かご質問がある場合は，管理事務所にお電話ください。
We need to obtain agreement from the board of directors.	私たちは，役員会の同意を得る必要があります。
Jack Lee has been running his business for ten years.	ジャック・リーは 10 年間，事業を経営しています。
I own a small design company.	私は，小さなデザイン会社を所有しています。
More than 500 family-owned businesses use DT Consulting's services.	500 社以上の家族経営の企業が DT コンサルティング社のサービスを利用しています。
We will change our strategies in order to increase sales.	当社は，売上を増やすために戦略を変更するつもりです。
The board of directors appointed Mr. Jackson as the new CEO.	取締役会は，ジャクソン氏を新たな CEO に任命しました。
If you have any questions, please ask one of our service representatives.	何かご質問がある場合は，当社のサービス担当者にお尋ねください。

オフィス・仕事

0538	☐☐	**assign** [əsáin]	動 ～を割り当てる，～を任命する
0539	☐☐	**assignment** [əsáinmənt]	名 任務，宿題
0540	☐☐	**responsibility** [rispànsəbíliti]	名 責任，義務 ⇨ 形 responsible 責任がある
0541	☐☐	**overtime** [óuvərtàim]	副 時間外に 名 超過勤務［時間］ 形 時間外の
0542	☐☐	**efficient** [ifíʃənt]	形 効率的な ⇔ inefficient 効率の悪い
0543	☐☐	**efficiency** [ifíʃənsi]	名 効率 ⇔ inefficiency 非効率
0544	☐☐	**duty** [djú:ti]	名 任務，義務 job 職務, task 任務, responsibility 責任
0545	☐☐	**office supply** [ɔ́:fis səplái]	フレーズ 事務用品
0546	☐☐	**challenging** [tʃǽlindʒiŋ]	形 骨の折れる，やりがいのある
0547	☐☐	**labor** [léibər]	名 労働（力，者），仕事
0548	☐☐	**commute** [kəmjú:t]	動 通勤［通学］する ⇨ 名 commuter 通勤客

116

Our manager has assigned some tasks for the new project.	部長は，新しいプロジェクトのために，いくつかの作業を割り当てました。
I have to finish my work assignment before the meeting.	私は，その会議の前に仕事の任務を終えなければなりません。
The personnel manager has responsibility for hiring new staff.	人事部長は，新しい社員を採用することに責任があります。
We need to work overtime to meet the deadline.	私たちは，締め切りに間に合わせるために時間外も働く必要があります。
We need to find a more efficient way to develop our products.	私たちは，製品を開発する上でもっと効率的な方法を見つける必要があります。
The new online chat system has improved the efficiency of staff communication.	その新しいオンラインチャットシステムは，社員同士のコミュニケーションの効率を改善しました。
The main duties for the restaurant server are to take orders and bring out food.	レストランの給仕係の主な任務は，注文を受けて料理を運ぶことです。
Where can I order office supplies such as pens and paper?	ペンや用紙などの事務用品はどこで注文できますか。
Ms. Lee had a challenging task, but she enjoyed it.	リーさんは，骨の折れる仕事をしていましたが，彼女はそれを楽しみました。
We hired new staff because we needed more labor.	当社はさらなる労働力が必要だったため，新しいスタッフを雇いました。
Most employees commute to work by train.	ほとんどの社員は列車で通勤しています。

Level 1
Level 2
Level 3
Level 4
Level 5

117

0549	☐☐	**routine** [ru:tí:n]	名 日課，毎日の決まった仕事
0550	☐☐	**workstation** [wə́ːrkstèiʃən]	名 仕事場，ワークステーション
0551	☐☐	**bulletin board** [búlətən bɔ̀ːrd]	フレーズ 掲示板
0552	☐☐	**fellow** [félou]	形 仲間の，同僚の 名 仲間，同僚

学校

0553	☐☐	**academic** [ækədémik]	形 学問的な
0554	☐☐	**educational** [èdʒəkéiʃənəl]	形 教育的な，教育分野の ⇨ 名 education 教育 ⇨ 動 educate ～を教育する
0555	☐☐	**pass** [pǽs]	動 ～に合格する，～を通過する
0556	☐☐	**graduate** 動 [grǽdʒuèit] 名 [grǽdʒuət]	動 卒業する 名 卒業生 ⇨ 名 graduation 卒業
0557	☐☐	**faculty** [fǽkəlti]	名 教授陣

The document includes the daily work routine for newly hired staff.	この文書には，新入社員のための職務上の日課が含まれています。
The manager will take new employees to their workstations after the meeting.	部長が，会議の後で新入社員を彼らの仕事場に連れて行くことになっています。
The director put an important notice on the bulletin board.	その取締役が掲示板に重要な通知を出しました。
Please share information with your fellow team members.	仲間のチームメンバーと情報を共有してください。

Applicants are required to write their academic background on the form.	申請者は，用紙に自分の学歴を記入しなければなりません。
We provide online educational services to universities and high schools.	当社は，オンラインでの教育サービスを大学や高校に提供しています。
Emily Harding passed the exam for college.	エミリー・ハーディングは大学の試験に合格しました。
After he graduated from university, Mr. Shrader started his career in London.	シュレーダー氏は大学を卒業した後，ロンドンで仕事を始めました。
Our faculty members are highly trained to support students' needs.	当校の教授陣は，学生のニーズを支援するために高度な訓練を受けています。

Level 1

Level 2

Level 3

Level 4

Level 5

119

建設・建築・改装

0558	☐☐	**construct** [kənstrʌ́kt]	動 ～を建設する，～を組み立てる
0559	☐☐	**construction** [kənstrʌ́kʃən]	名 建設，工事，建造（物）
0560	☐☐	**completion** [kəmplíːʃən]	名 完成，完了 ⇨ 動 complete ～を完了させる
0561	☐☐	**plant** [plǽnt]	名 工場施設 factory 工場
0562	☐☐	**exterior** [ikstíəriər]	形 外側の，外観上の 名 外側，外観 ⇔ interior 内部の

施設

0563	☐☐	**entrance** [éntrəns]	名 入口
0564	☐☐	**exit** [égzit]	名 出口 動 ～を出る
0565	☐☐	**be equipped with** [bi ikwípt wið]	フレーズ ～を備えている
0566	☐☐	**hallway** [hɔ́ːlwèi]	名 廊下，通路
0567	☐☐	**capacity** [kəpǽsiti]	名 収容能力，能力

A tall building will be constructed on Pine Street.	パイン・ストリートに高層ビルが建設されることになっています。
Grand Estate Corporation started a construction project in the heart of the business area.	グランド・エステート社は，商業地区の中心部での建設計画を開始しました。
The completion of the building is scheduled for late March.	その建物の完成は，3月下旬に予定されています。
We have a production plant in Malaysia.	当社は，マレーシアに生産工場があります。
The exterior wall of the factory needs to be repaired.	その工場の外壁は修復する必要があります。

The men are walking toward the entrance.	男の人たちが入口に向かって歩いています。
The building will be closed in 10 minutes, so please make your way to the exits.	この建物はあと10分で閉鎖されますので，出口にお進みください。
The meeting room is equipped with a screen and a projector.	その会議室は，スクリーンとプロジェクターを備えています。
The woman is sweeping the hallway.	その女性は廊下を掃除しています。
The capacity of this hall is 500 people.	このホールの収容能力は500人です。

Level 1 Level 2 Level 3 Level 4 Level 5

自然・環境

0568	**environmental** [invàiərnméntəl]	形 環境に関する ⇨ 名 environment 環境
0569	**environmentally-friendly** [invàiərnméntəlifréndli]	形 環境に優しい
0570	**surround** [səráund]	動 〜を取り囲む
0571	**atmosphere** [ǽtməsfiər]	名 雰囲気, 大気

建物・家

0572	**lock** [lák]	動 〜に鍵をかける 名 鍵 ⇔ unlock 〜の錠を開ける
0573	**roof** [rú:f]	名 屋根
0574	**stairs** [stéərz]	名 階段
0575	**upstairs** [ʌ́pstéərz]	副 上の階へ ⇔ downstairs 下の階へ
0576	**ceiling** [sí:liŋ]	名 天井
0577	**handrail** [hǽndrèil]	名 手すり

We organized the meeting to discuss environmental issues.	私たちは，環境問題を議論するために会議を開催しました。
EcoLines Corp. is famous for its environmentally-friendly products.	エコラインズ社は，環境に優しい製品で知られています。
The building is surrounded by trees.	その建物は木々に取り囲まれています。
Round Café has a relaxing atmosphere.	ラウンド・カフェには，くつろげる雰囲気があります。

Remember to lock the door when you go out.	外出するときは，忘れずにドアに鍵をかけてください。
The roof of the house will be repaired.	その家の屋根は修理されることになっています。
Please use the stairs to go to the second floor.	2階へ行くには，その階段をお使いください。
Please go upstairs to the reception.	受付のある上の階へ行ってください。
A light is hanging from the ceiling.	その天井からは照明装置がぶら下がっています。
The woman is holding onto the handrail of the stairs.	その女性は，階段の手すりにつかまっています。

| 0578 | **driveway** [dráivwèi] | 名 私道, 車道 |
| 0579 | **trim** [trím] | 動 ~をせん定する, ~をトリミングする |

商品・販売

0580	**sales figure** [séilz fìgjər]	フレーズ 売上高
0581	**release** [rilí:s]	動 ~を発売する
0582	**feature** [fí:tʃər]	名 特徴, 呼び物, (特集) 記事 動 ~を特徴づける, ~を呼び物にする, ~を特集する
0583	**unit** [jú:nit]	名 一式, 1つ, 単位
0584	**label** [léibəl]	動 ~にラベルを貼る 名 ラベル
0585	**electric appliance** [iléktrik əpláiəns]	フレーズ 電化製品
0586	**vendor** [véndər]	名 販売業者
0587	**customize** [kʌ́stəmàiz]	動 ~をカスタマイズする, ~を特別注文で作る

Do not park your car in the driveway.	車を私道に駐車しないでください。
A man is trimming the bushes in the garden.	1人の男性が，庭の低木をせん定しています。
The sales figures for this quarter are in the report.	今四半期の売上高は，そのレポートに記載されています。
The brand will release a new bag designed by a famous designer.	そのブランドは，有名なデザイナーによってデザインされた新しいバッグを発売する予定です。
The main feature of the computer is longer battery life. The new museum will feature modern art.	そのコンピューターの主な特徴は，バッテリーの寿命が長いことです。 その新しい美術館は，現代美術を呼び物にしています。
The computer is sold for 700 dollars per unit.	そのコンピューターは，一式700ドルで売られています。
We should label every item before putting them on the shelves.	すべての商品には，棚に置く前にラベルを貼るべきです。
Washing machines can be found in the electric appliance section.	洗濯機は，電化製品のコーナーで見つかります。
We purchased these products from the vendor.	これらの製品はその販売業者から購入しました。
We can customize your order for your needs and budget.	お客様のニーズと予算に合わせてご注文の品を，カスタマイズすることができます。

Level 1
Level 2
Level 3
Level 4
Level 5

125

映画・テレビ

0588	**film** [fílm]	名 映画 動 ～を撮影する
0589	**actor** [ǽktər]	名 俳優 女優は actress だが性別に関係なく actor ということもある
0590	**broadcast** [brɔ́:dkæst]	動 ～を放送する 名 放送
0591	**box office** [báks àfəs]	フレーズ 切符売り場

ビジネス活動・市場

0592	**import** 動 [impɔ́:rt] 名 [ímpɔ:rt]	動 ～を輸入する 名 輸入，輸入品 ⇔ export （～を）輸出する／輸出，輸 出品
0593	**export** 動 [ikspɔ́:rt] 名 [ékspɔ:rt]	動 （～を）輸出する 名 輸出，輸出品 ⇔ import ～を輸入する／輸入，輸入品
0594	**domestic** [dəméstik]	形 国内の，家庭の ⇔ foreign 外国の，international 国 際的な
0595	**internationally** [ìntərnǽʃənəli]	副 国際的に，国外に［で］ ⇔ domestically 国内で
0596	**compete** [kəmpí:t]	動 競争する
0597	**competition** [kàmpətíʃən]	名 競争

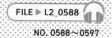

This film was made at a studio in Kyoto.	この映画は，京都にあるスタジオで制作されました。
The audience was moved by the performance of the actor.	観客はその俳優の演技に感動しました。
The documentary program was broadcast worldwide.	そのドキュメンタリー番組は世界中で放送されました。
You can buy movie tickets at the box office.	映画のチケットはチケット売り場で買うことができます。
Many countries import oil from Saudi Arabia.	多くの国々がサウジアラビアから石油を輸入しています。
We export our products to Europe.	当社は，ヨーロッパに製品を輸出しています。
The domestic market has become smaller over the years.	国内市場はここ数年間で縮小しています。
We ship our products internationally for an extra shipping fee.	私たちは，追加の送料で世界各地に製品を出荷しています。
The sales staff started to compete with each other.	営業部員はお互いに競争し始めました。
There is severe competition in the tourism industry today.	今日，観光業界では厳しい競争が繰り広げられています。

Level 1
Level 2
Level 3
Level 4
Level 5

0598	☐☐	**competitive** [kəmpétətiv]	形 競争の激しい，競争力のある，お買い得の
0599	☐☐	**competitor** [kəmpétətər]	名 競争相手
0600	☐☐	**in operation** [in àpəréiʃən]	フレーズ 活動中の，営業中の
0601	☐☐	**merge** [má:rdʒ]	動 合併する
0602	☐☐	**merger** [má:rdʒər]	名 （会社や組織の）（吸収）合併

日用品

0603	☐☐	**envelope** [énvəlòup]	名 封筒
0604	☐☐	**container** [kəntéinər]	名 容器，コンテナ ⇨ 動 contain ～を含む
0605	☐☐	**cookware** [kúkwèər]	名 調理器具
0606	☐☐	**hardware** [há:rdwèər]	名 金物類，ハードウエア
0607	☐☐	**ladder** [lǽdər]	名 はしご

We need strategies to survive in the competitive market.	私たちは, 競争の激しい市場で生き残るための戦略が必要です。
The sales of our products have been higher than those of our competitors.	当社の製品の売上は, 競争相手の売上を上回っています。
The factory is in operation 24 hours a day.	その工場は1日24時間稼働しています。
The CEO of Leed Automobile announced a plan to merge with DSS Motors.	リード・オートモビル社のCEOは, DSS モーターズ社と合併する計画を発表しました。
The merger between the two large companies surprised industry experts.	その2つの大手企業の合併は, 業界の専門家を驚かせました。

Please put stamps on the envelope.	その封筒に切手を貼ってください。
I need some containers to keep some food in the refrigerator.	私は, 冷蔵庫に食べ物を入れるための容器を必要としています。
This cookware is useful for making soup.	この調理器具はスープを作るのに便利です。
We bought a hammer at the hardware shop.	私たちは, その金物店でハンマーを買いました。
A ladder is leaning against the wall.	1本のはしごが壁にもたれかかっています。

Level 1
Level 2
Level 3
Level 4
Level 5

天気

0608	☐☐	**temperature** [témpərtʃər]	名 温度, 気温, 体温
0609	☐☐	**forecast** [fɔ́:rkæst]	名 (天気) 予報, 予測 動 ～を予測する
0610	☐☐	**climate** 発 [kláimət]	名 気候

募金・支援

0611	☐☐	**charitable** [tʃǽritəbəl]	形 チャリティーの, 慈善の
0612	☐☐	**donate** [dóuneit, dounéit]	動 ～を寄付する
0613	☐☐	**donation** [dounéiʃən]	名 寄付 (金)
0614	☐☐	**fund** [fʌ́nd]	名 資金 動 ～に資金を供給する
0615	☐☐	**fund-raising** [fʌ́ndrèiziŋ]	形 資金集めの, 募金の 名 募金, 資金集め

組織・団体

| 0616 | ☐☐ | **establish**
[istǽbliʃ] | 動 ～を設立する |

The temperature gets very high during the summer in this area.	この地域では，夏の間に気温がとても高くなります。
It will be sunny tomorrow, according to the weather forecast.	天気予報によると，明日は晴れるでしょう。
We enjoy a warm climate around this time of the year.	1年のこの時期は，温暖な気候に恵まれます。

A charitable event takes place here every year.	毎年ここでチャリティーイベントが開催されます。
I donated 10 dollars at the charity event.	私は，チャリティーイベントで10ドルを寄付しました。
The city asked for a donation for library renovation.	その市は図書館の改修のための寄付金を募りました。
The city requested funds from the government.	その市は政府に資金を要請しました。
I donated some money at a fund raising event.	私は資金集めのイベントでお金を寄付しました。

We plan to establish a new organization next year.	当社は来年，新しい組織を設立する予定です。

Level 1

Level 2

Level 3

Level 4

Level 5

131

0617 ☐☐	**establishment** [istǽbliʃmənt]	名 設立, 機関
0618 ☐☐	**found** [fáund]	動 ～を設立する establish ～を設立する
0619 ☐☐	**founder** [fáundər]	名 創設者
0620 ☐☐	**institution** [ìnstətjúːʃən]	名 機関, 施設, 団体 organization 機関
0621 ☐☐	**committee** [kəmíti]	名 委員会
0622 ☐☐	**division** [divíʒən]	名 部門, 区分
0623 ☐☐	**external** [ikstáːrnəl]	形 外部の, 外側の 名 外部, 外側 ⇔ internal 内部の

機器

0624 ☐☐	**equipment** [ikwípmənt]	名 機器, 設備
0625 ☐☐	**device** [diváis]	名 機器, 装置
0626 ☐☐	**mobile phone** [móubəl fóun]	フレーズ 携帯電話 cell phone, cellular phone 携帯電話

We will celebrate the establishment of the company next month.	当社は来月，会社の設立を祝う予定です。
Our company was founded 70 years ago.	当社は 70 年前に設立されました。
The founder of the company gave a presentation at the party.	その企業の創設者が，パーティーでプレゼンテーションを行いました。
The data will be analyzed by a research institution.	そのデータは研究機関によって分析されることになっています。
Details of the event will be discussed by the committee.	そのイベントの詳細は委員会で議論される予定です。
The organization has several divisions according to work responsibilities.	その組織は，職責に応じたいくつかの部門を持っています。
We need to receive support from external bodies.	私たちは，外部の組織から支援を受ける必要があります。

I'll set up the equipment for your presentation.	私が，あなたのプレゼンテーション用の機器を準備します。
Please turn off your device before the concert begins.	コンサートが始まる前に，機器の電源をお切りください。
Please turn off your mobile phone during the seminar.	講習会の間は，携帯電話の電源をお切りください。

Level 1
Level 2
Level 3
Level 4
Level 5

0627	☐ ☐	**portable** [pɔ́ːrtəbəl]	形 携帯できる 名 携帯できるもの
0628	☐ ☐	**install** [instɔ́ːl]	動 ～を設置する，～をインストールする
0629	☐ ☐	**installation** [ìnstəléiʃən]	名 取り付け，インストール
0630	☐ ☐	**function** [fʌ́ŋkʃən]	名 機能，役割
0631	☐ ☐	**electricity** [ilèktrísiti]	名 電気
0632	☐ ☐	**electronic** [ilèktránik]	形 電子の
0633	☐ ☐	**instrument** [ínstrəmənt]	名 楽器，器具

生活習慣

0634	☐ ☐	**habit** [hǽbit]	名 習慣
0635	☐ ☐	**diet** [dáiət]	名 食生活 動 ダイエットする
0636	☐ ☐	**exercise** [éksərsàiz]	名 運動 動 運動する

I carry several portable devices in my bag.	私は，いくつかの携帯機器をバッグに入れて持ち運んでいます。
New equipment will be installed in a meeting room.	新しい機器が，会議室に設置されることになっています。
Installation of the new air conditioners will take place next month.	新しいエアコンの取り付けは，来月に実施されます。
The salesperson explained the function of the new copy machine.	その営業担当者は，新しいコピー機の機能について説明しました。
We need to use less electricity to save energy.	エネルギーを節約するために，使う電気をより少なくする必要があります。
Let me check the meaning with my electronic dictionary.	その意味を私の電子辞書で確認させてください。
The musicians are playing musical instruments.	ミュージシャンたちは，楽器を演奏しています。

Healthy eating habits are important to stay in good condition.	健康的な食習慣は，良好な健康状態を保つために重要です。
According to research, successful businesspeople have healthy diets.	調査によると，成功しているビジネスパーソンは健康的な食生活を送っています。
Some regular exercise is highly recommended to keep healthy.	健康であり続けるために，定期的な運動を強くお勧めします。

Level 1
Level 2
Level 3
Level 4
Level 5

家具・寝具

0637	☐☐	**drawer** [drɔ́ːr]	名 引き出し
0638	☐☐	**edge** [édʒ]	名 端
0639	☐☐	**vase** [véis, vάːz]	名 花瓶
0640	☐☐	**pillow** [pílou]	名 枕

場所・地域

0641	☐☐	**site** [sáit]	名 現場, 用地
0642	☐☐	**close to** [klóus túː]	フレーズ ～の近くに near ～の近くに
0643	☐☐	**locally** [lóukəli]	副 地元で
0644	☐☐	**district** [dístrikt]	名 地区, 地域 area 地域
0645	☐☐	**central** [séntrəl]	形 中心の, 中心的な
0646	☐☐	**distant** [dístənt]	形 遠い, 離れた

Level 1

Copy paper is stored in the top **drawer**.	コピー用紙は，一番上の引き出しにしまってあります。
Don't put anything at the **edge** of the table.	テーブルの端には何も置かないでください。
I put the flowers in a **vase**.	私はその花を花瓶に入れました。
A **pillow** has been placed on the bed.	そのベッドの上には枕が置かれています。

Level 2

You cannot enter the construction **site** at any time.	工事現場にはいかなる時も入ることはできません。
There is a shopping center **close** to the station.	駅の近くにショッピングセンターがあります。
Our restaurant uses **locally** grown products.	当レストランは，地元で生産された産物を使っています。
Tourists enjoy cycling around the historic **district**.	観光客はその歴史のある地区周辺でのサイクリングを楽しんでいます。
There are many tourist spots in the **central** area of the city.	街の中心部には数多くの観光スポットがあります。
You can take an online interview even if you live in a **distant** location.	離れた場所に住んでいても，オンラインでの面接を受けることができます。

Level 3

Level 4

Level 5

137

| 0647 | ☐☐ | **in the distance** [in ðə dístəns] | フレーズ 遠くに [で] |
| 0648 | ☐☐ | **continent** [kántənənt] | 名 大陸 |

情報

0649	☐☐	**instruction** [instrʌ́kʃən]	名 指示, 説明 ⇨ 動 instruct 〜に指示する, 〜に教える
0650	☐☐	**latest** [léitist]	形 最新の
0651	☐☐	**source** [sɔ́:rs]	名 (情報) 源
0652	☐☐	**specific** [spəsífik]	形 具体的な, 特定の
0653	☐☐	**spread** [spréd]	動 〜を広める, 広まる
0654	☐☐	**update** [ʌ̀pdéit]	動 〜を更新する, 〜を改訂する
0655	☐☐	**further** [fə́:rðər]	形 それ以上の 副 さらに more もっと

知識・経験

| 0656 | ☐☐ | **knowledge** [nɑ́lidʒ] | 名 知識 |

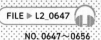
There is a mountain in the distance.	遠くに山が1つあります。
The mountain attracts people from all over the continent.	その山は大陸中の人々を引き付けています。
Please follow the instructions carefully.	その指示に注意深く従ってください。
Please check our Web site for the latest information.	最新の情報については，当社のウェブサイトをご確認ください。
Our main source of information is the Internet.	私たちの主な情報源はインターネットです。
If you need more specific information, please call us.	あなたがもっと具体的な情報を必要とする場合は，私たちにお電話ください。
How can we spread the information quickly to the public?	どうすれば，一般の人々に迅速にその情報を広めることができますか。
My job responsibilities include updating our Web site every day.	私の職務には，毎日当社のウェブサイトを更新することが含まれます。
For further information, please visit our Web site.	それ以上の情報は，当社のウェブサイトにアクセスしてください。
You have enough knowledge and skills for the job.	あなたは，その職務に十分な知識とスキルを持っています。

Level 1
Level 2
Level 3
Level 4
Level 5

0657	☐☐	**be familiar with** [bi fəmíljər wiθ]	フレーズ ~に詳しい, ~になじみが ある
0658	☐☐	**familiarity** [fəmìliǽriti]	名 (物事を) よく知っていること ⇨ 形 familiar よく知っている, よく 知られた
0659	☐☐	**experienced** [ikspíəriənst]	形 経験豊富な ⇔ inexperienced 経験がほとんどな い, 未熟な
0660	☐☐	**inexperienced** [ìnikspíəriənst]	形 経験がほとんどない, 未熟な ⇔ experienced 経験豊富な
0661	☐☐	**creativity** [krì:eitíviti]	名 創造性 [力] ⇨ 形 creative 創造的な
0662	☐☐	**field** [fí:ld]	名 分野, 野原, 田畑, 競技場

担当・代表・役割

0663	☐☐	**supervise** [sú:pərvàiz]	動 (労働者・仕事など) を監督 [管 理] する, ~に指示する ⇨ 名 supervision 監督
0664	☐☐	**supervisor** [sú:pərvàizər]	名 監督者
0665	☐☐	**oversee** [òuvərsí:]	動 ~を監督する, ~を見渡す supervise ~監督する
0666	☐☐	**in charge of** [in tʃá:rdʒ əv]	フレーズ ~を担当して, ~を任さ れて

I'm familiar with marketing research.	私はマーケティング調査に詳しいです。
Familiarity with design software is necessary for this position.	この職には，デザイン用ソフトウェアをよく知っていることが必要です。
Experienced staff will help you work comfortably.	快適に働けるよう，経験豊富なスタッフがお手伝いします。
We provide training to inexperienced staff.	当社は，経験がほとんどないスタッフのトレーニングを提供しています。
Sherry always shows her creativity in designing a product.	シェリーはいつも，製品設計で彼女の創造性を発揮します。
We are looking for people who have experience in various fields of research.	当社は，さまざまな研究分野で経験を積んだ人を求めています。

Robert Hoffman supervises the team of engineers.	ロバート・ホフマンがエンジニアチームを監督しています。
The supervisor is responsible for keeping the project moving.	監督者はそのプロジェクトを前進させ続ける責任があります。
The manager is responsible for overseeing the project.	部長はそのプロジェクトを監督する責任があります。
John is in charge of this project.	ジョンがこのプロジェクトを担当しています。

Level 1

Level 2

Level 3

Level 4

Level 5

141

0667	☐☐	**on behalf of** [ɑn bihǽf əv]	フレーズ ～を代表して，～の代わりに，～のために
0668	☐☐	**volunteer** [vὰləntíər]	動 志願する　形 ボランティアの　名 ボランティア
0669	☐☐	**monitor** [mάnətər]	動 ～を監視する　名 モニター
0670	☐☐	**receptionist** [risépʃənist]	名 （ホテルや事務所などの）受付係 ⇨ 名 reception 宴会，受付
0671	☐☐	**secretary** [sékrətèri]	名 秘書

効果・影響

0672	☐☐	**effect** [ifékt]	名 効果，影響
0673	☐☐	**effective** [iféktiv]	形 効果的な
0674	☐☐	**influence** [ínfluəns]	名 影響　動 ～に影響を及ぼす
0675	☐☐	**inspire** [inspáiər]	動 ～を触発する，～を鼓舞する ⇨ 名 inspiration 鼓舞

材料・燃料

0676	☐☐	**material** [mətíəriəl]	名 素材，材料，資料

I made a speech on behalf of the company.	私が会社を代表してスピーチをしました。
Who wants to volunteer as a leader?	リーダーとして志願したい人はいますか。
The consultant monitors everyone's progress and makes suggestions for improvement.	そのコンサルタントは，全員の進捗を監視し，改善のための提案を行います。
Please give this card to the receptionist when you arrive.	あなたが到着したときに，このカードを受付係にお渡しください。
The secretary manages the president's schedule.	その秘書が社長のスケジュールを管理しています。
The advertisement has had a positive effect on sales.	その広告は，売上にプラスの効果をもたらしました。
We took an effective approach to increase sales.	当社は，売上を増やすために効果的な手段を取り入れました。
The fine weather had a great influence on the number of visitors.	好天は訪問者の数に大きな影響を及ぼしました。
Jack Thompson was inspired by the movie and decided to become an actor.	ジャック・トンプソンはその映画に触発され，俳優になろうと決めました。
We use rare materials to make these clothes.	当社は，これらの衣服を作るために希少な素材を使用しています。

Level 1
Level 2
Level 3
Level 4
Level 5

| 0677 | ☐☐ | **lightweight**
[láitwèit] | 形 軽量の
⇔ heavyweight 重量のある |
| 0678 | ☐☐ | **fuel**
[fjú:əl] | 名 燃料
動 ～に燃料を供給する |

屋外

0679	☐☐	**sidewalk** [sáidwɔ̀:k]	名 歩道
0680	☐☐	**pedestrian** [pədéstriən]	名 歩行者
0681	☐☐	**railing** [réiliŋ]	名 手すり
0682	☐☐	**view** [vjú:]	名 景色, 見解 動 ～を見る
0683	☐☐	**pathway** [pǽθwèi]	名 小道
0684	☐☐	**lot** [lát]	名 用地, 区画
0685	☐☐	**float** [flóut]	動 浮かぶ

整備・修理・交換・修正

| 0686 | ☐☐ | **maintenance**
[méintənəns] | 名 保守, 維持 |

Lightweight materials make this suitcase easy to carry.	軽量な素材が，このスーツケースを持ち運びやすくしています。
The new compact car requires less **fuel**.	新しいコンパクトカーは，必要とする燃料はより少なくなっています。

Some people are walking on the **sidewalk**.	何人かの人たちは歩道を歩いています。
Please watch for **pedestrians** when you drive.	車を運転するときは，歩行者に注意してください。
A woman is leaning against the **railing**.	1人の女性が手すりにもたれかかっています。
I would like to book a room with an ocean **view**.	海の景色が見える部屋を予約したいのですが。
There is a **pathway** between the two buildings.	そこの2つの建物の間に小道があります。
Please park your car in the parking **lot** in front of the building.	車は，建物の前の駐車場に駐車してください。
Several boats are **floating** on the water.	いくつかのボートが水面に浮かんでいます。

Regular **maintenance** is important to keep the machines in good condition.	定期的な保守点検は，その装置を良好な状態に保つために大切です。

Level 1

Level 2

Level 3

Level 4

Level 5

145

0687	☐☐	**maintain** [meintéin]	動 〜を維持する
0688	☐☐	**mechanical** [məkǽnikəl]	形 機械的な
0689	☐☐	**out of service** [áut əv sə́:rvəs]	フレーズ 休止中で
0690	☐☐	**remove** [rimú:v]	動 〜を取り除く，〜を外す ⇨ 名 removal 除去
0691	☐☐	**mechanic** [məkǽnik]	名 機械（修理）工，整備士
0692	☐☐	**replace** [ripléis]	動 〜を交換する，〜の後任となる
0693	☐☐	**replacement** [ripléismənt]	名 交換，後任者
0694	☐☐	**revise** [riváiz]	動 〜を修正する，〜を改訂する
0695	☐☐	**revision** [rivíʒən]	名 修正，改訂（版）
0696	☐☐	**service** [sə́:rvəs]	動 〜を修理[手入れ]する
0697	☐☐	**correction** [kərékʃən]	名 修正，訂正 ⇨ 動 correct 〜を修正する ⇨ 形 correct 正しい

You should always try to maintain your health.	あなたは，常に健康を維持するよう努めるべきです。
The machine has stopped due to a mechanical problem.	機械的な不具合により，その装置が停止しています。
The elevator is out of service, so we need to use the stairs.	エレベーターが休止中のため，私たちは階段を使う必要があります。
The workers removed fences from the construction site.	作業員たちは，建設現場からフェンスを取り除きました。
A car mechanic repaired my car.	自動車修理工が，私の車を修理しました。
Please replace the batteries every three months. Christina Jackson will replace the current president next year.	3カ月ごとにバッテリーを交換してください。 来年，クリスティーナ・ジャクソンが今の社長の後任となります。
We will send you a replacement part for your bicycle tomorrow.	明日，お客様の自転車用の交換部品をお送りします。
I need to revise the document because some information is old.	一部の情報が古いので，その文書を修正する必要があります。
We will make a revision to the brochure.	当社はそのパンフレットを改訂する予定です。
If necessary, we will pick up and service your car.	必要であれば，私たちがお客様の車を取りに行って修理いたします。
We need to make a correction to the report due to some data errors.	データの間違いのため，私たちはそのレポートに修正を施す必要があります。

Level 1

Level 2

Level 3

Level 4

Level 5

147

感謝・謝罪

0698	☐☐	**appreciate** [əprí:ʃièit]	動 ～を感謝する
0699	☐☐	**appreciation** [əprì:ʃiéiʃən]	名 感謝
0700	☐☐	**apologize** [əpálədʒàiz]	動 わびる, 謝る
0701	☐☐	**apology** [əpálədʒi]	名 謝罪

同意・反対

0702	☐☐	**acceptable** [əkséptəbəl]	形 受け入れられる, 容認できる ⇨ 動 accept ～を受け入れる, ～を 引き受ける
0703	☐☐	**acceptance** [əkséptəns]	名 受け入れ, 容認, 同意, 引き受け
0704	☐☐	**approve** [əprú:v]	動 ～を承認する agree 賛成する
0705	☐☐	**approval** [əprú:vəl]	名 承認, 賛成 agreement 同意
0706	☐☐	**refuse** [rifjú:z]	動 ～を拒否する
0707	☐☐	**deny** [dinái]	動 ～を否定する

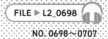
We appreciate your support.	あなたのご支援に感謝いたします。
Let me express my appreciation for your help.	あなたのご援助に感謝を表明させてください。
We apologize for the shipment delay.	配送遅延をおわびいたします。
I'd like to express my apologies for the shipping delay.	配送の遅延について謝罪を表明したいと思います。

These are some acceptable ideas for cutting costs.	これらは，受け入れ可能なコストの削減案です。
I received an acceptance letter from the college.	私は，大学から合格通知を受け取りました。
The manager approved our proposal to purchase new software.	部長は，新しいソフトウェアを購入するという私たちの提案を承認しました。
We need to get approval from the manager beforehand.	私たちは，事前に部長から承認を得る必要があります。
Few people refuse to work overtime during the busy periods.	繁忙期に残業することを拒否する人はほとんどいません。
No one can deny the fact that our company is growing rapidly.	誰も，当社が急速に成長しているという事実を否定することはできません。

Level 1

Level 2

Level 3

Level 4

Level 5

伝達

0708	☐☐	**inform** [infɔ́ːrm]	動 ～に知らせる ⇨ 名 information 情報
0709	☐☐	**notify** [nóutəfài]	動 ～に知らせる，～に通報する inform ～に知らせる
0710	☐☐	**express** [iksprés]	動 ～を表現する，～に伝える ⇨ 名 expression 表現
0711	☐☐	**outline** [áutlàin]	動 ～の概要を述べる 名 概要，輪郭 ⇔ detail 詳細
0712	☐☐	**note** [nóut]	動 ～に注意する，～に気づく 名 メモ
0713	☐☐	**appeal** [əpíːl]	動 （人の心に）訴えかける
0714	☐☐	**warn** [wɔ́ːrn]	動 ～に警告する
0715	☐☐	**look forward to** [lúk fɔ́ːrwərd tə]	フレーズ ～を楽しみに待つ
0716	☐☐	**congratulate** [kəngrǽtʃəlèit]	動 ～にお祝いを言う ⇨ 名 congratulation お祝い

程度

0717	☐☐	**bright** [bráit]	形 明るい，輝く

I'm writing to inform you of the schedule change.	私は，スケジュールの変更をみなさんにお知らせするためにこれを書いています。
I'll notify all of our staff when the meeting schedule has been decided.	その会議のスケジュールが決まりましたら，スタッフ全員に知らせます。
Mr. Kim expressed his concern about the budget.	キム氏は，その予算について懸念を表明しました。
I will outline the program of the conference in the meeting.	私は打ち合わせの中で，その会議のプログラムの概要を述べます。
Please note that our office is closed on Sundays.	当社のオフィスは，日曜日は閉まりますので注意してください。
Our new car model is expected to appeal to potential customers.	当社の新型車は，潜在的な顧客の心に訴えかけると期待されています。
The security guard warned us that no one could enter without photo identification.	その警備員は写真付き身分証明書がないと誰も入れないと，私たちに警告しました。
I look forward to hearing from you soon.	私は，あなたからすぐにご連絡をいただくのを楽しみに待っています。
I would like to congratulate you on your promotion.	あなたの昇進にお祝いを言わせていただきたいと思います。
We expect a bright future for our company.	私たちは，当社に明るい未来があると考えています。

0718	☐☐	**significantly** [signífikəntli]	副 著しく, 大いに

0719	☐☐	**mostly** [móustli]	副 大部分は, たいていは

0720	☐☐	**quite** [kwáit]	副 かなり

0721	☐☐	**dramatic** [drəmǽtik]	形 劇的な, ドラマチックな

0722	☐☐	**gradually** [grǽdʒuəli]	副 徐々に

0723	☐☐	**rapid** [rǽpid]	形 急速な, 素早い / fast 素早い

0724	☐☐	**brief** [brí:f]	形 簡潔な, 短時間の / short 短い

0725	☐☐	**extremely** [ikstrí:mli]	副 きわめて, 極端に

0726	☐☐	**highly** [háili]	副 非常に, (評価などが) 高く

0727	☐☐	**enormous** [inɔ́:rməs]	形 膨大な, 巨大な / large 大きな

0728	☐☐	**elegantly** [éləgəntli]	副 優雅に, 上品に

The sales of the printer have increased significantly over the last two months.	そのプリンターの売上は，この2カ月の間，著しく増えました。
I agree with the idea mostly.	私は大部分はその考えに同意します。
I like your idea because it is new and quite unique.	あなたのアイデアは斬新でかなりユニークなので，私は気に入りました。
There was a dramatic change in the industry.	この業界には劇的な変化がありました。
The prices of computers have decreased gradually.	コンピューターの価格は徐々に下がってきています。
There has been rapid growth in online shopping.	オンラインショッピングには，急速な成長が見られます。
Let me give you a brief introduction of our products.	当社の製品について簡潔な紹介をさせてください。
It is extremely important to maintain your health.	健康を保つことは，きわめて重要です。
I highly recommend visiting the museum during your stay.	ご滞在中に，その美術館を訪れてみることを強くお勧めします。
We take in an enormous amount of information every day.	私たちは毎日，膨大な量の情報を取り込んでいます。
The dancers performed very elegantly at the show.	ダンサーたちは，そのショーでとても優雅に演じました。

Level 1
Level 2
Level 3
Level 4
Level 5

153

0729 ☐☐	**repeatedly** [ripíːtidli]	副 何度も, 繰り返して ⇨ 動 repeat ～を繰り返す ⇨ 名 repetition 反復, 繰り返すこと
0730 ☐☐	**hardly** [háːrdli]	副 ほとんど～ない
0731 ☐☐	**even** [íːvən]	副 ～でさえ

位置

0732 ☐☐	**side by side** [sáid bai sáid]	フレーズ 横に並んで
0733 ☐☐	**beside** [bisáid]	前 ～の隣に, ～と並んで by ～のそばに, next to ～の隣に
0734 ☐☐	**opposite** [ápəzit]	形 向かい合っている, 反対の, 逆の 名 反対のもの
0735 ☐☐	**nearby** [nìərbái]	形 近くの 副 近くに
0736 ☐☐	**in a line** [in ə láin]	フレーズ 一列に (なって) 先頭から最後尾まで並ぶことを意味する
0737 ☐☐	**in a row** [in ə róu]	フレーズ 一列に, 連続して in a row は, 横一列に並んでいるイメージ

連絡・掲示

0738 ☐☐	**notice** [nóutəs]	名 お知らせ, 看板

The announcement was repeatedly made to inform the public.	そのアナウンスは，一般の人々に知らせるために何度も行われました。
I can hardly hear the voice of the speaker.	私には，その講演者の声がほとんど聞こえません。
Even beginners can learn how to play the guitar at the lesson.	初心者でさえ，そのレッスンではギターを演奏する方法を身につけられます。

The women are sitting side by side on the sofa.	その女性たちは，ソファーに横に並んで座っています。
There is a chair beside the bed.	ベッドの隣に椅子があります。
The post office is on the opposite side of the station.	郵便局は駅の向かい側にあります。
We can buy some pens at a nearby store.	ペンは近くの店で買うことができます。
People are waiting in a line to buy tickets.	人々はチケットを買うために一列になって待っています。
Cars are parked in a row. Our sales have increased three years in a row.	車は（横）一列に駐車しています。 当社の売上は3年連続して増加しています。

The building owner put up a notice about a building inspection.	その建物の所有者は，建物検査についてのお知らせを掲示しました。

0739	☐☐	**post** [póust]	動 ～を貼る, (手紙)を送る, (記事) を投稿する 名 郵便(物), 柱, 地位
0740	☐☐	**remind** [rimáind]	動 ～に思い出させる ⇒ 名 reminder 思い出させるもの
0741	☐☐	**reply** [riplái]	動 返事をする 名 返事
0742	☐☐	**respond** [rispánd]	動 返事をする, 対応する
0743	☐☐	**response** [rispáns]	名 応答, 返答
0744	☐☐	**get back to** [gèt bǽk tə]	フレーズ ～に折り返し連絡をする
0745	☐☐	**get in touch with** [gèt in tʌ́tʃ wið]	フレーズ ～と連絡をとる contact ～と連絡をとる
0746	☐☐	**hang up** [hǽŋ ʌ́p]	フレーズ (電話)を切る, ～を(壁 などに)掛ける
0747	☐☐	**alert** [ələ́:rt]	名 警告 動 ～に警告する
0748	☐☐	**directly** [dəréktli]	副 直接に

I posted a notice in the lobby about the elevator repair.	私は，ロビーにエレベーターの修理に関する通知を貼りました。
I'd like to remind you that your payment is due next Friday.	お客様のお支払いが，来週の金曜日に期限を迎えることを思い出していただきたいのですが。
We will reply to your question within 24 hours.	私たちは，お客様のご質問に24時間以内に返事をいたします。
Our service representatives respond to customer questions by e-mail.	当社のサービス担当者は，お客様の質問にEメールで返事をいたします。
Thank you very much for your quick response to my question.	私の質問に対する迅速なご返答をいただき，誠にありがとうございます。
Please get back to me when you hear this message.	このメッセージを聞いたら，私に折り返し連絡してください。
You can get in touch with Dr. Miller by e-mail.	Eメールでミラー博士と連絡をとることができます。
The woman is hanging up the phone.	その女性は電話を切ろうとしています。
If an alert message appears on the screen, please contact the IT department.	画面に警告メッセージが表示されたら，IT部門に連絡してください。
If you have any questions, please talk directly to your manager.	何かご質問がある場合は，部長に直接話してください。

Level 1
Level 2
Level 3
Level 4
Level 5

逆接

0749	☐☐	**though** [ðóu]	接 ～だけれども although ～であるが
0750	☐☐	**despite** [dispáit]	前 ～にもかかわらず
0751	☐☐	**in spite of** [in spáit əv]	フレーズ ～にもかかわらず

理由

0752	☐☐	**due to** [djú: tə]	フレーズ ～のため，～が理由で because of ～のために
0753	☐☐	**therefore** [ðéərfɔ̀:r]	副 したがって，ゆえに
0754	☐☐	**so that** [sòu ðæt]	接 (can などを伴って)～できるよう に，その結果～

増減

0755	☐☐	**rise** [ráiz]	動 上昇する，上がる
0756	☐☐	**raise** [réiz]	動 ～を上げる，～を育てる，～を 提起する
0757	☐☐	**exceed** [iksí:d]	動 ～を超過する

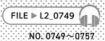

Though **the apartment is close to the station, the rent is reasonable.**	そのアパートは駅の近くにあるけれども，家賃は手ごろです。
Despite **the bad weather, our flight arrived as scheduled.**	悪天候にもかかわらず，私たちの便はスケジュールどおりに到着しました。
In spite of **our efforts, our proposal was not approved.**	私たちの努力にもかかわらず，私たちの提案は承認されませんでした。
Due to **bad weather, my flight was delayed for two hours.**	悪天候のため，私の便は2時間遅れました。
The elevator was out of order. Therefore **I went up the stairs.**	エレベーターは故障していました。したがって，私は階段を上りました。
We postponed the meeting so that **everyone could attend.**	全員が参加できるように，私たちは会議を延期しました。
Oil prices are expected to rise **sharply in the next few months.**	原油価格は今後数カ月で急激に上昇すると予想されます。
TT Cellular raised **the prices of all its new models.**	TTセルラー社は，そのすべての新機種の価格を引き上げました。
The hotel's service exceeded **our expectations.**	そのホテルのサービスは，私たちの期待を超えるものでした。

Level 1
Level 2
Level 3
Level 4
Level 5

159

0758	**boost** [bú:st]	動 ～を押し上げる，～を増やす 名 押し上げること，増やすこと
0759	**reduce** [ridʒú:s]	動 ～を下げる，～を減らす
0760	**reduction** [ridʌ́kʃən]	名 減少，縮小
0761	**decline** [dikláin]	動 下降する，（～を）拒否する decrease 減る，drop 下落する，fall 低下する
0762	**double** [dʌ́bəl]	動 倍になる 形 2倍の
0763	**triple** [trípəl]	動 3倍になる 形 3倍の

申込・登録

0764	**register** [rédʒistər]	動 （～を）登録する
0765	**registration** [rèdʒəstréiʃən]	名 登録
0766	**sign up for** [sáin ʌp fər]	フレーズ ～を申し込む
0767	**method** [méθəd]	名 方法

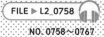
The new advertisement boosted sales.	その新しい広告は，売り上げを押し上げました。
We are looking for a new supplier to reduce costs.	当社は，コストを下げるために新しい供給業者を探しています。
Eagle Systems released the EX Headphone series with noise reduction.	イーグル・システムズ社は，ノイズ減少機能を備えた EX ヘッドフォン・シリーズを発売しました。
Sales have declined sharply over the past year.	過去 1 年間で，売上は急激に下がりました。
Sales of our cars have doubled over the last two years.	当社の車の売り上げは，過去 2 年間で倍になりました。
The number of employees has tripled in the past ten years.	この 10 年間で，社員の数は 3 倍になりました。
You are strongly recommended to register for the sales seminar.	営業セミナーに登録することを強くお勧めします。
You can submit a registration form online.	登録フォームはオンラインで提出いただけます。
Please sign up for the course by June 1.	そのコースは，6 月 1 日までに申し込んでください。
You can choose your method of payment.	お客様は，お支払い方法を選べます。

Level 1
Level 2
Level 3
Level 4
Level 5

161

時・時間

0768	**recent** [rí:sənt]	形 最近の
0769	**recently** [rí:səntli]	副 最近は
0770	**lately** [léitli]	副 最近
0771	**historical** [histɔ́(:)rikəl]	形 歴史の，歴史的な
0772	**upcoming** [ʌ́pkʌ̀miŋ]	形 今度の，来るべき
0773	**shortly** [ʃɔ́:rtli]	副 まもなく soon もうすぐ
0774	**immediately** [imí:diətli]	副 すぐに，ただちに
0775	**in advance** [in ədvǽns]	フレーズ 事前に beforehand 前もって，あらかじめ
0776	**beforehand** [bifɔ́:rhænd]	副 前もって，あらかじめ in advance 事前に
0777	**as of today** [əz əv tədéi]	フレーズ 今日現在で
0778	**on time** [ɑn táim]	フレーズ 時間どおりに

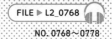
The magazine features recent trends in business.	この雑誌は，ビジネスでの最近の動向を特集しています。
I recently read the author's new book.	私は最近，その作家の新刊を読みました。
Have you seen the client lately?	最近その顧客と会いましたか。
The author has written several historical novels.	その作家は，これまで数冊の歴史小説を書いています。
We have prepared everything for the upcoming event.	私たちは，今度のイベントに備えてすべてを準備してあります。
The interview with the candidate will begin shortly.	その候補者との面接はまもなく始まります。
I will immediately reply to the customer's inquiry.	私がその顧客の問い合わせにすぐに返答します。
Please let us know in advance if you need to cancel.	あなたがキャンセルする必要がある場合は，事前にお知らせください。
You need to register for the seminar beforehand.	あなたは，そのセミナーに前もって登録する必要があります。
As of today, 30 people have registered for the event.	今日現在で，30人がそのイベントに参加登録しています。
The flight from New York arrived on time.	ニューヨークからの便は，時間どおりに到着しました。

Level 1

Level 2

Level 3

Level 4

Level 5

0779	**extend** [iksténd]	動 ～を延長する，～を引き伸ばす
0780	**extension** [iksténʃən]	名 延期，拡張，内線
0781	**no later than** [nou léitər ðən]	フレーズ ～までに，～より遅くならずに before ～よりも前に，by ～までに
0782	**timetable** [táimtèibəl]	名 時間表，時間割
0783	**urgent** [ə́:rdʒənt]	形 緊急の
0784	**at the latest** [ət ðə léitist]	フレーズ 遅くとも
0785	**ahead of schedule** [əhéd əv skédʒu:l]	フレーズ 予定よりも早く ⇔ behind schedule 予定より遅れて
0786	**as soon as** [æz sú:n əz]	フレーズ ～の後すぐに after ～の後，once ～するとすぐに
0787	**used to** [jú:st tú:]	フレーズ かつて～していた 今はしていないことを暗示している

期間

| 0788 | **quarter** [kwɔ́:rtər] | 名 四半期，4分の1，15分 |

We extended our stay for two days.	私たちは 2 日間滞在を延長しました。
May I request an extension for the payment of the bill? **Please call me at extension 220 for any questions or concerns.**	その請求書の支払いの延期をお願いできますか。 何か質問や懸念がある場合は，内線 220 に電話してください。
Please submit the application no later than April 7.	4月7日までに申請書を提出してください。
Have you checked the timetable of the train?	あなたはその列車の時刻表を確認しましたか。
There is an urgent need to solve those problems.	これらの問題を解決するという，緊急の必要性があります。
Please submit the report by Friday at the latest.	遅くとも，金曜日までに報告書を提出してください。
The task was completed ahead of schedule.	その任務は予定よりも早く終わりました。
As soon as we have received the payment, we will send you the ticket.	支払いを受け取った後すぐに，私たちはチケットをあなたに送ります。
Maria Khan used to work as a web designer before she joined our company.	マリア・カンは当社に入る前にかつてウェブデザイナーとして働いていた。
Our company made a big profit last quarter.	当社は，前四半期に大きな利益を上げました。

Level 1

Level 2

Level 3

Level 4

Level 5

165

0789	☐☐	**quarterly** [kwɔ́:rtərli]	形 季ごとの, 四半期の
0790	☐☐	**hourly** [áuərli]	副 1時間ごとに
0791	☐☐	**decade** [dékeid]	名 10年間
0792	☐☐	**every other week** [évri ʌ́ðər wíːk]	フレーズ 隔週で, 1週おきに
0793	☐☐	**last** [lǽst]	動 続く continue 続く
0794	☐☐	**term** [tə́:rm]	名 期間, 用語, 条件
0795	☐☐	**time slot** [táim slát]	フレーズ 時間枠

順番

0796	☐☐	**previous** [príːviəs]	形 以前の, 前の
0797	☐☐	**prior** [práiər]	形 事前の
0798	☐☐	**prior to** [práiər túː]	フレーズ 〜の前に

We publish a quarterly magazine called *Modern Age*.	私たちは，Modern Age と呼ばれる季刊誌を発行します。
I get paid hourly for my part-time job.	私は，1 時間単位でアルバイトの報酬をもらいます。
Mrs. Smith has worked for Hills Hotel for over a decade.	スミスさんは，ヒルズホテルで 10 年以上働いてきました。
The manager goes on a business trip every other week.	部長は，隔週で出張をします。
The sale will last for two weeks.	そのセールは，2 週間続きます。
The term of the contract is three years.	その契約の期間は 3 年です。
You can choose a time slot for your night shift.	あなたは，夜勤の時間枠を選択できます。
Applicants must have previous work experience in the same field.	応募者は，同じ分野における以前の実務経験が必要です。
We need to get prior approval from the manager.	私たちは，部長から事前の承認を得る必要があります。
Prior to the meeting, the manager will announce last quarter's sales results.	会議の前に，部長が前四半期の売上成績を発表します。

167

0799	☐☐	**initial** [iníʃəl]	形 最初の first 最初の
0800	☐☐	**former** [fɔ́ːrmər]	形 前の，以前の
0801	☐☐	**phase** [féiz]	名 段階

思考・判断

0802	☐☐	**consider** [kənsídər]	動 ～を検討する，～についてよく 考える
0803	☐☐	**consideration** [kənsìdəréiʃən]	名 考慮
0804	☐☐	**pay attention to** [péi əténʃən túː]	フレーズ ～に注意を払う
0805	☐☐	**impression** [impréʃən]	名 印象，感銘
0806	☐☐	**appear** [əpíər]	動 ～のように見える[思える]，現 れる ⇨ 名 appearance 外観，見た目
0807	☐☐	**compare** [kəmpéər]	動 ～を比較する ⇨ 名 comparison 比較
0808	☐☐	**depend on** [dipénd ɑn]	フレーズ ～次第である，～に頼る

The initial cost of the computer system is reasonable, but it's expensive to maintain.	そのコンピューターシステムの最初のコストは手頃ですが，維持するのは高くつきます。
Mr. Lee is the former president of MZ Motor Company.	リー氏は MZ モーター社の前の社長です。
The second phase of the construction project is scheduled to be completed next month.	その建設計画の第 2 段階は，来月に完了する予定です。
The management considered the possibility of entering a new market.	経営陣は，新しい市場に参入する可能性を検討しました。
After some consideration, Chris decided to change jobs.	しばらく考慮した後で，クリスは転職することにしました。
Please pay attention to customers' opinions.	顧客の意見に注意を払ってください。
It is important to make a good first impression at an interview.	面接では，好ましい第一印象を与えることが大事です。
It appears to me that the sales will increase.	私には，売上は増えるように思えます。
I compared the two products and chose the compact model.	私はその 2 つの製品を比較し，コンパクトなほうのモデルを選びました。
It depends on the budget whether we hire new people or not.	新たな人員を雇うかどうかは，予算次第です。

Level 1

Level 2

Level 3

Level 4

Level 5

169

0809	☐☐	**trust** [trÁst]	動 ～と確信する，～を信頼する 名 信頼，信用
0810	☐☐	**confident** [kánfidənt]	形 確信して，自信のある ⇨ 名 confidence 自信
0811	☐☐	**certain** [sə́:rtən]	形 確信して，確かな sure 確かな
0812	☐☐	**doubt** [dáut]	動 ～を疑問に思う
0813	☐☐	**factor** [fǽktər]	名 要素，要因
0814	☐☐	**definitely** [défənətli]	副 間違いなく

感情

0815	☐☐	**enjoyable** [indʒɔ́iəbəl]	形 楽しい ⇨ 動 enjoy ～を楽しむ
0816	☐☐	**impressed** [imprést]	形 感銘を受けた，感動した ⇨ 名 impression 印象，感銘
0817	☐☐	**impressive** [imprésiv]	形 見事な，印象的な，感銘深い
0818	☐☐	**disappointed** [dìsəpɔ́intid]	形 がっかりした，失望した ⇨ 名 disappointment 失望
0819	☐☐	**disappointing** [dìsəpɔ́intiŋ]	形 残念な，失望させるような

I **trust** that the project is going well.	私は，そのプロジェクトが順調に進んでいると確信しています。
I'm **confident** that our sales will increase soon.	私は，当社の売上がすぐに増えると確信しています。
We are **certain** that you will be satisfied with our service.	私どもは，あなたが当社のサービスに満足していただけると確信しています。
I **doubt** that sales will increase in such a short time.	私は，そんな短期間で売上が増えるかを疑問に思います。
Price is an important **factor** for any buying decision.	価格は，どのような購入の決定の際でも重要な要素です。
You will **definitely** like our new office in the downtown area.	あなたは間違いなく，中心街にある新しいオフィスを気に入るでしょう。

Most people commented that it was an **enjoyable** party.	ほとんどの人たちは，楽しいパーティーだったと感想を述べました。
We were **impressed** with Dr. Smith's speech.	私たちは，スミス博士のスピーチに感銘を受けました。
The achievement was a result of the **impressive** skills of the sales team.	その成果は，販売チームの見事なスキルのたまものでした。
We are **disappointed** to see the results.	私たちは，その結果を見てがっかりしています。
Gerald was shocked by the **disappointing** result.	ジェラルドは，その残念な結果にショックを受けました。

171

0820	☐☐	**frustrated** [frʌ́streitid]	形 イライラさせられた ⇨ 名 frustration 欲求不満
0821	☐☐	**be afraid** [bi əfréid]	フレーズ あいにく〜である
0822	☐☐	**encourage** [inkə́:ridʒ]	動 〜に働きかける, 〜を勇気づける ⇨ 名 encouragement 奨励
0823	☐☐	**attract** [ətrǽkt]	動 〜を魅了する, 〜を引きつける ⇨ 名 attraction 注目
0824	☐☐	**hesitate** [hézitèit]	動 ためらう, 遠慮する ⇨ 名 hesitation ためらい

分類

0825	☐☐	**sort out** [sɔ́:rt áut]	フレーズ 〜を分類する
0826	☐☐	**put together** [pùt təgéðər]	フレーズ 〜をまとめる
0827	☐☐	**narrow down** [nǽrou dáun]	フレーズ 〜を絞り込む
0828	☐☐	**genre** [ʒɑ́:nrə]	名 ジャンル, 部門
0829	☐☐	**except** [iksépt]	前 (-for) (〜を) 除いて (は), (-for) 〜以外は

The customer was frustrated with their poor service.	その顧客は，彼らのひどいサービスにイライラさせられました。
I'm afraid the tickets are sold out.	あいにくそのチケットは売り切れだと思います。
We strongly encourage you to try our new model.	あなたが当社の新しいモデルをお試しになることを強くお勧めします。
Jackson's new song attracted fans at his concert.	ジャクソンの新しい歌は，彼のコンサートでファンを魅了しました。
Don't hesitate to contact me at any time.	いつでもためらうことなく私に連絡をしてください。

Please sort out the new employees from the old employees on the list.	そのリストで既存の社員から新しい社員を選り分けてください。
I've put together a list of frequently asked questions.	私は，よくある質問のリストをまとめました。
Our career workshop helps students narrow down their career options.	当社のキャリアワークショップは，学生が就職先の選択肢を絞り込むのに役立ちます。
Science-fiction is one of the most popular genres in literature.	SF は文学で最も人気のあるジャンルの1つです。
Sales have increased at all branches, except for the Boston branch.	売上はボストン支店を除いて，すべての支店で増加しています。

Level 1
Level 2
Level 3
Level 4
Level 5

0830	☐☐	**exception** [iksépʃən]	名 例外
0831	☐☐	**individual** [ìndəvídʒuəl]	形 個々の，個人の 名 個人
0832	☐☐	**individually** [ìndəvídʒuəli]	副 個別に
0833	☐☐	**official** [əfíʃəl]	形 公式の 名 職員
0834	☐☐	**amateur** [ǽmətʃùər]	形 アマチュアの，素人の 名 アマチュア，素人 ⇔ professional プロの，プロ
0835	☐☐	**categorize** [kǽtigəràiz]	動 ～を分類する ⇨ 名 category 分類

提供・提示

0836	☐☐	**supply** [səplái]	動 ～を供給する 名 供給 provide ～を供給する
0837	☐☐	**aid** [éid]	名 支援，援助 動 ～を援助する support，assistance 支援
0838	☐☐	**present** 動 [prizént] 形 [prézənt]	動 ～を提示する 形 現在の show ～を示す

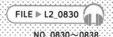

Our business has been successful throughout the world with the exception of China.	私たちのビジネスは，中国を例外として世界中で成功しています。
Our service is flexible enough to meet individual needs.	当社のサービスは，個々のニーズにお応えするほど柔軟性があります。
The personnel manager will interview applicants individually over the next two weeks.	人事部長は，今後 2 週間にわたって応募者を個別に面接します。
The CEO made an official announcement about building a new factory.	CEO は，新工場の建設について公式の発表を行いました。
This photo contest is for both professional and amateur photographers.	この写真コンテストは，プロとアマチュアの両方の写真家を対象としています。
We should categorize the files in alphabetical order.	私たちは，ファイルをアルファベット順に分類する必要があります。

We asked the vendor to supply more parts for the machine.	私たちは，販売業者にその装置用の追加の部品を供給するよう依頼しました。
The company provides financial aid for employees who study management.	その会社は，経営を学ぶ社員に金銭的な支援を提供しています。
Please present your identification card when you enter the office.	オフィスに入るときは，身分証明書を提示してください。

Level 1
Level 2
Level 3
Level 4
Level 5

予定

0839 ☐☐	**reschedule** [riskédʒu:l]	動 ～の予定を変更する
0840 ☐☐	**tight** [táit]	形 きつい, 堅い
0841 ☐☐	**availability** [əvèiləbíliti]	名 スケジュールの空き, 入手可能性 ⇨ 形 available 手に入る, 利用できる
0842 ☐☐	**be expected to** *do* [bi ikspéktid tə dú:]	フレーズ ～することが期待される, 求められる
0843 ☐☐	**be likely to** *do* [bi láikli tə dú:]	フレーズ ～しそうである
0844 ☐☐	**be supposed to** *do* [bi səpóuzd tə dú:]	フレーズ ～することになっている
0845 ☐☐	**on my way to** [ɑ:n mái wéi tú:]	フレーズ ～に行く途中で

数・量

0846 ☐☐	**amount** [əmáunt]	名 額, 量
0847 ☐☐	**quantity** [kwántiti]	名 量
0848 ☐☐	**various** [véəriəs]	形 さまざまな ⇨ 名 variety 多様, 種類

We **rescheduled** the meeting because few people are free tomorrow.	明日は都合のつく人がほとんどいないので，会議の予定を変更しました。
Because of the **tight** schedule, we need to change our plans.	きついスケジュールのため，私たちは計画を変更する必要があります。
Let me check my **availability** for October 1.	10月1日の私のスケジュールの空き状況を確認させてください。
New employees **are expected to** attend the sales workshop.	新入社員は，営業研修会に参加することが期待されています。
It **is likely to** rain tomorrow.	明日は雨が降りそうです。
I'm **supposed to** contact the customer tomorrow morning.	私は明日の朝，顧客に連絡することになっています。
I'll drop by the post office **on my way to** work.	私は仕事に行く途中で郵便局に立ち寄ります。

We need a large **amount** of money to advertise our new service.	新しいサービスを宣伝するには多額のお金が必要です。
We need to check a large **quantity** of data.	私たちは，大量のデータを確認する必要があります。
The furniture store offers discounts on **various** kinds of products.	その家具店は，さまざまな種類の製品で割引を提供しています。

0849	**continuous** [kəntínjuəs]	形 継続的な，連続的な ⇨ 動 continue ～を続ける
0850	**multiple** [mʌ́ltəpəl]	形 複数の
0851	**a large number of** [ə lάːrdʒ nʌ́mbər əv]	フレーズ 多数の many 多くの
0852	**plenty of** [plénti əv]	フレーズ 十分な，たくさんの a lot of, lots of たくさんの
0853	**a wide range of** [ə wáid réindʒ əv]	フレーズ さまざまな種類の various さまざまな
0854	**maximum** [mǽksəməm]	名 最大限の量［数］ 形 最大の，最高の ⇔ minimum 最小／最小限の
0855	**majority** [mədʒɔ́(ː)riti]	名 大多数 ⇔ minority 少数
0856	**average** [ǽvəridʒ]	名 平均
0857	**up to** [ʌ́p túː]	フレーズ 最大～，～次第で
0858	**approximately** [əpráksimətli]	副 およそ，約 about およそ
0859	**nearly** [níərli]	副 ～近く，ほぼ almost ほぼ

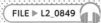
We would like to thank you for your continuous support.	当社は，御社の継続的なご支援に感謝いたします。
There are vending machines at multiple locations in the building.	その建物内では，複数の場所に自動販売機があります。
A large number of employees have worked overseas.	多くの社員が外国で働いてきました。
We have plenty of time to finish the project.	私たちには，そのプロジェクトを完了するのに十分な時間があります。
Our online shop covers a wide range of products.	当社のオンラインショップは，さまざまな種類の製品を取り扱っています。
The event hall can hold a maximum of 300 people.	そのイベントホールは，最大で300人を収容できます。
The majority of people reserve concert tickets through the Internet.	大多数の人たちは，コンサートのチケットをインターネットで予約します。
The sales have increased by 15% on average.	売上は平均で15%増加しています。
The store is offering discounts of up to 50 percent off the regular prices.	その店は，通常価格から最大50パーセントの割引を提供しています。
It's up to you if we work overtime tonight.	私たちが今夜残業するかどうかは，あなた次第です。
Approximately 20 people attended the seminar.	およそ20人が，そのセミナーに参加しました。
We'll drive nearly 300 kilometers to the camping site.	私たちは，キャンプ場まで300キロ近く運転することになります。

0860	☐☐	**empty** [émpti]	動 ～を空にする 形 空の
0861	☐☐	**least** [líːst]	副 最も～でない
0862	☐☐	**a series of** [ə síəri(ː)z əv]	フレーズ 一連の
0863	☐☐	**rest of** [rést əv]	フレーズ 残りの～

達成・結果

0864	☐☐	**achieve** [ətʃíːv]	動 ～を達成する
0865	☐☐	**achievement** [ətʃíːvmənt]	名 達成, 業績
0866	☐☐	**success** [səksés]	名 成功, 合格
0867	☐☐	**succeed** [səksíːd]	動 成功する, うまくいく, 引き継ぐ, 相続する
0868	☐☐	**successful** [səksésfəl]	形 成功した, 立身出世した
0869	☐☐	**breakthrough** [bréikθrùː]	名 躍進, 突破
0870	☐☐	**as a result** [əz ə rizʌ́lt]	フレーズ 結果として

Please empty the bottle before putting it in the trash bin.	そのボトルは，ごみ箱に入れる前に空にしてください。
We decided to stop production of the least popular product.	当社は，最も人気がない製品の生産を中止することにしました。
We had a series of discussions before making the final decision.	私たちは，最終的な決定を下す前に一連の議論を行いました。
I'll be out of the office for the rest of the week.	私は，週の残りはオフィスに不在の予定です。
We've been working hard to achieve our goals.	私たちは目標を達成するために，一生懸命努力してきました。
Congratulations on your achievement.	達成，おめでとうございます。
We had great success in the sales campaign.	当社は，販売促進キャンペーンで大成功を収めました。
We succeeded in getting a new contract.	私たちは，新しい契約の獲得に成功しました。
Successful candidates must have at least three years of work experience.	採用される候補者は，少なくとも3年間の実務経験が必要です。
Many companies have made breakthroughs by using new technology.	多くの企業は，新しいテクノロジーを用いて躍進を遂げました。
As a result of the advertisement, the new product sold well.	その広告の結果として，新製品はよく売れました。

Level 1
Level 2
Level 3
Level 4
Level 5

181

0871	**meet** [mí:t]	動 ～を満たす, ～に出会う, ～に応じる 名 競技会, 大会
0872	**effort** [éfərt]	名 努力, がんばり
0873	**discover** [diskʌ́vər]	動 ～を発見する ⇨ 名 discovery 発見
0874	**ideal** [aidí:əl]	形 理想的な 名 理想

問題・原因

0875	**cause** [kɔ́:z]	動 ～を引き起こす, ～の原因となる 名 原因, 要因
0876	**unavailable** [ʌ̀nəvéiləbəl]	形 手に入らない, 利用できない ⇔ available 手に入る, 利用できる
0877	**run out of** [rʌ̀n áut əv]	フレーズ ～が不足する
0878	**malfunction** [mælfʌ́ŋkʃən]	名 故障, 不調 動 正しく動かない
0879	**defective** [diféktiv]	形 欠陥のある
0880	**missing** [mísiŋ]	形 行方不明の, 紛失した
0881	**inconvenience** [ìnkənví:njəns]	名 不便さ, 迷惑 ⇔ convenience 便利さ

All of the applicants meet the requirements for the position.	すべての応募者は，その職に必要な条件を満たしています。
All of the team members made a great effort to achieve their goals.	チームのメンバー全員が，目標を達成するために多大の努力をしました。
We discovered another way of cutting costs.	当社は，コストを削減する別の方法を発見しました。
The board of directors found an ideal person to be the new CEO.	取締役会は，新しい CEO となるのに理想的な人物を見つけました。

Train maintenance often causes delays in service.	列車の保守作業は，しばしば運行の遅れを引き起こします。
The latest model cleaner is currently unavailable because of its popularity.	最新モデルは人気があるため，現在手に入りません。
The photocopier is running out of paper.	そのコピー機は用紙が不足しています。
We can't use the printer due to a malfunction.	故障のため，そのプリンターは使用できません。
Defective items were returned by several customers.	欠陥のある商品が何人かの顧客から返されました。
Please let me know if you find the missing file.	行方不明のファイルが見つかったら，私に知らせてください。
We apologize for any inconvenience.	ご不便をおかけしたことをおわびいたします。

Level 1
Level 2
Level 3
Level 4
Level 5

183

0882	☐☐	**incomplete** [inkəmplíːt]	形 不完全な ⇔ complete 完全な
0883	☐☐	**mistakenly** [mistéikənli]	副 間違えて ⇨ 名 mistake 間違い ⇨ 動 mistake 〜を間違える
0884	☐☐	**risk** [rísk]	名 危険 動 〜を危険にさらす
0885	☐☐	**fail** [féil]	動 〜しそこなう, 失敗する
0886	☐☐	**failure** [féiljər]	名 失敗, 機能停止
0887	☐☐	**lack** [lǽk]	名 不足 動 〜が欠けている
0888	☐☐	**confused** [kənfjúːzd]	形 混乱した, 困惑した ➡ confusing 困惑させる
0889	☐☐	**waste** [wéist]	動 〜を無駄にする, 〜を浪費する 名 無駄, ごみ
0890	☐☐	**disadvantage** [dìsədvǽntidʒ]	名 不利な点, 不都合 ⇔ advantage 利点, 強み
0891	☐☐	**emergency** [imə́ːrdʒənsi]	名 緊急 [非常] 事態 形 緊急の
0892	☐☐	**incorrectly** [inkəréktli]	副 間違って, 不正確に ⇔ correctly 正しく
0893	☐☐	**arise** [əráiz]	動 生じる, 起きる

Your report is still incomplete, so please finish it.	あなたのレポートはまだ不完全なので，それを完成させてください。
I mistakenly deleted a customer record.	私は間違えて顧客の記録を削除してしまいました。
We need to take risks to enter into a new market.	新しい市場に参入するには，リスクを冒す必要があります。
Due to the train delay, we failed to arrive at the meeting on time.	列車の遅延のため，私たちは時間どおりに会議に到着することができませんでした。
We learned from failure.	私たちは，失敗から学びました。
We can't move forward because of the lack of a budget.	予算不足のため，前に進むことができません。
Some tourists are confused about the transportation system.	観光客の中には，その交通網に混乱している人たちもいます。
I'll start now to avoid wasting time.	時間を無駄にすることを避けるために，今から始めます。
One disadvantage of our product is the high price.	当社製品の不利な点の1つは，価格が高いことです。
In case of emergency, please press this button.	緊急事態の場合は，このボタンを押してください。
The store charged customers incorrectly due to pricing errors.	その店は価格設定のミスのため，顧客に間違って料金を請求しました。
Some problems may arise after the new system has been installed.	新しいシステムがインストールされた後で，いくつかの問題が生じる可能性があります。

Level 1　Level 2　Level 3　Level 4　Level 5

185

説明

0894	☐☐	**indicate** [índikèit]	動 ～を指し示す
0895	☐☐	**detail** [ditéil, dí:teil]	動 ～を詳しく述べる 名 詳細
0896	☐☐	**in detail** [in dí:teil, in ditéil]	フレーズ 詳しく
0897	☐☐	**introduce** [ìntrəd(j)úːs]	動 ～を紹介する，～を導入する
0898	☐☐	**introduction** [ìntrədʌ́kʃən]	名 紹介，導入，入門
0899	☐☐	**describe** [diskráib]	動 ～を説明する，～を描写する explain ～を説明する
0900	☐☐	**description** [diskrípʃən]	名 説明（書），記述，描写 explanation 説明
0901	☐☐	**emphasize** [émfəsàiz]	動 ～を強調する
0902	☐☐	**emphasis** [émfəsis]	名 強調
0903	☐☐	**refer** [rifə́ːr]	動 参照する，言及する
0904	☐☐	**following** [fάlouiŋ]	形 次の，下記の

The graph indicates that our sales have dropped.	このグラフは，当社の売上が落ちたことを示しています。
The project leader will detail the plan in the meeting.	そのプロジェクトリーダーは，会議でその計画の詳細を説明する予定です。
I'll explain the problem in detail.	私がこの問題について詳しく説明します。
Before we start, let me introduce myself. We plan to introduce a new security system next year.	まず最初に，自己紹介をさせてください。 当社は来年，新しいセキュリティ・システムを導入する予定です。
We'll start with the introduction of our new service.	弊社の新サービスの紹介から始めることにします。
Please describe the situation in the meeting.	その会議で状況を説明してください。
Please read the product description before using it for the first time.	初めてご使用になる前に，製品説明書をお読みください。
The trainer emphasized the importance of communication.	その訓練係は，コミュニケーションの重要性を強調しました。
The salesperson put an emphasis on the product's reasonable price.	その営業担当者は，その製品の手頃な価格を強調しました。
Please refer to the map when you go to the conference center.	会議場に行くときは，その地図を参照してください。
Customers can get coupons by answering the following questions.	顧客は，次の質問に答えることでクーポン券を手に入れることができます。

Level 1

Level 2

Level 3

Level 4

Level 5

187

組み合わせ

0905 ☐☐	**combine** [kəmbáin]	動 ～を組み合わせる ⇨ 名 combination 組み合わせ
0906 ☐☐	**suit** [súːt]	動 ～に合う，～に似合う
0907 ☐☐	**cooperation** [kouɑ̀pəréiʃən]	名 協力 ⇨ 動 cooperate 協力する
0908 ☐☐	**collaborate** [kəlǽbərèit]	動 協力する，共同で行う ⇨ 名 collaboration 協力
0909 ☐☐	**collaboratively** [kəlǽbərìtivli]	副 協力して
0910 ☐☐	**altogether** [ɔ̀ːltəgéðər]	副 全部で

頻度

0911 ☐☐	**frequently** [fríːkwəntli]	副 頻繁に often たびたび
0912 ☐☐	**constantly** [kánstəntli]	副 たえず
0913 ☐☐	**rarely** [réərli]	副 めったに～ない，まれに

We plan to combine the two rooms into one large meeting room.	2つある部屋を組み合わせて，1つの大きな会議室にする予定です。
We have some menu options to suit your budget.	当店は，お客様の予算に合うようにいくつかのメニュー・オプションがあります。
Thank you for your cooperation.	ご協力ありがとうございます。
We collaborated with an advertising agency for the marketing project.	当社は，販売促進計画について広告代理店と協力しました。
Our team members are good at working collaboratively for our goals.	私たちのチームのメンバーは，目標に向かって協力して働くのが得意です。
There were 500 companies altogether that participated at the charity event.	そのチャリティーイベントに参加した企業は全部で 500 社ありました。

I frequently travel on business to meet my clients.	私は自分の顧客と会うために頻繁に出張します。
The sales data is constantly updated.	売上データはたえず更新されます。
We are rarely busy at this time of year.	1年のこの時期は，私たちが忙しいことはめったにありません。

189

意見・質問

0914	**reputation** [rèpjətéiʃən]	名 評判
0915	**inquire** [inkwáiər]	動 問い合わせる ask ～を尋ねる
0916	**inquiry** [inkwáiəri]	名 問い合わせ, 照会 enquiry とも言う
0917	**feedback** [fíːdbæk]	名 意見, 感想 opinion 意見
0918	**point out** [pɔ́int áut]	フレーズ ～を指摘する
0919	**regarding** [rigáːrdiŋ]	前 ～に関して about ～について
0920	**concerning** [kənsə́ːrniŋ]	前 ～に関して about ～について
0921	**complain** [kəmpléin]	動 苦情を言う
0922	**complaint** [kəmpléint]	名 苦情

提案・申し出

| 0923 | **propose**
[prəpóuz] | 動 ～を提案する |

We have a good reputation for speedy delivery.	当社は，迅速な配達で高い評判を得ています。
Ms. Okada inquired about the details of the new product.	オカダさんは，新製品の詳細について問い合わせました。
Our service staff always reply to customer inquiries quickly.	当社のサービススタッフは，お客様からの問い合わせにいつでも迅速に対応します。
Your feedback is important for us to improve our service.	あなたのご意見は，当社がサービスを改善する上で重要です。
The marketing manager pointed out some problems in the campaign.	マーケティング部長は，そのキャンペーンのいくつかの問題点を指摘しました。
We received an inquiry regarding our new product.	私たちは当社の新製品に関して問い合わせを受けました。
If you have any questions concerning the service, please contact our customer support center.	そのサービスに関して質問がございましたら，当社のカスタマーサポートセンターにご連絡ください。
Some customers complain about the quality of the restaurant's service.	一部の顧客は，そのレストランのサービスの質について苦情を言っています。
The sales representative received some complaints from customers.	その営業担当者は，顧客から何件かの苦情を受けました。
The marketing manager proposed a change in the sales campaign.	マーケティング部長は，販促キャンペーンの変更を提案しました。

Level 1
Level 2
Level 3
Level 4
Level 5

0924	☐☐	**proposal** [prəpóuzəl]	名 提案（書）
0925	☐☐	**be encouraged to** ***do*** [bi enkə́:ridʒd tə dú:]	フレーズ ～するよう推奨される
0926	☐☐	**tip** [típ]	名 （役立つ）ヒント, 助言

事実

0927	☐☐	**actually** [ǽktʃuəli]	副 実際は
0928	☐☐	**prove** [prú:v]	動 (-to be) ～であるとわかる, ～を証明する
0929	☐☐	**belong to** [bilɔ́(:)ŋ tú:]	フレーズ ～に所属する
0930	☐☐	**based on** [béist ɑn]	フレーズ ～に基づいて

相違

0931	☐☐	**similar** [símələr]	形 似ている, 同じような ⇔ different 違う ⇨ 名 similarity 類似（点）, 似ていること
0932	☐☐	**equally** [í:kwəli]	副 等しく, 同様に ⇨ 形 equal 等しい

I submitted a proposal for the new project.	私は，その新しいプロジェクトの提案書を提出しました。
All employees are encouraged to attend the training to learn the new software.	すべての社員は，新しいソフトウェアを学ぶためのトレーニングに参加することが推奨されています。
The book includes some tips to improve your writing.	その本には，あなたが書く文章を改善する上でのいくつかのヒントが含まれています。
I was going to go on a business trip today, but actually it was canceled.	私は今日，出張に行く予定でしたが，実際には中止になりました。
The new strategy proved to be effective because sales increased sharply.	その新しい戦略は，売上が急増したために効果的であることがわかりました。
About 30 people belong to the company's exercise club.	およそ 30 人が，会社の運動クラブに所属しています。
The drama is based on a true story.	そのドラマは実話に基づいています。
Your idea is similar to mine.	あなたのアイデアは私のものに似ています。
Price and quality are equally important for customers.	価格と品質は，顧客にとって等しく重要です。

193

0933	unusual [ʌnjúːʒuəl]	形 普通でない ⇔ usual　通常の
0934	unique [juːníːk]	形 独特の
0935	differ [dífər]	動 異なる ⇨ 形 different　違う ⇨ 名 difference　違い

能力

0936	skillful [skílfəl]	形 熟練した
0937	talented [tǽləntid]	形 才能のある
0938	specialize in [spéʃəlàiz in]	フレーズ ～を専門とする ⇨ 名 specialization　専門化
0939	enable [inéibəl]	動 (- to *do*) ～が…することを可能 　にする en「～にする」+ able「できる」
0940	be unable to [bi ʌnéibəl tu]	フレーズ ～できない ⇔ be able to　～できる

希望・期待

0941	expect [ikspékt]	動 ～に期待する, ～を予期する

You can find the sign easily because it has an unusual color.	その標識は普通ではない色を使っているので，簡単に見つけることができます。
The designer is famous for her unique designs.	そのデザイナーは，彼女の独特なデザインで有名です。
Hotel rates differ depending on the season.	ホテルの宿泊料は，時期によって異なります。
The work was done beautifully by a group of skillful workers.	その作業は，熟練した職員のグループによって見事に実行されました。
We have many talented employees with great skills.	当社には，優れたスキルを持った才能のある社員が大勢います。
Mr. Miller specializes in sales and marketing.	ミラー氏は営業とマーケティングを専門としています。
This music enables you to relax.	この音楽は，あなたをリラックスさせてくれます。
I had to go out of town and was unable to join the party yesterday.	私は町から出なければならなかったので，昨日パーティーには参加できませんでした。
The manager expects all staff to attend the meeting.	部長は，すべてのスタッフがその会議に参加することを期待しています。

Level 1
Level 2
Level 3
Level 4
Level 5

195

0942	**expectation** [èkspektéiʃən]	名 期待, 予期
0943	**desire** [dizáiər]	名 願望, 欲求, 願い 動 ～を望む, 願う

性質

0944	**complex** [kɑmpléks]	形 複雑な ⇔ simple 簡単な ⇨ 名 complexity 複雑さ
0945	**originally** [ərídʒənəli]	副 初めは, もともと
0946	**huge** [hjú:dʒ]	形 非常に大きい, 巨大な very big とても大きい
0947	**essential** [isénʃəl]	形 非常に重要な, 本質的な
0948	**generous** [dʒénərəs]	形 寛容な, 気前のよい ⇨ 名 generosity 寛容
0949	**native** [néitiv]	名 (ある土地に) 生まれた人, 地元 の人 形 (ある土地に) 生まれた
0950	**energetic** [ènərdʒétik]	形 エネルギッシュな, 快活な ⇨ 名 energy エネルギー

| The new smartphone met customers' expectations. | その新しいスマートフォンは，顧客の期待に応えました。 |
| I have a strong desire to make this project successful. | 私は，このプロジェクトを成功させたいという強い願望を持っています。 |

Level 1

The process is complex, so please read the manual carefully.	その手順は複雑なので，マニュアルを注意深く読んでください。
The project was completed earlier than originally planned.	そのプロジェクトは，初めに計画していたよりも早く完了しました。
We offer a huge discount for all items until December 10.	当店は，すべての商品について 12 月 10 日まで大幅な割引をご提供します。
Advertising is essential for an effective business strategy.	効果的なビジネス戦略には，広告が非常に重要です。
I received a generous offer from Crown Institute.	私は，クラウン・インスティチュートから寛大な申し出を受けました。
Maria Richardson is a native of Madrid and speaks Spanish fluently.	マリア・リチャードソンはマドリードの生まれの人で，スペイン語を流ちょうに話します。
The fitness center is looking for energetic applicants to be trainers.	そのフィットネスセンターは，トレーナーを務めるエネルギッシュな応募者を求めています。

Level 2

Level 3

Level 4

Level 5

改善・変更

0951	**upgrade** 動 [ʌpgréid] 名 [ʌ́pgrèid]	動 〜をアップグレードする， （〜の品質）を高める 名 向上，改良
0952	**innovative** [ínəvèitiv]	形 革新的な ⇨ 名 innovation 革新 ⇨ 動 innovate 〜を革新する
0953	**expand** [ikspǽnd]	動 〜を拡大 [拡張] する
0954	**expansion** [ikspǽnʃən]	名 拡大，膨張
0955	**enlarge** [inlá:rdʒ]	動 〜を大きくする，拡大する en-「〜にする」 enrich「豊かにする」, shorten「短くする」など
0956	**enhance** [inhǽns]	動 〜を高める，向上させる
0957	**enhancement** [inhǽnsmənt]	名 強化，増進

会う・訪問

0958	**stop by** [stáp bái]	フレーズ 〜に立ち寄る visit 〜を訪ねる
0959	**drop by** [dráp bái]	フレーズ 〜に立ち寄る visit 〜を訪ねる

If you register now, you can upgrade the software free of charge.	今すぐ登録すると，無料でソフトウェアをアップグレードできます。
The design team has designed an innovative product by using a 3D printer.	デザインチームは，3D プリンターを使って革新的な製品を設計しました。
Gray Inc. plans to expand business into South America.	グレイ社は，南米に事業を拡大することを計画しています。
The CEO of Hartwell explained her business expansion plan.	ハートウェル社の CEO は，事業拡大計画について説明しました。
You should enlarge the words on the slide because they are too small.	そのスライド上の文字は小さすぎるので，大きくする必要があります。
Leed Technologies introduced a new system to enhance work efficiency.	リード・テクノロジーズ社は，作業効率を高めるために新しいシステムを導入しました。
The aim of this workshop is enhancement of communication skills.	この講習会の目的は，コミュニケーションスキルの強化です。
Could you stop by my office to discuss the new project?	その新しいプロジェクトについて話し合うために私のオフィスに立ち寄ってもらえますか。
I will drop by the post office to send a package.	私は郵便局に立ち寄って荷物を送るつもりです。

| 0960 | ☐☐ | **in person** [in pə́:rsən] | フレーズ 本人が直接に
directly 直接に |
| 0961 | ☐☐ | **encounter** [inkáuntər] | 動 ～に（思いがけなく）出会う，
～に遭遇する
名 遭遇 |

人物の動作

0962	☐☐	**face** [féis]	動 ～を向く
0963	☐☐	**lie** [lái]	動 横になる
0964	☐☐	**lean** [lí:n]	動 寄りかかる
0965	☐☐	**work on** [wə́:rk án]	フレーズ ～に取り組む

ポジティブ

0966	☐☐	**fortunately** [fɔ́:rtʃənətli]	副 運よく，幸いにも ⇔ unfortunately 残念ながら
0967	☐☐	**polite** [pəláit]	形 礼儀正しい
0968	☐☐	**outstanding** [àutstǽndiŋ]	形 素晴らしい，目立つ，未払いの excellent 素晴らしい

If you want to get some days off, you need to talk to the manager in person.	休暇を取りたい場合は，部長と直接に話をする必要があります。
I encountered Mr. Bryant at the business conference.	私はビジネス会議でブライアント氏に出会いました。

People are facing the door.	人々がドアのほうを向いています。
People are lying on the grass in the park.	人々が公園の芝生の上で横になっています。
The man is leaning against the wall.	その男性は壁に寄りかかっています。
The man is working on a computer project.	その男性は，コンピューターでの作業に取り組んでいます。

Fortunately, our business has been going well.	幸いにも，当社のビジネスは順調です。
The servers at Toni's Diner were friendly and polite.	トニーズ・ダイナーの給仕係は愛想がよく，礼儀正しかったです。
Ms. Whitfield received a bonus for her outstanding achievement.	ホイットフィールドさんは，彼女の素晴らしい業績に対してボーナスをもらいました。
You need to pay your outstanding balance of 200 dollars.	あなたは，未払いの残高 200 ドルを支払う必要があります。

Level 1

Level 2

Level 3

Level 4

Level 5

0969	☐☐	**leading** [líːdiŋ]	形 一流の，主要な
0970	☐☐	**precious** [préʃəs]	形 貴重な
0971	☐☐	**proudly** [práudli]	副 誇りをもって ⇨ 名 pride 誇り ⇨ 形 proud 誇りをもっている

保証

0972	☐☐	**guarantee** [gæ̀rəntíː]	動 ～を保証する 名 保証
0973	☐☐	**ensure** [inʃúər]	動 ～を確保する，～を確実にする en「～にする」+ sure「確実な」
0974	☐☐	**warranty** [wɔ́ːrənti]	名 保証，保証書

範囲

0975	☐☐	**widely** [wáidli]	副 広く，広範囲に
0976	☐☐	**whole** [hóul]	形 全体の 名 全体，全部
0977	☐☐	**overall** 形 [óuvərɔ̀ːl] 副 [òuvərɔ́ːl]	形 全体的な 副 全体として
0978	☐☐	**entire** [intáiər]	形 全体の whole 全部の

APL Software is a leading company in the IT industry.	APL ソフトウェア社は，IT 業界における一流企業です。
Working at the hotel was a precious experience for interns.	そのホテルで働くことは，実習生たちにとって貴重な経験でした。
We proudly announce that Pines Italiano has been chosen as the best restaurant in the city.	パインズ・イタリアーノがこの街で一番のレストランに選ばれたことを，誇りをもってお知らせさせていただきます。
We guarantee your satisfaction of our products.	当社は，お客様が製品に満足されることを保証します。
The factory manager must ensure the safety of all workers.	工場長は，すべての作業員の安全を確保しなければなりません。
The warranty is good for three years.	その保証は 3 年間有効です。
The newly developed product will be widely available throughout Europe.	新たに開発されたその製品は，広くヨーロッパ中で入手可能となります。
Our service will be expanded to the whole country.	当社のサービスは全国に拡大されることになっています。
We need to find out the overall cost of introducing new equipment.	私たちは，新しい機器を導入するための全体的なコストを知る必要があります。
Taking photos is not allowed in the entire building.	この建物全体の写真を撮ることは許可されていません。

0979	☐☐ **range from ~ to...** [réindʒ frəm túː]	フレーズ ～から…まで及ぶ
0980	☐☐ **nationwide** [nèiʃənwáid]	副 全国的に　形 全国的な ➡ worldwide　世界的な
0981	☐☐ **per** [pár]	前 ～につき

対処・対応

0982	☐☐ **protect** [prətékt]	動 ～を守る，(～を) 保護する ⇨ 名 protection　保護
0983	☐☐ **protective** [prətéktiv]	形 保護するための，保護用の
0984	☐☐ **handle** [hǽndəl]	動 ～を処理する，～を手で扱う
0985	☐☐ **treat** [tríːt]	動 ～を扱う，～をもてなす 名 ごちそう，おごり
0986	☐☐ **treatment** [tríːtmənt]	名 治療，取り扱い，処理
0987	☐☐ **in case** [in kéis]	フレーズ ～の場合に備えて，念の ため

重要・必要

0988	☐☐ **importance** [impɔ́ːrtəns]	名 重要性 ⇨ 形 important　重要な

Our rental service ranges from small rooms to large halls.	私たちの賃貸サービスは，小さな部屋から大きなホールまで及びます。
After the success on the local level, we decided to sell the product nationwide.	地元で成功した後に，当社はその製品を全国で販売することを決めました。
The travel cost is 2,000 dollars per person.	出張費は 1 人につき 2,000 ドルです。
Please follow the safety rules to protect yourselves.	自分自身を守るために，安全規則に従ってください。
You must wear protective gear in the facility.	その施設では，防護服を着用しなければなりません。
We need to handle the problem right away.	その問題はすぐに処理する必要があります。
Servers are required to treat customers politely.	給仕係は，お客様を丁寧に扱わなければなりません。
Thanks to the treatment, the patient recovered quickly.	その治療のおかげで，患者は急速に快復しました。
Participants are advised to bring an umbrella in case it rains.	参加者は，雨が降った場合に備えて傘を持参することをお勧めします。
The manager explained the importance of the orientation.	部長は，オリエンテーション（新人研修）の重要性を説明しました。

Level 1

Level 2

Level 3

Level 4

Level 5

0989 ☐☐	**necessary** [nésəsèri]	形 必要な ⇨ 動 need 必要とする
0990 ☐☐	**necessity** [nəsésiti]	名 必要性, 必需品
0991 ☐☐	**stress** [strés]	動 ～を強調する 名 強調, ストレス
0992 ☐☐	**priority** [praió(:)riti]	名 優先 (順位)

追加

0993 ☐☐	**additional** [ədíʃənəl]	形 追加の ⇨ 動 add ～を加える ⇨ 名 addition 追加
0994 ☐☐	**in addition to** [in ədíʃən tú:]	フレーズ ～に加えて
0995 ☐☐	**moreover** [mɔːróuvər]	副 その上, なおまた
0996 ☐☐	**as well as** [əz wél əz]	フレーズ ～だけでなく, ～と同様に and および

状況

0997 ☐☐	**status** 発 [stéitəs, stǽtəs]	名 状態, 地位

Good communication skills are **necessary** for all of our service staff.	どのサービススタッフにも，優れたコミュニケーションスキルが必要です。
We understand the **necessity** of cooperating with our customers.	当社は，お客様と協力する必要性を理解しています。
Kelly **stressed** the importance of training the new staff.	ケリーは，新入社員の研修の重要性を強調しました。
Our team is putting high **priority** on selling the new product.	私たちのチームは，新製品の販売を特に優先しています。

I'd like to make an **additional** order for copy paper.	コピー用紙の追加の注文をしたいのですが。
In addition to knowledge of the industry, three years of experience is required.	この業界の知識に加えて，3年の経験が必要です。
The new manager has broad experience. **Moreover,** he has excellent leadership skills.	その新しい部長は幅広い経験を持っています。その上，優れた指導者としての技術を持っています。
Applicants must have communication skills **as well as** work experience.	応募者は，実務経験だけでなく，コミュニケーションスキルがなくてはなりません。

| You can check the shipping **status** on our Web site. | 当社のウェブサイトで配送状況を確認できます。 |

Level 1

Level 2

Level 3

Level 4

Level 5

0998	☐☐	**temporary** [témpərèri]	形 臨時の, 一時的な
0999	☐☐	**severe** [sivíər]	形 厳しい
1000	☐☐	**still** [stíl]	副 まだ

状態

1001	☐☐	**remain** [riméin]	動 ～のままである, 残る
1002	☐☐	**pile** [páil]	動 ～を積み重ねる 名 積み重ねたもの
1003	☐☐	**stack** [stǽk]	動 ～を積み重ねる 名 積み重ねたもの

選択

1004	☐☐	**option** [ápʃən]	名 選択 (肢), オプション
1005	☐☐	**optional** [ápʃənəl]	形 任意の, 選択が自由の
1006	☐☐	**instead of** [instéd əv]	フレーズ ～の代わりに
1007	☐☐	**whether A or not** [hwéðər]　　[ɔːr nát]	フレーズ A かどうか, A だろうと なかろうと

Temporary parking spaces were provided during the concert.	そのコンサートの間，臨時の駐車スペースが用意されました。
A severe storm may hit this area next week.	来週，ひどい嵐がこの地域を襲うかもしれません。
We still have two days to complete the project.	私たちがそのプロジェクトを完了するまでまだ2日あります。
The price of the product remains the same.	その製品の価格は同じままです。
Some boxes are piled up at the entrance.	入口のところに，いくつかの箱が積み重ねられています。
Some books are stacked on the floor.	何冊かの本が床に積み重ねられています。
We offer some meal options for visitors.	私たちは，来訪者のためにいくつかの食事のオプションを提供しています。
Participating in the sales workshop is optional.	営業研修会への参加は任意です。
We'll have a meeting on Wednesday instead of Thursday.	木曜日の代わりに水曜日に会議を開くことにします。
Let me know whether you can attend the meeting or not.	あなたがその会議に出席できるかどうか教えてください。

Level 1
Level 2
Level 3
Level 4
Level 5

209

1008	☐☐ **neither A nor B** [níːðər, náiðər] [nɔ́ːr]	フレーズ AもBも〜ない
1009	☐☐ **alternative** [ɔːltáːrnətiv]	形 別の　名 別の方法, 代案 another　もう1つの, 別の
1010	☐☐ **either A or B** [íːðər, áiðər] [ɔ́ːr]	フレーズ AかBのどちらか

興味・関心

1011	☐☐ **interest** [íntərəst]	名 関心, 興味 動 〜の関心を引く
1012	☐☐ **concern** [kənsɔ́ːrn]	名 懸念, 心配, 興味 動 〜を心配させる
1013	☐☐ **prefer** [prifáːr]	動 〜のほうを好む ⇨ 名 preference　好み
1014	☐☐ **trend** [trénd]	名 傾向, 流行

形式

1015	☐☐ **informal** [infɔ́ːrməl]	形 形式ばらない ⇔ formal　正式の
1016	☐☐ **traditional** [trədíʃənəl]	形 伝統的な
1017	☐☐ **typical** [típikəl]	形 典型的な

I have neither pens nor paper with me now.	私は今，ペンも紙も持っていません。
The street is closed, so please take an alternative route.	この通りは閉鎖されているので，別の経路をご利用ください。
For questions, please contact me either by phone or by e-mail.	ご質問については，電話かEメールのどちらかで私にご連絡ください。

Thank you for your interest in our service.	当社のサービスに関心をお寄せいただき，ありがとうございます。
If you have any questions or concerns, please contact me.	何か質問や懸念がおありの場合は，私にご連絡ください。
I prefer an aisle seat to a window seat.	私は，窓側の席よりも通路側の席のほうが好みです。
You can check business trends in our magazine.	当社の雑誌でビジネスの動向を確認することができます。

The welcome party is informal, so you don't have to dress up.	その歓迎会は形式ばったものではないので，正装する必要はありません。
The restaurant serves traditional Japanese food.	そのレストランは，伝統的な日本料理を出しています。
This building was built in a typical style of the 19th century.	この建物は，19世紀の典型的な様式で建てられました。

関わり

1018	☐☐	**relationship** [riléiʃənʃìp]	名 関係
1019	☐☐	**involve** [inválv]	動 ～を関わらせる ⇨ 名 involvement （人が）巻き込まれること
1020	☐☐	**be committed to** [bi: kəmítid tú:]	フレーズ ～に専念する
1021	☐☐	**commitment** [kəmítmənt]	名 約束, 義務

獲得・習得

1022	☐☐	**obtain** [əbtéin]	動 ～を手に入れる get ～を得る
1023	☐☐	**gain** [géin]	動 ～を得る, ～を入手する 名 利益 get ～を得る

開始・終了

1024	☐☐	**launch** [lɔ́:ntʃ]	動 ～を発売する, （事業など）に着手する
1025	☐☐	**quit** [kwít]	動 ～をやめる, ～を辞職 [退職] する
1026	☐☐	**preparation** [prèpəréiʃən]	名 準備 ⇨ 動 prepare 準備する

John has a good relationship with his clients.	ジョンは，彼の顧客とよい関係を保っています。
Mr. Brown is involved in a new project.	ブラウン氏は，新しいプロジェクトに関わっています。
We are committed to helping our customers increase sales.	当社は，顧客が売上を増やせるよう支援することに専念しています。
Mr. Davis made a commitment to finish the project on time.	デイビス氏は，プロジェクトを予定通りに終えるという約束をしました。
For more information about our products, you can obtain our brochure online.	当社の製品の詳細については，オンラインでパンフレットを手に入れることができます。
We can gain profit by working harder.	私たちは，もっと一生懸命働くことで利益を得ることができます。
Infines Systems will launch a new product next month.	インファインズ・システムズ社は来月，新製品を発売する予定です。
Edward Parkinson is going to quit his job to start his own business.	エドワード・パーキンソンは，仕事を辞めて自分のビジネスを始めようとしています。
I finished preparing for my presentation for tomorrow.	私は，明日のプレゼンテーションの準備を終えました。

Level 1
Level 2
Level 3
Level 4
Level 5

213

解決

1027	☐☐	**solve** [sálv]	動 ～を解決する
1028	☐☐	**solution** [səlúːʃən]	名 解決（策）
1029	☐☐	**manage** [mǽnidʒ]	動 何とか～する (-to *do*)，～を管理する

特定・具体・一般

1030	☐☐	**generally** [dʒénərəli]	副 だいたい，一般的に usually たいてい, normally 普通は
1031	☐☐	**in general** [in dʒénərəl]	フレーズ 一般的に
1032	☐☐	**particular** [pərtíkjələr]	形 特定の specific 具体的な
1033	☐☐	**particularly** [pərtíkjələrli]	副 特に especially とりわけ
1034	☐☐	**such as** [sátʃ əz]	フレーズ ～などの

配布

1035	☐☐	**hand out** [hǽnd áut]	フレーズ ～を配布する

We need to solve the problem as soon as possible.	私たちは，その問題をできるだけ早く解決する必要があります。
Our engineers still cannot find a solution to the problem.	当社のエンジニアは，その問題の解決策をまだ見つけることができていません。
I managed to meet the deadline. Joseph Richards manages a team of engineers.	私は何とか締め切りに間に合わせました。 ジョセフ・リチャーズは，エンジニアのチームを管理しています。

Internet access is generally available anywhere in this building.	インターネットへのアクセスはだいたい，この建物内のどこからでも可能です。
In general, exercise is good for your health.	一般的に，運動は健康のためになります。
Let's talk about this particular topic at the meeting.	この特定の話題については，会議で話しましょう。
I particularly like the new ideas in this report.	私は，このレポートの中にある新しいアイデアを特に気に入っています。
You can get refreshments such as sandwiches and juice here.	ここでは，サンドイッチやジュースなどの軽食が手に入ります。

Paul handed out some documents during the meeting.	ポールは会議中に，いくつかの文書を配布しました。

1036 ☐☐	**pass out** [pǽs áut]	フレーズ ～を配る
1037 ☐☐	**distribute** [distríbjət]	動 ～を配布する，～を販売する
1038 ☐☐	**distribution** [dìstribjúːʃən]	名 流通，配布

割合・対比

1039 ☐☐	**rate** [réit]	名 レート，割合，料金 動 ～を評価する
1040 ☐☐	**height** [háit]	名 高さ ⇨ 形 high 高い
1041 ☐☐	**while** [hwáil]	接 ～の間，～である一方

利点・価値

1042 ☐☐	**valuable** [vǽljəbəl]	形 貴重な，価値のある ⇨ 名 value 価値
1043 ☐☐	**advantage** [ədvǽntidʒ]	名 利点，強み ⇔ disadvantage 不利
1044 ☐☐	**worth** [wə́ːrθ]	前 ～の価値がある 名 価値

Please pass out this data list to your team members.	このデータリストを，あなたのチームのメンバーに配ってください。
I will distribute some materials before the meeting starts.	会議が始まる前にいくつか資料を配布します。
Our distribution system has been updated, and orders will be delivered faster.	当社の流通システムが更新されたので，注文品はより迅速に配達されるでしょう。

Level 1

The exchange rate has been rising recently.	為替レートは最近ずっと上昇しています。
The height of the tower is 180 meters.	そのタワーの高さは180メートルです。
Please contact my assistant while I'm away on business.	私が出張している間は，私のアシスタントに連絡してください。

Level 2

Level 3

Thank you for your valuable advice.	あなたの貴重なアドバイス，ありがとうございます。
The advantage of making an early reservation is a meal coupon.	早期に予約することの利点は，食事の割引券です。
The new art museum is worth a visit.	その新しい美術館は訪れるだけの価値があります。

Level 4

Level 5

インターネット・コンピューター・システム

1045	**technological** [tèknəládʒikəl]	形 技術の ⇨ 名 technology　技術
1046	**laptop** [lǽptàp]	名 ノートパソコン ⇔ desktop　デスクトップパソコン laptop は膝の上，desktop は机の上のこと
1047	**app** [ǽp]	名 アプリ application の省略形
1048	**version** [və́ːrʒən]	名 版
1049	**state-of-the-art** [stéitəvðəáːrt]	形 最新式の latest　最新の，advanced　先進的な， cutting-edge　最先端の
1050	**disconnect** [dìskənékt]	動 ～との接続を断つ，～を分離する ⇔ connect　接続する，つなぐ

Technological **developments have made our work more efficient.**	技術の発達は，私たちの仕事をより効率的にしています。
The laptop **is compact and easy to carry.**	ノートパソコンは，コンパクトで持ち運びが楽です。
We develop apps **for smartphones.**	当社は，スマートフォン用のアプリを開発しています。
An upgraded version **of the software can be downloaded at no cost.**	そのソフトウェアのアップグレード版は，無料でダウンロードできます。
Our computer system uses state-of-the-art **technology.**	当社のコンピューターシステムは，最新式の技術を使用しています。
Due to maintenance, all the company's computers have been disconnected.	メンテナンスのため，会社のすべてのコンピューターが接続を断たれました。

Level 1

Level 2

Level 3

Level 4

Level 5

脳が好む復習&テスト

語彙を覚えるのは脳の仕事です。脳が語彙学習という仕事をしやすいように，私たちは手・目・耳・口などを動かしているわけです。「でも私の脳は覚えてくれない！　サボっているのだ！」という声も聞こえてきました（苦笑）。

ちなみに，脳は1回見たものは覚えます。問題は「思い出せるかどうか」なのです。その証拠に，「学習したのに意味を覚えていない語句」がある場合，意味を確認した時にどう反応しますか？　恐らく「あ，そうか！」です。これは「忘れてた！」と同じですね。つまり，初めて見た時に脳は覚えたのに，思い出せなかったというだけなのです。

そこで大切なことは，**「脳が思い出しやすい仕組み」**を学習に組み込むことです。脳が嫌でも覚えてしまう3つの要素があります。

それは，**「見本」**を**「日常」**的に**「反復」**することです。

脳は自分で作り出すよりも，見本を頭に入れるほうが得意です。その頭に入った見本を応用して，新しいことを作り出しています。そして，非日常的なことよりも，日常的に行うことを覚えてくれます。さらに，1回だけ体験したことよりも，繰り返し体験したことを覚えてくれます。

上で説明したように，脳は1回目で語句や英文とその意味を記憶します。2回目以降は「思い出す」という「復習」に変わります。この復習の精度を高めることで思い出しやすくなります。文字を見る（目）・音声を聞く（耳）・声に出す（口）という感覚器官をフル活用することで，思い出しやすくなります。まさにカラオケで歌う時は「脳が思い出しやすい仕組み」をフル活用していますね。

最後に，学習した箇所をその日のうちにテストすることをルール化すると，「後で思い出さなきゃいけないからなぁ」と復習の精度も上がりますよ。

Level 3

平均スコアを
超えるための語句
600

Score 600 ～ 730

買物・店

1051 ☐☐	**carry** [kǽri]	動 ～を取り扱う，～を運ぶ，～を携帯する sell ～を販売する
1052 ☐☐	**retailer** [rí:tèilər]	名 小売店 store 商店
1053 ☐☐	**wholesale** [hóulsèil]	形 卸売りの
1054 ☐☐	**apparel** [əpǽrəl]	名 衣類 clothing 衣服
1055 ☐☐	**bouquet** [boukéi]	名 花束
1056 ☐☐	**dairy product** [déəri prὰdəkt]	フレーズ 乳製品
1057 ☐☐	**consumer** [kənsjú:mər]	名 消費者
1058 ☐☐	**swipe** [swáip]	動 （カード）を読み取り装置に通す
1059 ☐☐	**afford to *do*** [əfɔ́:rd tə dú:]	フレーズ ～する余裕がある
1060 ☐☐	**affordable** [əfɔ́:rdəbəl]	形 手ごろな reasonable （値段などが）まあまあの
1061 ☐☐	**affordability** [əfɔ̀:rdəbíliti]	名 （価格が）購入しやすいこと，値ごろ感

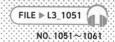
The department store carries many famous brands.	そのデパートは，多くの有名ブランドを取り扱っています。
You can buy our products at your nearest retailer.	お客様は，最寄りの小売店で当社の製品をご購入できます。
Employees can purchase their products at the wholesale price.	社員は，自社の製品を卸売価格で購入できます。
The apparel shop carries new jackets and trousers.	その衣料品店では，新しいジャケットとズボンを扱っています。
You can order a bouquet of flowers online.	あなたは花束をオンラインで注文できます。
Our local supermarket carries a variety of dairy products.	私たちの地元のスーパーマーケットは，さまざまな乳製品を扱っています。
Laguna Fashion designs items for young consumers.	ラグーナ・ファッション社は，若い消費者向けの商品をデザインしています。
Please swipe your credit card and press the OK button.	あなたのクレジットカードを読み取り装置に通してから「OK」ボタンを押してください。
I can't afford to buy a new car.	私は新しい車を買う余裕がありません。
You can purchase high-quality products from major brands at affordable prices.	お客様は，手ごろな価格で主要ブランドの高品質の商品をご購入できます。
This best-selling laptop has a reputation for its affordability.	このベストセラーのノートパソコンは，価格が購入しやすいことで定評があります。

Level 1

Level 2

Level 3

Level 4

Level 5

交通

1062	☐ ☐	**fasten** [fǽsən]	動 ～を締めつける
1063	☐ ☐	**jam** [dʒǽm]	名 混雑，（紙などの）詰まり ➡ paper jam　紙詰まり
1064	☐ ☐	**detour** [díːtuər]	名 迂回，回り道 動 迂回する
1065	☐ ☐	**direct** [dərékt, dairékt]	動 ～を案内する，～を伝える， 　　～を指図する 形 直接の
1066	☐ ☐	**overhead compartment** [óuvərhèd kəmpáːrtmənt]	フレーズ （頭上にある）手荷物棚
1067	☐ ☐	**rear** [ríər]	名 後部　形 後部の back　後部（の）
1068	☐ ☐	**runway** [rʌ́nwèi]	名 滑走路
1069	☐ ☐	**stopover** [stάpòuvər]	名 乗り継ぎ時間［期間］
1070	☐ ☐	**dock** [dάk]	名 波止場，埠頭
1071	☐ ☐	**vessel** [vésəl]	名 船 ship　船，boat　ボート

Please fasten your seatbelt for your safety.	あなたの安全のために，シートベルトを締めてください。
I was late for a meeting due to a traffic jam.	私は，交通渋滞のために会議に遅れました。
We had to take a detour during the road repair.	道路の補修中，私たちは迂回をしなければなりませんでした。
Some workers are directing traffic near the construction site. You can direct any questions to the customer service department.	何人かの作業員が，工事現場の近くで交通を整理しています。 どんな質問でも，顧客サービス部に伝えて構いません。
Please put your luggage in the overhead compartment.	お客様の手荷物は，頭上にある手荷物棚に置いてください。
You can put your luggage at the rear of the vehicle.	あなたの手荷物は，車の後部に置くことができます。
The aircraft landed on the runway safely.	その航空機は滑走路に無事着陸しました。
We had a stopover in Chicago to change planes.	私たちは飛行機を乗り換えるために，シカゴで乗り継ぎ時間がありました。
Some boats are tied to the dock.	いくつかのボートが波止場につながれています。
Passengers are getting off the vessel in the port.	乗客たちが，港で船から降りているところです。

Level 1
Level 2
Level 3
Level 4
Level 5

225

家事・料理

1072	☐☐	**household** [háushòuld]	形 家庭の
1073	☐☐	**ingredient** [ingrí:diənt]	名 材料，原料
1074	☐☐	**rinse** [ríns]	動 〜を水ですすぐ
1075	☐☐	**detergent** [ditə́:rdʒənt]	名 洗剤
1076	☐☐	**sew** [sóu]	動 〜を縫う

ホテル・レストラン

1077	☐☐	**party** [pá:rti]	名 グループ，団体 group グループ
1078	☐☐	**luncheon** [lʌ́ntʃən]	名 昼食（会）
1079	☐☐	**silverware** [sílvərwèər]	名 銀食器 spoons, forks, knives などのこと
1080	☐☐	**pour** [pɔ́:r]	動 〜を注ぐ
1081	☐☐	**pastry** [péistri]	名 焼き菓子

It takes a lot of time to do my household tasks.	私が家の用事をするのに，多くの時間がかかります。
Ocean Grill is famous for using only fresh ingredients.	オーシャングリルは，新鮮な食材だけを使っていることで有名です。
Rinse the dishes before putting them into the dishwasher.	食器洗い機に入れる前に，そのお皿を水ですすいでください。
This laundry detergent comes in boxes and bottles.	この洗濯用洗剤は，箱入りとボトル入りがあります。
I need my glasses to sew a button on my shirt.	私がシャツにボタンを縫いつけるには，眼鏡が必要です。
There are six people in my party.	私のグループには6人がいます。
The luncheon with clients will be held in the banquet room of The Plaza Hotel.	顧客との昼食会は，プラザホテルの宴会場で開かれる予定です。
A server is placing plates and silverware on the table.	給仕係がテーブルにお皿と銀食器を置いています。
A server is pouring some water into the glass.	給仕係がグラスに水を注いでいるところです。
The bakery is popular for its delicious pastries.	そのパン屋は，おいしい焼き菓子で人気があります。

Level 1

Level 2

Level 3

Level 4

Level 5

1082	☐☐	**inn** [ín]	名 宿屋，ホテル small hotel　小規模のホテル
1083	☐☐	**cleanliness** [klénlinis]	名 清潔さ
1084	☐☐	**spacious** [spéiʃəs]	形 広々とした big　大きな
1085	☐☐	**amenity** [əmí:niti]	名 （ホテル等で支給される）アメ ニティグッズ，備品
1086	☐☐	**courtesy** [kɔ́:rtəsi]	名 丁寧さ，礼儀正しさ ⇨ 形 courteous　礼儀正しい，丁寧な

不動産・物件

1087	☐☐	**relocate** [rì:lóukeit]	動 移転する，転勤する
1088	☐☐	**relocation** [rì:loukéiʃən]	名 移転，転勤
1089	☐☐	**residence** [rézidəns]	名 住宅
1090	☐☐	**residential** [rèzidénʃəl]	形 住宅の
1091	☐☐	**furnished** [fɔ́:rniʃt]	形 家具付きの

228

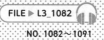
I'd rather stay at the same inn during our trip to Kyoto.	私は，京都旅行中には同じ宿屋に宿泊したいです。
To improve the cleanliness of the hotel, the owner placed trash cans in many spots.	そのホテルの清潔さを改善するために，オーナーはたくさんの場所にごみ箱を設置しました。
I stayed in a hotel room which was spacious and comfortable.	私は，広々として快適なホテルの部屋に泊まりました。
Amenities are important for a comfortable hotel stay.	ホテルでの快適な滞在には，アメニティグッズが重要です。
The Riverside Hotel treats all the guests with the utmost courtesy.	リバーサイド・ホテルは，すべてのお客様を最高の丁寧さでおもてなしいたします。
Our headquarters will be relocated to Tokyo next year.	当社の本社は来年，東京に移転します。
We will close our store tomorrow in preparation for relocation.	当店は明日，移転の準備のために閉店します。
The company provides foreign employees with temporary residences.	その会社は，外国人社員に一時的な住宅を提供しています。
I live in a residential area which is quiet and near a park.	私は，静かで公園にも近い住宅地に住んでいます。
If you prefer a furnished apartment, we can introduce some to you.	家具付きのアパートをご希望の場合は，当店がいくつかご紹介できます。

Level 1　Level 2　Level 3　Level 4　Level 5

| 1092 | **resident** [rézidənt] | 名 居住者, 在留者 |
| 1093 | **tenant** [ténənt] | 名 入居者, テナント |

芸術・美術館・図書館

1094	**artifact** [ά:rtifæ̀kt]	名 (人工) 遺物
1095	**statue** [stǽtʃu:]	名 像, 彫像
1096	**sculpture** [skʌ́lptʃər]	名 彫刻 (作品)
1097	**pottery** [pátəri]	名 陶磁器類, 陶業
1098	**historian** [histɔ́:riən]	名 歴史家

旅行・出張

1099	**drag** [drǽg]	動 ～を引きずる, ～を引く
1100	**itinerary** [aitínərèri]	名 旅程 (表)
1101	**proceed to** [prəsí:d tə]	フレーズ ～に進む go to ～へ行く

There are about 200 residents in this apartment building.	このアパートには，およそ 200 人の居住者がいます。
The building owner found a tenant to use the first floor.	その建物の所有者は，1 階を使う入居者を見つけました。
The museum has many artifacts from the Egyptian culture.	博物館は古代エジプト文明からの遺物がたくさんあります。
You will find a statue of the founder at the office entrance.	そのオフィスの入口で，創業者の像が目に入るでしょう。
The art museum focuses on modern European sculptures.	その美術館は，現代ヨーロッパの彫刻に焦点を当てています。
We offer art classes such as painting, sculpture, and pottery.	当校では，絵画，彫刻，陶芸などの美術講座を提供しています。
Professor Evans is also known as a historian.	エヴァンス教授は，歴史家としても知られています。
The woman is dragging her suitcase in the airport.	その女性は，空港でスーツケースを引きずっています。
Please check the itinerary for travel details.	旅行の詳細については，旅程表を確認してください。
Please proceed to Gate 16 after you go through the security check.	保安検査をすませた後で，16 番搭乗口に進んでください。

Level 1

Level 2

Level 3

Level 4

Level 5

求人

1102	**occupation** [àkjəpéiʃən]	名 職業
1103	**major in** [méidʒər in]	フレーズ ～を専攻する
1104	**job duty** [dʒáb djúːti]	フレーズ 職務, 職責
1105	**job description** [dʒáb diskrìpʃən]	フレーズ 職務明細書
1106	**reference** [réfərəns]	名 照会先, 参照
1107	**placement of employees** [pléismənt əv implɔ́iiːz]	フレーズ 人材の紹介, 人材の配置
1108	**short-staffed** [ʃɔ́ːrtstǽft]	形 人手不足の understaffed 人手不足の
1109	**understaffed** [ʌndərstǽft]	形 人手不足の short-staffed 人手不足の

人事・人材育成

| 1110 | **associate** [əsóuʃièt] | 名 (仕事) 仲間, 同僚 coworker 同僚 |
| 1111 | **report to** [ripɔ́ːrt tə] | フレーズ ～に直属する |

My previous occupation was a market researcher.	私の前の職業は，市場調査員でした。

Ana majored in business management in college.	アナは大学で経営管理を専攻しました。

Our main job duty is to increase the number of visitors to our museum.	私たちの主な職務は，この美術館への来館者数を増やすことです。

Your duties are written in the job description.	あなたの職務内容は，その職務明細書に記述されています。

Please provide a list of references at the interview.	面接では，照会先のリストを提出してください。

Greenwood Employment Agency specializes in the placement of employees.	グリーンウッド・エンプロイメント・エージェンシーは，人材の紹介を専門にしています。

We're short-staffed at the moment because several people are taking a vacation.	何人かの人たちが休暇を取っているので，今現在，人手が不足しています。

The employees are required to work overtime since the company is currently understaffed.	会社は今，人手不足のため，社員は残業する必要があります。

Mr. Bradshaw used to be an associate in this company.	ブラッドショー氏は，かつてこの会社の仕事仲間でした。

The new manager will report directly to the vice president.	その新しい部長は，副社長に直属することになります。

1112 ☐☐	**diligent** [dílidʒənt]	形 勤勉な ⇨ 名 diligence 勤勉
1113 ☐☐	**be entitled to** [bi entáitəld tə]	フレーズ ～の資格がある be eligible for ～に選ばれる資格がある
1114 ☐☐	**expertise** [èkspə:rtí:z]	名 専門知識〔技術〕
1115 ☐☐	**workforce** [wə́:rkfɔ̀:rs]	名 労働力
1116 ☐☐	**pursue** [pərsjú:]	動 ～を追求する ⇨ 名 pursuit 追及

広報・広告・宣伝

1117 ☐☐	**public relations** [pʌ́blik riléiʃənz]	フレーズ 広報活動
1118 ☐☐	**publicize** [pʌ́bləsáiz]	動 ～を宣伝する，～を公表する advertise （～を）宣伝する promote ～の販売を促進する
1119 ☐☐	**publicity** [pʌblísiti]	名 評判，宣伝，広報 ➡ gain publicity 有名になる
1120 ☐☐	**flyer (flier)** [fláiər]	名 ちらし，カタログ，旅客機の乗客
1121 ☐☐	**spokesperson** [spóukspà:rsən]	名 広報担当者

We have diligent workers who support our business.	当社には，その事業を支える勤勉な従業員がいます。
Full-time employees are entitled to a bonus.	正社員は，ボーナスを受け取る資格があります。
The project members have expertise in marketing and sales promotion.	そのプロジェクトのメンバーたちは，マーケティングと販売促進の専門知識を持っています。
Our company needs a larger workforce to win against the competition.	当社は競争相手に勝つために，より大きな労働力を必要としています。
Ms. Lee decided to pursue a career as a professional skier.	リーさんは，プロスキーヤーとしてのキャリアを追求することにしました。

I work in the public relations department.	私は広報部で働いています。
We will publicize our new product on our Web site and in newspapers.	私たちは，自社のウェブサイトと新聞で新製品を宣伝します。
The company gained publicity by posting videos on social media.	その会社は，ソーシャルメディアに動画を投稿したことで評判になりました。
The flyers for the upcoming summer sale should be mailed in June.	今度の夏のセールのちらしは，6月に郵送する必要があります。
The company spokesperson announced the company's future plans.	その会社の広報担当者は，会社の将来の計画を発表しました。

Level 1
Level 2
Level 3
Level 4
Level 5

注文・発送

1122	☐☐	**packet** [pǽkət]	名 (関係) 書類一式, 小包, 小荷物 package, pack 小包
1123	☐☐	**parcel** [páːrsəl]	名 小包, 小荷物 package 小包
1124	☐☐	**postage** [póustidʒ]	名 郵送料
1125	☐☐	**carrier** [kǽriər]	名 運送会社, 運搬 [配達] 人
1126	☐☐	**courier** [kə́ːriər]	名 宅配便業者, 配達人
1127	☐☐	**overload** [óuvərlòud]	名 過積載
1128	☐☐	**unload** [ʌnlóud]	動 (荷物) を降ろす ⇔ load ～を積み込む
1129	☐☐	**keep track of** [kìːp trǽk əv]	フレーズ ～の状況を追跡する
1130	☐☐	**trace** [tréis]	動 ～を追跡する, ～の跡をたどる

研修・セミナー

| 1131 | ☐☐ | **trainee**
[treiníː] | 名 訓練を受けている人, 見習い
⇔ trainer 教官 |

All the necessary documents are enclosed in the information packet.	必要なすべての文書は，その書類一式に含まれています。
I'd like to send this parcel by express delivery.	この小包を速達便で送りたいのですが。
How much is the postage to send this letter to Seattle?	この手紙をシアトルに送るための郵送料はいくらですか。
You can ask the carrier any questions about your shipment.	あなたは運送会社に自分の荷物について何でも質問することができます。
I'll call a courier service to deliver this package.	この小包を配達するために，宅配便業者に電話をするつもりです。
You must avoid an overload if you want to drive a truck safely.	トラックを安全に運転したいのなら，過積載を避けなければなりません。
When the truck arrives, we need to unload the boxes.	そのトラックが到着したら，箱を降ろす必要があります。
You can keep track of shipments online.	オンラインで配送の状況を追跡することができます。
Please log onto your account to trace your delivery.	ご自分のアカウントにログオンして，配達物を追跡してください。
Frank will lead a workshop for trainees.	フランクは，訓練生向けの研修会を指揮することになっています。

Level 1
Level 2
Level 3
Level 4
Level 5

1132 ☐☐	**handout** [hǽndàut]	名 配布物 document 文書
1133 ☐☐	**advanced course** [ədvǽnst kɔ́:rs]	フレーズ 上級コース ➡ intermediate course 中級コース
1134 ☐☐	**motivate** ⑦ [móutəvèit]	動 ～を動機づける ⇨ 名 motivation 動機
1135 ☐☐	**hands-on** [hǽndzán]	形 実践的な，実地の
1136 ☐☐	**acquire** [əkwáiər]	動 ～を獲得する，～を習得する
1137 ☐☐	**acquisition** [ækwizíʃən]	名 習得，獲得

契約・交渉・手続き

1138 ☐☐	**partner** [pá:rtnər]	動 提携する 名 仲間
1139 ☐☐	**procedure** [prəsí:dʒər]	名 手順，手続き process 手順
1140 ☐☐	**terms and conditions** [tə́:rmz ənd kəndíʃənz]	フレーズ 契約条件 contract 契約

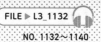
When everyone is seated, we are going to distribute the handouts.	全員が着席したら，配布資料をお配りします。
You can choose the beginner's course or the advanced course.	初級コースまたは上級コースを選ぶことができます。
The seminar focuses on how to motivate employees and increase their productivity.	そのセミナーは，社員を動機づけ，彼らの生産性を向上させる方法に焦点を当てています。
Interns will learn useful hands-on tips in the program.	研修生は，役立つ実践的なヒントをそのプログラムで学ぶでしょう。
Wayne acquired his Japanese skills during his stay in Japan.	ウェインは，日本滞在中に日本語の能力を獲得しました。
Acquisition of any skill is possible with repetition.	どのようなスキルの習得も，繰り返しの練習で可能です。

The hotel is planning to partner with some travel agencies.	そのホテルは，いくつかの旅行会社と提携することを計画しています。
All employees are required to follow the procedures.	すべての社員はその手順に従わなければなりません。
Before signing the contract, read the terms and conditions carefully.	その契約書に署名する前に，契約条件を注意深く読んでください。

Level 1

Level 2

Level 3

Level 4

Level 5

記事・出版・雑誌・新聞

1141	☐ ☐	**publication** [pʌ̀blikéiʃən]	名 出版 (物) books「本」, magazines「雑誌」, newspapers「新聞」など
1142	☐ ☐	**table of contents** [téibəl əv kántents]	フレーズ 目次
1143	☐ ☐	**profile** [próufail]	動 (人物) の紹介を書く 名 プロフィール
1144	☐ ☐	**autograph** [ɔ́:təgræf]	名 (著名人の) サイン
1145	☐ ☐	**cite** [sáit]	動 ～を引用する, ～に言及する
1146	☐ ☐	**critic** [krítik]	名 批評家
1147	☐ ☐	**critical** [krítikəl]	形 とても重要な, 重大な very important とても重要な
1148	☐ ☐	**in print** [in prínt]	フレーズ 印刷物 [媒体] で
1149	☐ ☐	**literature** [lítərətʃər]	名 文学

建設・建築

| 1150 | ☐ ☐ | **structure** [strʌ́ktʃər] | 名 建造物, 構造 building 建物 |

A list of publications is available on the publisher's Web site.	出版物のリストは，その出版社のウェブサイトで入手できます。
You will see the outline by reading the table of contents.	目次を読めば，その概略がわかるでしょう。
The newspaper profiles a local businessperson every week.	その新聞は毎週，地元の実業家を紹介する記事を書いています。
I have got some autographs from popular authors.	私はこれまで，何人かの人気作家からサインをもらいました。
She cited a sentence from a business magazine.	彼女はビジネス誌から1つの文を引用しました。
The book was highly evaluated by some critics.	この本は何人かの批評家から高く評価されました。
Feedback from readers is critical to improving the contents.	読者からのフィードバックがコンテンツの改善にとても重要です。
We publish a weekly fashion magazine online and in print.	当社は，週刊のファッション誌をオンラインと印刷媒体で発行しています。
Ms. Carter teaches English literature at a university.	カーター先生は，大学で英文学を教えています。
The concert hall is one of the most unique structures in the city.	そのコンサートホールは，市内で最もユニークな建造物の1つです。

241

1151 ☐☐	**architecture** [á:rkətèktʃər]	名 建築様式，建築物
1152 ☐☐	**architect** [á:rkitèkt]	名 建築家
1153 ☐☐	**appearance** [əpíərəns]	名 外観，見た目
1154 ☐☐	**skyscraper** [skáiskrèipər]	名 超高層ビル
1155 ☐☐	**surface** [sə́:rfəs]	名 表面

製造・生産・工場

1156 ☐☐	**assembly line** [əsémbli làin]	フレーズ 組立ライン
1157 ☐☐	**industrial** [indʌ́striəl]	形 産業［工業］の ⇨ 名 industry 業界，産業
1158 ☐☐	**closure** [klóuʒər]	名 閉鎖 ⇨ 動 close 閉じる
1159 ☐☐	**fabric** [fǽbrik]	名 生地，織物
1160 ☐☐	**output** [áutpùt]	名 生産（高），出力 動 ～を出力する

The architecture of the building is stylish and modern.	その建物の建築様式は洗練されていて現代的です。
Mr. Young is the architect who designed the city library.	ヤング氏は，市立図書館を設計した建築家です。
The appearance of the hotel reminds me of a castle.	そのホテルの外観は，城を思い起こさせます。
This building is the tallest skyscraper in downtown Tokyo.	このビルは，東京の中心部で最も高い超高層ビルです。
After the construction, the surface of the road became flat.	工事の後で，その道路の表面は平坦になりました。
A lot of cars are manufactured on an assembly line every day.	毎日，多くの自動車が組立ラインで製造されています。
The factory is located in the industrial area of Toronto.	その工場はトロントの工業地帯にあります。
Many people lost their jobs because of the closure of the factory.	多くの人たちが，その工場の閉鎖のせいで仕事を失いました。
You can select the best fabric for your shirt here.	ここでは，あなたのシャツに最適な牛地を選ぶことができます。
The manufacturing output in March increased more than expected.	製造業の3月の生産高は，予想以上に増加しました。

Level 1
Level 2
Level 3
Level 4
Level 5

イベント・講演

1161	**festivity** [fəstíviti]	名 祝祭	festival 祝祭, celebration 祝典
1162	**venue** [vénju:]	名 会場, 開催地	place 場所, site 現場
1163	**take part in** [tèik pá:rt in]	フレーズ ～に参加する	join ～に参加する, be involved in ～に関わる
1164	**admission** [ədmíʃən]	名 入場 (料)	entrance 入口, entry 入場
1165	**keynote** [kí:nòut]	名 基調	
1166	**be decorated with** [bi dékərèitid wið]	フレーズ ～で飾られている	
1167	**cater** [kéitər]	動 ～に料理を提供する, ～のケータリングをする	
1168	**showcase** [ʃóukèis]	動 ～を展示する	exhibit ～を展示する
1169	**press conference** [prés kànfərəns]	フレーズ 記者会見	
1170	**attire** [ətáiər]	名 服装	clothing 衣服

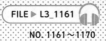
The city held festivities to celebrate its 50th anniversary.	その市は，50 周年を祝うために祝いの行事を開催しました。
Please arrive at the event venue early to get good seats.	よい席を確保するには，早めにイベント会場にお越しください。
Hundreds of artists will take part in the design contest.	何百人ものアーティストが，そのデザインコンテストに参加する予定です。
Admission to the lecture is free.	その講義への入場は無料です。
The conference began with Mr. Lee's keynote speech.	その会議はリー氏の基調講演で始まりました。
The banquet hall is decorated with many flowers.	その宴会場は多くの花で飾られています。
JS Catering Service can cater events for up to 500 people.	JS ケータリングサービスは，最大 500 人までのイベントに料理を提供することができます。
Manufacturers can showcase their products at the trade show.	メーカーは，その見本市で自社製品を展示することができます。
Many journalists gathered at the press conference.	多くのジャーナリストがその記者会見に集まりました。
We need to wear formal attire at the company's awards ceremony.	私たちは，会社の授賞式に出席するには，フォーマルな服装を着用する必要があります。

Level 1

Level 2

Level 3

Level 4

Level 5

調査・リサーチ・マーケティング

1171	☐☐	**evidence** [évidəns]	名 証拠
1172	☐☐	**statistics** [stətístiks]	名 統計 (学)
1173	☐☐	**findings** [fáindiŋz]	名 (調査や研究などの) 結果
1174	☐☐	**popularity** [pàpjəlǽriti]	名 人気 ⇨ 形 popular 人気のある
1175	☐☐	**investigate** [invéstəgèit]	動 (〜を) 調査する, 捜査する ⇨ 名 investigation 調査
1176	☐☐	**insight** [ínsàit]	名 洞察 (力)
1177	☐☐	**proof** [prú:f]	名 証明, 証拠 ⇨ 動 prove 〜を証明する

市場

1178	☐☐	**presence** [prézəns]	名 存在 (感), 出席
1179	☐☐	**dominate** [dámənèit]	動 〜を支配する ⇨ 名 domination 支配

We need evidence to show that our shampoo is better than others.	私たちには，当社のシャンプーが他社のものより優れていることを示す証拠が必要です。
Statistics show that our customers are more likely to purchase items online than in stores.	統計によると，顧客は商品を店頭よりも，オンラインで購入する傾向が高いことを示しています。
According to the findings of the survey, 70 percent of workers commute by car.	その調査の結果によると，労働者の 70 パーセントは車で通勤しています。
The coconut ice cream gained popularity since it was featured on television.	ココナッツアイスは，テレビで大きく取り上げられてから人気を博しました。
The technician is investigating the cause of the system malfunction.	その技術者が，システムの誤作動の原因を調査しています。
Our researchers have deep insight into online marketing.	当社の調査員は，オンラインマーケティングに深い洞察力を持っています。
If you wish to return an item, please bring the proof of purchase.	返品をご希望される場合は，購入の証明となるものをご持参ください。
LT Designs has established a strong presence in Asia.	LT デザインズ社は，アジアで強力な存在感を確立しました。
Three mobile phone carriers have dominated the market for over a decade.	3 つの携帯電話会社が 10 年以上にわたって市場を支配してきました。

Level 1

Level 2

Level 3

Level 4

Level 5

会議・議題

1180	☐☐	**attendee** [ətendí:]	名 出席者
1181	☐☐	**attendance** [əténdəns]	名 出席(者)
1182	☐☐	**gathering** [gǽðəriŋ]	名 集会　meeting 会議
1183	☐☐	**fruitful** [frú:tfl]	形 実りの多い
1184	☐☐	**minutes** [mínits]	名 議事録
1185	☐☐	**chair** [tʃéər]	動 ～の議長を務める
1186	☐☐	**facilitate** [fəsílətèit]	動 ～を円滑に進める, ～の手助けをする
1187	☐☐	**facilitator** [fəsílətèitər]	名 まとめ役, 世話人
1188	☐☐	**summary** [sʌ́məri]	名 要約, まとめ　⇨ 動 summarize ～を要約する　outline 概要
1189	☐☐	**summarize** [sʌ́məràiz]	動 ～を要約する　⇨ 名 summary 要約, まとめ

The secretary handed out meeting materials to attendees.	秘書が会議資料を出席者に配りました。
Attendance is required for the annual meeting.	その年次総会には出席が必須です。
I attend the gathering with young athletes every year.	私は，若いアスリートたちとのその集会に毎年参加しています。
We had a fruitful discussion to move the project forward.	私たちは，そのプロジェクトを前に進めるために実りの多い議論をしました。
Let me review the minutes from the last meeting.	前回の会議の議事録を確認させてください。
The president is chairing the committee this year.	社長は今年，その委員会の議長を務めています。
Asking questions is effective for facilitating communication.	質問をすることは，コミュニケーションを円滑に進めるのに効果的です。
Ms. Tyler led the conference to success as a facilitator.	タイラーさんは，まとめ役としてその会議を成功に導きました。
A summary of the meeting will be distributed later today.	会議の要約は，後ほど配布されます。
Can you briefly summarize what happened at the meeting?	その会議で何が起こったのかを簡潔に要約してもらえますか。

オフィス・仕事

1190	☐☐	**on duty** [án djú:ti]	フレーズ 勤務中で [に] ⇔ off duty 勤務時間外に
1191	☐☐	**workload** [wə́:rklòud]	名 仕事量
1192	☐☐	**internal** [intə́:rnəl]	形 内部の ⇔ external 外部の, 外側の
1193	☐☐	**take a day off** [téik ə déi ɔ́(:)f]	フレーズ 1日休みを取る
1194	☐☐	**take over** [tèik óuvər]	フレーズ ～を引き継ぐ
1195	☐☐	**fill in for** [fíl ín fər]	フレーズ ～の代理を務める, ～の穴を埋める
1196	☐☐	**rotate** [róuteit]	動 回転する [～を回転させる], 交代する [～を交代させる]
1197	☐☐	**rotation** [routéiʃən]	名 交代, 回転, 循環
1198	☐☐	**administrative** [ədmínəstrèitiv]	形 管理の ⇨ 名 administration 管理 ⇨ 動 administer 管理する
1199	☐☐	**cubicle** [kjú:bikəl]	名 仕切られた仕事スペース
1200	☐☐	**storage** [stɔ́:ridʒ]	名 倉庫, 保管 (場所) ⇨ 動 store ～を保管する

You are required to wear a hard hat while on duty.	あなたは勤務中はヘルメットを着用しなければなりません。
We have a heavy workload during the busy season.	繁忙期には大量の仕事量があります。
We share confidential information only at the internal meetings.	私たちは，社内会議でのみ機密情報を共有します。
You can take a day off after doing a night shift.	夜勤をした後は，1日休みを取ることができます。
Mr. Baker will take over the managerial position next month.	ベイカー氏は来月，その管理職を引き継ぎます。
I will fill in for Mr. Jackson while he is on vacation.	ジャクソン氏の休暇中は，私が彼の代理を務めます。
The factory workers rotate their tasks every two hours.	その工場の作業員は，2時間ごとに業務を交代します。
Employees can get new skills through job rotation.	社員は，仕事を回転することで新しいスキルを習得できます。
Administrative assistants provide general support to managers.	管理スタッフは，管理職に全般的な支援を提供します。
I work in a cubicle equipped with a computer and phone.	私は，コンピューターと電話を備えた間仕切りのある仕事スペースで仕事をしています。
There are extra chairs in the storage room.	倉庫には余分の椅子があります。

Level 1

Level 2

Level 3

Level 4

Level 5

251

| 1201 | ☐☐ | **transaction**
[trænsǽkʃən] | 名 処理, 取引 |

書類・E メール

| 1202 | ☐☐ | **in response to**
[in rispάns tə] | フレーズ ～に応えて |

| 1203 | ☐☐ | **recipient**
[risípiənt] | 名 受取人
⇨ 動 receive ～を受け取る |

| 1204 | ☐☐ | **draft**
[drǽft] | 名 草案 |

| 1205 | ☐☐ | **turn in**
[tə́:rn in] | フレーズ ～を提出する
submit ～を提出する |

| 1206 | ☐☐ | **translate**
[trǽnsleit, trǽnzleit] | 動 ～を翻訳する |

| 1207 | ☐☐ | **in writing**
[in ráitiŋ] | フレーズ 書面で |

| 1208 | ☐☐ | **outgoing**
[áutgòuiŋ] | 形 出ていく, 去っていく
⇔ incoming 入ってくる |

| 1209 | ☐☐ | **reproduce**
[rì:prədjú:s] | 動 ～を複製する
copy ～をコピーする |

| 1210 | ☐☐ | **duplicate**
[djú:plikət] | 名 複製
copy コピー |

| 1211 | ☐☐ | **seal**
[sí:l] | 動 ～に封をする
名 封印 |

The accountant checks all business transactions.	会計士は，すべての商取引をチェックします。

Level 1

I am writing in response to your inquiry regarding our product.	私は，当社の製品に関するお客様のお問い合わせに応えてこれを書いています。
We informed the recipient of the package about the schedule delay.	私たちは，その小包の受取人にスケジュールの遅れについて通知しました。
The draft of the proposal will be reviewed by managers.	その提案の草案は，部長たちによって精査されることになっています。
Employees must turn in a travel expense report within 5 days after a business trip.	社員は，出張後 5 日以内に旅費報告書を提出する必要があります。
Mr. Sada translated the English passage into Japanese.	サダ氏は，その英語の文章を日本語に翻訳しました。
Can you submit the report in writing by next Friday?	次の金曜日までに書面で報告書を提出できますか？
If you have any outgoing mail, I will put them in the post.	もし出す手紙があるならば，私がポストに入れましょう。
You are not allowed to reproduce the document without permission.	あなたは，許可なくその文書を複製することはできません。
We are supposed to make a duplicate of all contracts.	私たちは，すべての契約書の複製を作成することになっています。
Don't forget to seal the envelope before sending the letter.	その手紙を送る前に，封筒に封をすることを忘れないでください。

Level 2

Level 3

Level 4

Level 5

| 1212 ☐☐ | **texting**
[tékstiŋ] | 名 携帯メール (をすること) |

点検・確認

1213 ☐☐	**browse** [bráuz]	動 立ち読みする，閲覧する
1214 ☐☐	**closely** [klóusli]	副 注意深く，密接に
1215 ☐☐	**go over** [góu òuvər]	フレーズ ～に目を通す
1216 ☐☐	**go through** [góu θrù:]	フレーズ ～を詳しく検討する
1217 ☐☐	**observe** [əbzə́:rv]	動 ～を観察する，～に従う ⇨ 名 observation 観察 ⇨ 名 observer 見学者 ⇨ 名 observance 順守，従うこと
1218 ☐☐	**weigh** [wéi]	動 ～の重さがある

企業・経営

1219 ☐☐	**start-up company** [stá:rtÀp kÁmpəni]	フレーズ 新興企業
1220 ☐☐	**entrepreneur** [à:ntrəprəné:r]	名 起業家
1221 ☐☐	**represent** [rèprizént]	動 ～を代表する

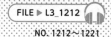
Texting is an easy way to send messages to others.	携帯メールは，人にメッセージを送る簡単な方法です。
I'm browsing at a bookstore while waiting for my co-worker.	私は，同僚を待っている間に本屋で立ち読みをしています。
The mechanic inspected the cause of the malfunction closely.	その整備工は，故障の原因を注意深く調べました。
Please go over the contract before you sign it.	署名する前に，その契約書に目を通してください。
I will go through the document and let you know if it's OK.	この文書を詳しく検討して，問題がないかどうかをお知らせします。
During the training period, new instructors can observe lessons. You must observe safety regulations.	トレーニングの期間中，新しい講師はレッスンを観察することができます。あなたは，安全規則に従う必要があります。
The table and chairs weigh 20 kilograms in total.	そのテーブルと椅子は合計 20 キログラムの重さがあります。
It is difficult for start-up companies to get regular customers.	新興企業が固定客を獲得することは困難です。
Some entrepreneurs have just started their own companies.	何人かの起業家は，自分の会社を始めたばかりです。
The personnel manager will represent our company at the job fair.	人事部長が，その就職説明会で当社を代表します。

Level 1
Level 2
Level 3
Level 4
Level 5

255

1222	☐☐	**shareholder** [ʃéərhòuldər]	名 株主
1223	☐☐	**immediate supervisor** [imí:diət sú:pərvàizər]	フレーズ 直属の上司
1224	☐☐	**stable** [stéibəl]	形 安定した，変動のない
1225	☐☐	**strategic** [strətí:dʒik]	形 戦略的な ⇨ 名 strategy 戦略
1226	☐☐	**consist of** [kənsíst əv]	フレーズ ～から成る

財務

1227	☐☐	**fiscal** [fískəl]	形 会計の
1228	☐☐	**revenue** [révən(j)ù:]	名 収益，歳入，収入， income 収入
1229	☐☐	**quote** [kwóut]	名 見積もり，引用 動 ～を見積もる，引用する estimate 見積もり，～を見積もる
1230	☐☐	**calculate** [kǽlkjəlèit]	動 ～を計算する ⇨ 名 calculation 計算

Companies should think of both their employees and shareholders.	企業は，社員と株主のどちらのことも考える必要があります。
New employees will meet their immediate supervisors on the first day.	新入社員は，初日に直属の上司に会うことになっています。
A lot of temporary workers hope to get a more stable income.	多くの派遣労働者は，より安定した収入を得たいと考えています。
We should take a strategic approach to getting new contracts.	新しい契約の獲得に向けた戦略的なアプローチを取る必要があります。
The business plan by Ms. Lee consists of three different parts.	リー氏による事業計画は，3つの異なる部分から成っています。
We set a goal at the beginning of each fiscal year.	私たちは，各会計年度の初めに目標を設定します。
Our corporate revenue is increasing thanks to our new product.	新製品のおかげで，当社の企業収益は増加しています。
We need a price quote to decide a supplier.	私たちは供給業者を決定するために，価格の見積もりが必要です。
You should calculate the total cost of starting a new business.	あなたは，新しい事業を始めるための総費用を計算すべきです。

Level 1

Level 2

Level 3

Level 4

Level 5

規則

1231 ☐☐	**on a ~ basis** [ɑn ə béisis]	フレーズ の原則で ➡ on a first-come, first-served basis 先着順で ➡ on a daily basis 毎日の (ように), 日常的に
1232 ☐☐	**penalty** [pénəlti]	名 罰金, 処罰
1233 ☐☐	**fine** [fáin]	名 罰金 動 ～に罰金を科す
1234 ☐☐	**take effect** [tèik ifékt]	フレーズ 効力を生じる, 実施される go [come] into effect 実施される

建物・家

1235 ☐☐	**staircase** [stéərkèis]	名 階段 stairs 階段
1236 ☐☐	**outlet** [áutlèt]	名 コンセント
1237 ☐☐	**story** [stɔ́:ri]	名 (建物の) 階

観光・風景

1238 ☐☐	**landscape** [lǽndskèip]	名 風景 動 ～を造園する
1239 ☐☐	**landmark** [lǽndmà:rk]	名 歴史的建造物, 目印になるもの

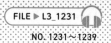
Fresh fish is delivered to the restaurant **on a daily basis.**	毎日のように，新鮮な魚がそのレストランに届けられます。
There is a **penalty** for taking pictures on this property.	この敷地内で写真を撮ると，罰金があります。
The **fine** for illegal parking should be paid within a week.	違法駐車の罰金は，1週間以内に支払う必要があります。
This revised contract will **take effect** on April 1.	この修正された契約は4月1日に効力を生じます。
Please climb the **staircase** to go to the top of the building.	その階段を上って，建物の最上階に行ってください。
Meeting rooms are equipped with several **outlets** for laptops.	会議室には，ノートパソコン用のコンセントが複数備わっています。
Elevators are usually installed in **five-story** buildings and higher.	通常，エレベーターは，高さが5階以上の建物に設置されます。
We took photos of **landscapes** in the beautiful country.	私たちは，その美しい田園地方の風景を写真に撮りました。
Royal Clock Tower, a well-known **landmark**, is a good meeting place.	よく知られた歴史的建造物のロイヤル・クロックタワーは，よい待ち合わせ場所です。

1240	☐☐	**lighthouse** [láithàus]	名 灯台
1241	☐☐	**observation deck** [àbzərvéiʃən dèk]	フレーズ 展望デッキ
1242	☐☐	**overlook** [òuvərlúk]	動 ～を見おろす, ～を見逃す, ～を監視する
1243	☐☐	**reflect** [riflékt]	動 ～を反射する, ～を反映する ⇨ 名 reflection 反射
1244	☐☐	**breathtaking** [bréθtèikiŋ]	形 息をのむような exciting わくわくする
1245	☐☐	**scenic** [sí:nik]	形 景色のよい

自然・環境

1246	☐☐	**wildlife** [wáildlàif]	名 野生生物
1247	☐☐	**natural habitat** [nætʃərəl hæbitæt]	フレーズ 自然の生息地
1248	☐☐	**resource** [rí:sɔ̀rs]	名 (-s) 資源
1249	☐☐	**circumstance** [sə́:rkəmstæns]	名 (影響を及ぼす) 状況 ➡ under any circumstances どのような状況でも

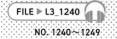
The harbor **lighthouse** is popular with tourists.	港のその灯台は観光客に人気があります。
You can see the whole city from the **observation deck** on the top floor.	最上階の展望デッキからは，街全体を見ることができます。
The high-rise buildings **overlook** the river.	いくつかの高層ビルからは，その川を見おろせます。
The mountain is **reflected** in the water.	その山が水面に反射して（映って）います。
Our new product **reflects** customers' opinions.	当社の新製品は，お客様の意見を反映しています。
We were amazed by the **breathtaking** view of the lake.	私たちは，その湖の息をのむような眺めに驚きました。
The lodge is located in a **scenic** location surrounded by trees.	そのロッジは，木々に囲まれた景色のよい場所にあります。
A lot of volunteers have been working to save the **wildlife**.	数多くのボランティアが野生生物の保護に取り組んできています。
This area is the **natural habitat** of wild elephants.	この地域は，野生の象の自然の生息地です。
The government is trying to find natural **resources** like oil and gas.	政府は，石油やガスなどの天然資源を探そうとしています。
Mr. Porter is polite to customers under any **circumstances**.	ポーター氏は，どのような状況でも顧客に礼儀正しいです。

Level 1
Level 2
Level 3
Level 4
Level 5

1250	**setting** [sétiŋ]	名 環境, 背景 environment 環境
1251	**trail** [tréil]	名 (自然の中の) 小道
1252	**shore** [ʃɔ́ːr]	名 岸, 海岸
1253	**waterfront** [wɔ́ːtərfrʌ̀nt]	名 臨海部, 水辺
1254	**humidity** [hjuːmíditi]	名 湿気 ⇨ 形 humid 湿気の多い
1255	**consume** [kənsjúːm]	動 ～を消費する use ～を使う
1256	**consumption** [kənsʌ́mpʃən]	名 消費 (量)

修理・交換・修正

1257	**restore** [ristɔ́ːr]	動 ～を復旧する, ～を修復する repair ～を修復する
1258	**restoration** [rèstəréiʃən]	名 修復, 復旧
1259	**plumber** [plʌ́mər]	名 配管工
1260	**eliminate** [ilímənèit]	動 ～を取り除く

Formal clothing is preferred in a business setting.	ビジネス環境では改まった服装が好まれます。
You can enjoy the view when you walk on the trail.	その小道を歩くと，景色が楽しめます。
Some people are jogging along the sea shore.	何人かの人たちが，海岸沿いをジョギングしています。
Several hotels and restaurants are located along the waterfront areas.	その臨海部に沿って，いくつかのホテルやレストランがあります。
This function can reduce humidity in the room.	この機能で，室内の湿度を下げることができます。
Heavy machines consume a lot of energy.	重機は，大量のエネルギーを消費します。
We need to reduce energy consumption by 20%.	私たちは，エネルギー消費量を 20 パーセント削減する必要があります。

Some construction workers are working on restoring the bridge.	何人かの建設作業員が，その橋を復旧することに取り組んでいます。
The old building will be closed for restoration for six months.	その古い建物は，修復のため6カ月間閉鎖される予定です。
You should call a plumber to repair the sink.	あなたは配管工に電話してシンクを修理してもらう必要があります。
This software automatically eliminates human errors from programs.	このソフトウェアは，プログラムから自動的に人為的エラーを取り除きます。

Level 1

Level 2

Level 3

Level 4

Level 5

263

医療

1261	☐☐	**disease** [dizí:z]	名 病気 illness 病気
1262	☐☐	**medication** [mèdikéiʃən]	名 医薬品, 治療 medicine 薬
1263	☐☐	**pharmaceutical** [fɑ̀ːrməs(j)úːtikəl]	形 薬の
1264	☐☐	**prescribe** [priskráib]	動 (薬など) を処方する, (薬の) 処方せんを書く
1265	☐☐	**prescription** [priskrípʃən]	名 (薬などの) 処方せん
1266	☐☐	**physician** [fizíʃən]	名 医師, 内科医 doctor 医者
1267	☐☐	**walk-in** [wɔ́ːkìn]	形 飛び込みの, 予約なしで訪問できる

施設

| 1268 | ☐☐ | **accommodate** [əkámədèit] | 動 ～を収容する, ～に対応する |
| 1269 | ☐☐ | **accommodation** [əkàmədéiʃən] | 名 宿泊施設 |

A healthy diet can help prevent diseases.	健康的な食事は，病気の予防に役立ってくれます。
Central Lab has developed a new medication for allergies.	セントラル・ラボ社は，アレルギー用の新しい医薬品を開発しました。
You can buy some pharmaceutical products online.	一部の医薬品はオンラインで購入できます。
The doctor prescribed medicine for his patient.	その医者は，患者に薬を処方しました。
Dr. Smith wrote a prescription for his patient.	スミス医師は自分の患者のために処方せんを書きました。
There are two experienced physicians in the newly opened clinic.	その新しく開業したクリニックには，経験豊富な医師が2人います。
Walk-in patients have to wait for a long time to get treatment.	予約なしの患者は，治療を受けるまで長時間待たなければなりません。

The convention hall can accommodate up to 500 people.	その会議場は最大500人を収容することができます。
We can accommodate your needs and budget.	当社は，お客様のニーズと予算に対応することができます。
Please arrange your accommodations by yourself for the business trip.	その出張旅行では，あなたの宿泊施設は自分で手配してください。

Level 1

Level 2

Level 3

Level 4

Level 5

1270	☐☐	**on the premises** [ɑn ðə prémisiz]	フレーズ 敷地内で，構内で
1271	☐☐	**auditorium** [ɔ̀:dətɔ́:riəm]	名 講堂
1272	☐☐	**house** 発 [háuz]	動 （建物内に）〜を備える， 〜を収容する accommodate 〜を収容する

商品・販売

1273	☐☐	**new line of** [n(j)ú: láin əv]	フレーズ 新しいラインアップの〜
1274	☐☐	**concept** [kánsept]	名 コンセプト，発想
1275	☐☐	**personalize** [pə́:rsənəlàiz]	動 〜を個人向けにする ⇨ 形 personal 個人的な
1276	☐☐	**durable** [djúərəbəl]	形 耐久性のある，長持ちする
1277	☐☐	**durability** [djùərəbíliti]	名 耐久性
1278	☐☐	**object** [ábdʒikt]	名 物体
1279	☐☐	**gear** [gíər]	名 衣服，道具
1280	☐☐	**characteristic** [kæ̀rəktərístik]	名 特徴 形 特有の，独特の

Taking photos is not allowed on the premises.	その敷地内では，写真撮影が認められていません。
The awards ceremony will take place in the auditorium.	その授賞式は講堂で行われる予定です。
The conference center houses **a restaurant for participants.**	その会議場は，参加者用のレストランを備えています。

We put in an advertisement for a new line of **products.**	製品の新しいラインアップの広告をだしました。
We need a new product concept **to attract more customers.**	より多くの顧客を引き付けるには，私たちに新しい製品コンセプトが必要です。
All our services can be personalized **to meet our clients' needs.**	当社のすべてのサービスは，顧客のニーズに合わせて個人向けにすることができます。
Our new line of suitcases is made with durable **materials.**	当社の新しいスーツケースのラインアップは，耐久性のある素材で作られています。
We recommend this wooden table for its durability.	当店は，耐久性の点で，この木製テーブルをおすすめします。
You can see objects **clearly with these sunglasses.**	このサングラスを使うと，物をはっきりと見ることができます。
We carry protective gear **such as hardhats and gloves.**	当店はヘルメットや手袋などの防護服を扱っています。
This smartphone sells well because it has unique characteristics.	このスマートフォンは，ユニークな特徴を持っているのでよく売れています。

映画・テレビ

1281	☐☐	**debut** [deibjú:]	名 デビュー 動 デビューする
1282	☐☐	**role** [róul]	名 役割 ➡ play a role　役割を担う
1283	☐☐	**star** [stá:r]	動 (俳優などが) 主役を務める

場所

1284	☐☐	**designated area** [dézignèitid éəriə]	フレーズ 指定された場所
1285	☐☐	**on-site** [ànsáit]	形 現場 [現地] での
1286	☐☐	**remote** [rimóut]	形 遠く離れた, 遠隔操作の
1287	☐☐	**remotely** [rimóutli]	副 インターネット経由で, 遠く離れて

組織・団体

| 1288 | ☐☐ | **foundation**
[faundéiʃən] | 名 設立, 財団, 土台
⇨ 動 found　～を設立する |
| 1289 | ☐☐ | **commission**
[kəmíʃən] | 名 委員会 |

Glenn Lopez made his debut as an actor last month.	グレン・ロペスは先月，俳優としてデビューをしました。
Nancy Wattson plays an important role in the movie.	ナンシー・ワットソンは，その映画の中で重要な役割を担っています。
The Japanese actor starred in a popular movie.	その日本人俳優は，人気映画で主役を務めました。

Eating is allowed only in the designated areas.	食べ物を食べることは，指定された場所でのみ認められています。
I learned many things from communicating with customers in the on-site training.	現場での訓練で，私は顧客とのやりとりから多くのことを学びました。
We charge an additional shipping fee to remote areas.	遠く離れた地域には，追加の送料を請求します。
You can work remotely by submitting a form to the HR department.	（申請）用紙を人事部に提出することで，インターネット経由で働くことができます。

We celebrated the anniversary of the company's foundation.	私たちは，会社設立の記念日を祝いました。
Some proposals have been submitted to the commission.	いくつかの提案が委員会に提出されました。

Level 1

Level 2

Level 3

Level 4

Level 5

機器

1290	☐☐	**light fixture** [láit fíkstʃər]	フレーズ 照明器具
1291	☐☐	**properly** [prápərli]	副 正しく, 適切に ⇨ 形 proper 適切な ⇔ improperly 不適切に
1292	☐☐	**rechargeable** [rìtʃá:rdʒəbəl]	形 何度も充電できる
1293	☐☐	**put away** [pùt əwéi]	フレーズ ～を片付ける

情報

1294	☐☐	**informative** [infɔ́:rmətiv]	形 有益な, 知識を与える ⇨ 名 information 情報
1295	☐☐	**actual** [ǽktʃuəl]	形 実際の
1296	☐☐	**widespread** [wáidspréd]	形 広範囲に及ぶ
1297	☐☐	**disclose** [disklóuz]	動 ～を発表する, ～を明らかにする ⇨ 名 disclosure 発表
1298	☐☐	**reveal** [riví:l]	動 ～を明かす, ～を打ち明ける
1299	☐☐	**element** [éləmənt]	名 要素 factor 要因

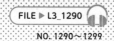
Some light fixtures were installed in the hotel lobby.	いくつかの照明器具がホテルのロビーに設置されました。
The photocopier isn't working properly.	そのコピー機は正常に動作していません。
You can use a rechargeable battery for the mobile phone.	その携帯電話には，再充電が可能なバッテリーを使えます。
Please put away the equipment after use.	使用後には機器を片付けてください。
Ms. Howard gave an informative speech on a new business trend.	ハワードさんは，新しいビジネス動向について有益なスピーチを行いました。
I'd like to check the actual data of this sales report.	私は，この販売報告書の実際のデータを確認したいと思います。
The Internet is the source of widespread rumors.	インターネットは，広範囲に及ぶうわさの発生源です。
Do not disclose any confidential information to third parties.	どのような機密情報も，第三者に開示しないでください。
The new CEO revealed the company's 10-year plan.	新しい CEO は，会社の 10 カ年計画を明らかにしました。
Customer satisfaction is the most important element of any business.	顧客満足度は，どのようなビジネスでも一番重要な要素です。

Level 1

Level 2

Level 3

Level 4

Level 5

生活

1300	☐☐	**polish** [páliʃ]	動 ～を磨く
1301	☐☐	**tie one's shoelaces** [tái wánz ʃú:lèisiz]	フレーズ （人の）靴ひもを結ぶ
1302	☐☐	**stool** [stú:l]	名 （背もたれやひじ掛けのない）椅子，スツール
1303	☐☐	**water a potted plant** [wɔ́:tər ə pátid plǽnt]	フレーズ 鉢植えの植物に水をやる
1304	☐☐	**be propped against** [bi prápt əgénst]	フレーズ ～に立てかけられている be leaning against ～に寄りかかっている

資金・援助

1305	☐☐	**invest in** [invést ín]	フレーズ ～に投資する
1306	☐☐	**investment** [invéstmənt]	名 投資
1307	☐☐	**grant** [grǽnt]	名 補助金 動 ～を許諾する，与える

請求・支払い

1308	☐☐	**reimburse** [rì:imbə́:rs]	動 ～を精算する，（費用）を払い戻す

272

I polish my shoes before leaving for work every day.	私は毎日，仕事に出かける前に靴を磨きます。
Please make sure to tie your shoelaces before you start jogging.	ジョギングを始める前に，忘れずに靴ひもを結んでください。
I usually sit on a stool when I read books.	私が本を読むときは，たいてい椅子に座わります。
I water a potted plant every morning.	私は毎朝，鉢植えの植物に水をやります。
A broom is propped against the wall.	1本のほうきが壁に立てかけられています。
We plan to invest in technology to automate production.	当社は，生産を自動化する技術に投資するつもりです。
More investment in education is encouraged by the government.	教育へのさらなる投資が政府によって奨励されています。
If you buy an eco-friendly machine, you can receive a grant from the government.	環境に優しい機器を購入すると，政府から補助金を受け取ることができます。
You can get reimbursed for your transportation cost later.	あなたは，後で交通費の精算をしてもらえます。

Level 1

Level 2

Level 3

Level 4

Level 5

1309	**reimbursement** [rìːimbéːrsmənt]	名 払い戻し, 精算, 返済
1310	**nonrefundable** [nὰnrifʌ́ndəbəl]	形 返金不可の ⇔ refundable 払い戻しの利く
1311	**nominal fee** [nάmənəl fíː]	フレーズ ごくわずかな料金
1312	**overdue** [òuvərdjúː]	形 期限を過ぎて

機械・整備

1313	**machinery** [məʃíːnəri]	名 機械（類） machine(s) 機械
1314	**functional** [fʌ́ŋkʃənəl]	形 機能的な ⇨ 名 function 機能, 役割
1315	**lid** [líd]	名 ふた
1316	**up and running** [ʌ́p ənd rʌ́niŋ]	フレーズ 作動して

道路・屋外

1317	**walkway** [wɔ́ːkwèi]	名 歩道
1318	**steep** [stíːp]	形 （坂などが）急な, 険しい

274

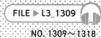
You will receive a reimbursement if you submit your trip report.	あなたが出張報告書を提出すれば，払い戻しを受けるでしょう。
This airplane ticket is very cheap but nonrefundable.	この飛行機のチケットはとても安いですが 返金不可です。
Extra support is available for a nominal fee.	追加のサポートは，ごくわずかな料金で利用できます。
The gas bill was overdue, so I paid it immediately.	ガス代の（支払）期限が過ぎていたので，私はすぐにそれを支払いました。

In the automobile factory there is a lot of machinery.	その自動車工場には多くの機械類があります。
This packaging machine is more functional than the old one.	この包装機は，古いものよりも機能的です。
If you want to use the coffee maker, please open the lid first.	そのコーヒーメーカーを使いたければ，まずふたを開けてください。
The new maintenance facility is now up and running.	その新しい整備施設は現在，稼働しています。

There are some benches along the walkway.	その歩道に沿って，いくつかベンチがあります。
The vehicle moved slowly on the steep hill.	その車両は，急な坂をゆっくり動きました。

Level 1

Level 2

Level 3

Level 4

Level 5

275

1319 ☐☐	**shaded** [ʃéidid]	形 日陰の
1320 ☐☐	**curb** [kə́:rb]	名 縁石
1321 ☐☐	**fountain** [fáuntən]	名 噴水

事務・事務作業

1322 ☐☐	**stationery** [stéiʃənèri]	名 文房具
1323 ☐☐	**insert** [insə́:rt]	動 ～を挿入する，～を差し込む
1324 ☐☐	**staple** [stéipəl]	動 ～をホッチキスでとじる ⇨ 名 stapler　ホッチキス

効果・影響

1325 ☐☐	**affect** [əfékt]	動 ～に影響する
1326 ☐☐	**influential** [influénʃəl]	形 影響力のある ⇨ 名 influence　影響 ⇨ 動 influence　～に影響を及ぼす

地域

1327 ☐☐	**mayor** [méiər]	名 市 [町，村] 長

Let's take a rest in the shaded area.	日陰になっているところで休憩しましょう。
A vehicle stopped at the curb near the intersection.	その交差点の近くの縁石で, 1台の車両が止まりました。
People are gathered near the fountain in the park.	人々が, 公園内の噴水の近くに集まっています。
Stationery such as pens and files is stored in the supply room.	ペンやファイルなどの文房具は, 備品室に保管されています。
Please insert your employee identification card to enter the room.	その部屋に入るには, あなたの社員証カードを挿入してください。
You should staple the documents and keep them in the file.	その文書をホッチキスでとじ, ファイルに保管する必要があります。
Road work will begin tomorrow, and it will affect some areas.	明日, 道路工事が始まるので, いくつかの地域に影響が出るでしょう。
Who are some of the most influential people who have changed your life?	あなたの人生を変えた最も影響力のある人の何人かは誰ですか。
The mayor announced that the city would build a library.	市長は, その市が図書館を建設すると発表しました。

Level 1

Level 2

Level 3

Level 4

Level 5

277

1328	**urban** [ə́:rbən]	形 都会の
1329	**rural** [rúərəl]	形 田舎の
1330	**suburbs** [sʌ́bə:rbz]	名 郊外

農業

1331	**agriculture** [ǽgrikʌ̀ltʃər]	名 農業 ⇨ 形 agricultural 農業の
1332	**harvest** [hɑ́:rvəst]	名 収穫 動 ～を収穫する

実験・研究

1333	**laboratory** [lǽbərətɔ̀:ri]	名 実験室, 研究室 lab と省略することもある laboratory technician = lab technician
1334	**experiment** [ikspérəmənt]	名 実験 動 実験する
1335	**chemical** [kémikəl]	形 化学的な 名 化学製品
1336	**hazardous** [hǽzərdəs]	形 危険な dangerous 危険な

The company opened a new branch in an urban area.	その会社は，都市部に新しい支店を開設しました。
The hotel is in a rural area, and there are few restaurants around it.	そのホテルは田園地帯にあり，周りにレストランはほとんどありません。
I live in the suburbs, so it's quiet.	私は郊外に住んでいるので，あたりは静かです。

Agriculture is an important industry in this country.	農業はこの国で，重要な産業です。
The farmers are expecting a large harvest because of the good weather.	農家の人たちは，好天のおかげで豊かな収穫を期待しています。

The researchers conduct experiments at the laboratory.	研究者たちは，その実験室で実験を行います。
We are not allowed to carry out experiments on the human body.	人体で実験を行うことは認められていません。
Various chemical products have been developed in the plant.	その工場では，さまざまな化学製品が開発されてきました。
Be careful when you handle the hazardous material.	危険物を取り扱うときは，注意してください。

Level 1
Level 2
Level 3
Level 4
Level 5

信頼・信用

1337 ☐☐	**rely on** [rilái ɑn]	フレーズ ～に頼る depend on ～に頼る
1338 ☐☐	**reliable** [riláiəbəl]	形 信頼できる
1339 ☐☐	**reliability** [rilàiəbíliti]	名 信頼性

評価

1340 ☐☐	**assess** [əsés]	動 ～を評価する
1341 ☐☐	**assessment** [əsésmənt]	名 評価, 査定
1342 ☐☐	**credit** [krédit]	動 ～を評価する, ～を信用する 名 信用
1343 ☐☐	**regard** [rigáːrd]	動 ～を評価する, ～を…と見なす

感謝・謝罪

1344 ☐☐	**grateful** [gréitfəl]	形 感謝している thankful ありがたい
1345 ☐☐	**sincere** [sinsíər]	形 心からの, 誠実な true 誠実な

We **rely on** the supplier's high quality products.	私たちは，供給業者の高品質の製品に頼っています。
OC Furniture is a **reliable** manufacturer with a reputation for high quality.	OC ファニチャー社は，高品質で定評のある信頼できるメーカーです。
It is necessary to build up the **reliability** of our services.	当社のサービスの信頼性を高めることが必要です。

We will **assess** the effectiveness of the new strategy.	私たちは，新しい戦略の有効性を評価するつもりです。
The language school introduced the online **assessment** system.	その語学学校は，オンライン評価システムを導入しました。
The sales team is **credited** for getting the new contract.	営業チームは，新しい契約を獲得したことを評価されています。
Paula Anderson is highly **regarded** as a manager.	ポーラ・アンダーソンは部長として高く評価されています。

| I am **grateful** for your warm hospitality during my stay. | 私の滞在中のあなたの温かいおもてなしに感謝します。 |
| Please accept my **sincere** apology for the late delivery. | 配達の遅れについて，心からのおわびを申し上げます。 |

Level 1
Level 2
Level 3
Level 4
Level 5

顧客・利用客

1346	☐☐	**existing** [igzístiŋ]	形 既存の
1347	☐☐	**patron** [péitrən]	名 利用者, 後援者 customer 顧客, user ユーザー
1348	☐☐	**patronage** [péitrənidʒ]	名 愛顧, 後援, ひいき
1349	☐☐	**applicable** [ǽplikəbəl]	形 適用できる, 当てはまる
1350	☐☐	**apply to** [əplái tə]	フレーズ ～に適用される, 当てはまる
1351	☐☐	**loyal customer** [lɔ́iəl kʌ́stəmər]	フレーズ 得意客

お金

1352	☐☐	**wage** [wéidʒ]	名 賃金, 給料
1353	☐☐	**paycheck** [péitʃèk]	名 給料
1354	☐☐	**payroll** [péiròul]	名 給料支払い簿 [総額], 給料支払い名簿
1355	☐☐	**wealth** [wélθ]	名 富, 裕福, 多量 ⇨ 形 wealthy 裕福な

The concert tickets are available only for existing members.	そのコンサートのチケットは，既存の会員だけが入手できます。
Ms. Foster is a regular patron and comes to our store every week.	フォスターさんは常連の利用者で，毎週当店を訪れています。
Thank you for your patronage.	ご愛顧ありがとうございます。
Discount prices are applicable to all shop members.	割引価格は，すべてのショップ会員に適用されます。
Discounts do not apply to these products.	これらの製品には割引は適用されません。
The restaurant has many loyal customers.	そのレストランは多くの得意客がいます。
The hourly wage for part-time workers increased slightly.	パートタイム労働者の時給はわずかに上がりました。
Employees have to sign the document to receive their paycheck.	社員は，自分の給料を受け取るためにその文書に署名する必要があります。
The monthly payroll of this company is about $20 million.	この会社の毎月の給与支払い総額は，およそ 2,000 万ドルです。
Mr. Morgan acquired great wealth through investments.	モーガン氏は投資を通じて大きな富を手に入れました。

Level 1

Level 2

Level 3

Level 4

Level 5

1356	☐☐	**airfare** [éərfèər]	名 航空運賃 ➡ bus fare バスの運賃, train fare 電車の運賃
1357	☐☐	**currency** [ká:rənsi]	名 通貨
1358	☐☐	**proceeds** [próusi:dz]	名 収益 (金), 売上高

伝達

1359	☐☐	**reminder** [rimáindər]	名 思い出させるもの, リマインダー ⇨ 動 remind ～に思い出させる
1360	☐☐	**communicate** [kəmjú:nikèit]	動 ～を伝達する, 意思が通じ合う ⇨ 名 communication 伝達
1361	☐☐	**state** [stéit]	動 ～と述べる
1362	☐☐	**statement** [stéitmənt]	名 声明 ➡ issue a statement 声明を出す
1363	☐☐	**interact** [ìntərǽkt]	動 やりとりする
1364	☐☐	**interaction** [ìntərǽkʃən]	名 やりとり
1365	☐☐	**remark** [rimá:rk]	名 発言 動 (～と) 発言する

284

The price includes the airfare from Chicago to Atlanta.	その料金には，シカゴからアトランタへの航空運賃が含まれています。
What's the currency exchange rate between US dollars and euros?	米ドルとユーロの通貨為替レートはどれくらいですか。
The proceeds from the charity event will be used for renovating the city library.	そのチャリティイベントからの収益は，市立図書館の改修に使われます。
This is a reminder about our upcoming annual meeting.	これは，もうすぐ開催される年次総会についての念のためのご連絡です。
The presentation was confusing and did not communicate the information well.	そのプレゼンテーションはわかりにくく，うまく情報を伝えられませんでした。
The report states that more than 40% of customers learned about our products by word of mouth.	その報告書は，顧客の40パーセント以上が当社の製品について口コミで知ったと述べています。
The president issued a statement on the merger at the meeting.	社長は，会議でその合併に関する声明を出しました。
Social media is one of the most convenient ways to interact with customers.	ソーシャルメディアは，顧客とやりとりするための最も便利な方法の1つです。
By singing together, the audience enjoyed the interaction with the singer.	一緒に歌うことで，観客はその歌手とのやりとりを楽しみました。
The opening remarks were given by the new CEO.	新しいCEOから開会の言葉がありました。

Level 1
Level 2
Level 3
Level 4
Level 5

1366	☐☐	**call in sick** [kɔ́ːl in sík]	フレーズ 病欠の電話をする
1367	☐☐	**declare** [dikléər]	動 ～を申告する，～を宣言する ⇨ 名 declaration 申告

程度

1368	☐☐	**remarkably** [rimáːrkəbəli]	副 とても，著しく
1369	☐☐	**substantially** [səbstǽnʃəli]	副 大幅に significantly 著しく，sharply 急激に
1370	☐☐	**considerable** [kənsídərəbəl]	形 かなりの，多数の significant 著しい
1371	☐☐	**slight** [sláit]	形 わずかな
1372	☐☐	**modest** [mádəst]	形 手ごろな，謙虚な，控え目な reasonable 妥当な，手ごろな
1373	☐☐	**drastic** [drǽstik]	形 思い切った
1374	☐☐	**tremendous** [triméndəs]	形 巨大な huge 非常に大きい
1375	☐☐	**extensive** [iksténsiv]	形 大規模な，広範囲の

I called in sick and stayed in bed all day.	私は病欠の電話をし，一日中ベッドに寝ていました。
I had nothing to declare at customs.	私は，税関で申告するものは何もありませんでした。
Despite its inconvenient location, the restaurant is remarkably popular.	不便な立地にもかかわらず，そのレストランはとても人気があります。
The number of guests to the hotel increased substantially.	そのホテルの宿泊客数は大幅に増加しました。
It took a considerable amount of time to launch the new product.	その新製品を発売するには，かなりの時間がかかりました。
There has been a slight train delay, but we can get to the office on time.	列車のわずかな遅れがありましたが，私たちは時間どおりに会社に着くことができます。
Flowers 4U.com has a wide selection of flowers at modest prices.	Flowers 4U.com は，手ごろな価格で幅広い種類の花を取りそろえています。
The city has made drastic changes in the last ten years.	その市は，この 10 年間で思い切った改革を実行してきました。
After the merger with a foreign company, Top Electronics had tremendous growth in sales.	外国企業との合併後，トップエレクトロニクス社は売上に非常に大きな伸びがありました。
After extensive research, the coffee chain decided to open a shop in China.	大規模な調査の後で，そのコーヒーチェーンは中国で店を開くことにしました。

1376	**complicated** [kámpləkèitəd]	形 複雑な
1377	**noticeable** [nóutəsəbəl]	形 目立つ
1378	**roughly** [rʌ́fli]	副 およそ about 約〜
1379	**fairly** [féərli]	副 かなり

増減

1380	**maximize** [mǽksəmàiz]	動 〜を最大化する
1381	**minimize** [mínəmàiz]	動 〜を最小限度に抑える ⇨ 名 minimum 最小 ⇨ 形 minimum 最小限の ⇔ maximize 〜を最大化する
1382	**excel in** [iksél in]	フレーズ 〜に優れる, 卓越する
1383	**skyrocket** [skáiràkət]	動 急上昇する

理由

| 1384 | **now that** [náu ðət] | 接 今や〜だから
since 〜なので, as 〜なので |

It is not a complicated process to place an order online.	オンラインで注文するのは，複雑な作業ではありません。
Since the new product launch, there has been a noticeable improvement in sales.	新製品の発売以来，売上に目立った改善があります。
The current supplier raised its prices by roughly 10%.	現在の供給業者は，価格をおよそ 10 パーセント引き上げました。
The manual is fairly easy to follow.	その説明書は，かなりわかりやすいです。
We succeeded in maximizing the profit by cutting expenses.	当社は，経費を削減することで利益を最大化することに成功しました。
We decided to use less paper to minimize costs.	コストを最小限に抑えるために，私たちは使う紙を減らすことにしました。
Ms. White excels in planning new strategies.	ホワイトさんは，新しい戦略の立案に優れています。
The sales have skyrocketed since a popular artist introduced the item.	ある人気アーティストがこの商品を紹介して以来，その売上が急増しています。
Now that the tourist season is over, the town is quiet.	今や観光シーズンが終わったから，この町は静かです。

Level 1

Level 2

Level 3

Level 4

Level 5

1385	**owing to** [óuiŋ tə]	フレーズ ～の理由で
1386	**as a token of** [əz ə tóukən əv]	フレーズ ～の印として
1387	**on account of** [ɑn əkáunt əv]	フレーズ ～の理由で
1388	**thus** [ðʌ́s]	副 したがって，このように

許可・禁止

1389	**permit** [pərmít]	動 ～に…を許可する
1390	**permission** [pərmíʃən]	名 許可，承認
1391	**admit** [ədmít]	動 ～が入ることを許す，～を認める，～を受け入れる allow ～を許す
1392	**prohibit** [prouhíbət]	動 ～を禁止する
1393	**forbid** [fərbíd]	動 ～に禁止する
1394	**refrain from** [rifréin frəm]	フレーズ ～を控える，～を遠慮する

290

The baseball game was canceled owing to the heavy rain.	その野球の試合は，大雨が理由で中止されました。
Volunteers were given free meals as a token of our appreciation.	ボランティアの人たちには，私たちの感謝の印として無料の食事が提供されました。
We will double the production on account of high demand.	需要が高いという理由で，私たちは生産量を倍にする予定です。
The flight was delayed due to the storm. Thus I missed my connecting flight.	嵐のためにその航空便が遅れました。したがって，私は乗り継ぎ便に乗り遅れました。
All members are permitted to use all the machines in the fitness club.	すべての会員は，このフィットネスクラブのすべてのマシンを使うことを許可されています。
Before starting the project, we need to obtain permission from the government.	そのプロジェクトを開始する前に，政府から許可を得る必要があります。
Children under 12 are admitted to the museum free of charge.	12歳未満のお子様は，この美術館に無料で入場できます。
Smoking is strictly prohibited in all areas in the building.	喫煙は，この建物内のすべての場所で厳しく禁止されています。
We forbid anyone from copying materials without permission.	ここでは，誰であっても許可なく資料をコピーすることを禁止しています。
The audience was asked to refrain from eating during the play.	観客は，演劇の最中にものを食べることを控えるよう求められました。

1395	☐☐	**forgive** [fərgív]	動 ~を許す

分類

1396	☐☐	**evenly** [í:vənli]	副 均等に
1397	☐☐	**apart from** [əpá:rt frəm]	フレーズ ~は別として
1398	☐☐	**aside from** [əsáid frəm]	フレーズ ~のほか, ~に加えて

同意・反対

1399	☐☐	**reject** [ridʒékt]	動 ~を拒絶する ⇨ 名 rejection 拒絶
1400	☐☐	**turn down** [tá:rn dáun]	フレーズ ~を断る reject ~を拒絶する, refuse ~を拒否する
1401	☐☐	**refusal** [rifjú:zəl]	名 拒否 ⇨ 動 refuse ~を拒否する
1402	☐☐	**object to** [əbdʒékt tə]	フレーズ ~に反対する
1403	☐☐	**agreeable** [əgrí(:)əbəl]	形 同意している, 気持ちのよい ➡ agreeable weather よい天気

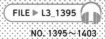
The manager forgave the new employees for making a few mistakes at work.	部長は，新入社員たちが仕事で少しのミスを犯したことを許しました。

The microwave oven spreads heat evenly.	その電子レンジは，熱を均等に広げます。
Apart from new items, all merchandise is 50% off.	新しい商品は別として，すべての商品は50パーセントの値引きです。
Aside from specialty coffee, we provide organic tea.	当店は，スペシャルティー・コーヒーのほかにオーガニック・ティーを提供しています。

You shouldn't reject such a great job offer.	あなたは，そのような素晴らしい仕事の申し出を拒絶するべきではありません。
Mr. White turned down the promotion because he did not want to relocate.	ホワイト氏は転勤したくなかったので，昇進を断りました。
Unclear explanations may lead to the refusal of the proposal.	不明瞭な説明は，その提案の拒否につながる可能性があります。
Some people object to building a mall in their quiet residential area.	自分たちの静かな住宅地にショッピングセンターを建設することに反対する人たちもいます。
The board of directors is agreeable to the proposal.	取締役会はその提案に同意しています。

Level 1
Level 2
Level 3
Level 4
Level 5

| 1404 | **persuade**
[pərswéid] | 動 ～を説得する
⇨ 名 pursuasion 説得 |
| 1405 | **persuasive**
[pərswéisiv] | 形 説得力のある |

思考・判断

1406	**determine** [ditə́:rmin]	動 ～と決心 [決定] する decide ～を決める
1407	**finalize** [fáinəlàiz]	動 ～を確定する，～を終える finish ～を終える，complete ～を完成 させる ⇨ 形 final 最後の
1408	**conclude** [kənklú:d]	動 ～を終える，～だと結論を下す finish ～を終える
1409	**put ～ on hold** [pút ɑn hóuld]	フレーズ ～を保留にする
1410	**under consideration** [ʌ̀ndər kənsìdəréiʃən]	フレーズ 検討中で
1411	**visualize** [víʒuəlàiz]	動 ～を視覚化する，～を思い浮か べる ⇨ 形 visual 視覚の
1412	**tend to *do*** [ténd tə dú:]	フレーズ ～する傾向がある， ～しがちである
1413	**convinced** [kənvínst]	形 確信して

I persuaded the board of directors to introduce flexible work hours.	私は，フレックスタイム制を導入するよう取締役会を説得しました。
To win the contract, we need a persuasive explanation.	その契約を獲得するには，私たちは説得力のある説明が必要です。
Jeff determined that he would apply for the management position.	ジェフはその管理職に応募しようと決心しました。
I have to finalize the plan by the end of the week.	私は，週の終わりまでにその計画を確定する必要があります。
Before concluding the meeting, I have an announcement to make.	会議を終える前に，発表することがあります。
We put the plan on hold because of lack of funds.	資金不足のため，私たちはその計画を保留にしました。
The proposal is now under consideration by the managers.	その提案は現在，幹部によって検討中です。
Visualizing our ideas is a good way to put together our thoughts.	自分のアイデアを視覚化することは，考えをまとめるよい方法です。
Andy tends to talk faster when he makes a presentation.	アンディは，プレゼンテーションを行うとき，早口になる傾向がある。
I am convinced that the sales will increase soon.	私は，売上がすぐに増加すると確信しています。

295

1414	☐☐	**conscious** [kάnʃəs]	形 意識している
1415	☐☐	**consistent** [kənsístənt]	形 不変の, 一貫した ⇨ 名 consistency 一貫性
1416	☐☐	**consistency** [kənsístənsi]	名 一貫性 ⇨ 形 consistent 不変の, 一貫した
1417	☐☐	**suspicious** [səspíʃəs]	形 不審な, 疑わしい
1418	☐☐	**preference** [préfərəns]	名 好み ⇨ 動 prefer ～のほうを好む
1419	☐☐	**attitude** [ǽtitjùːd]	名 態度

時・時間

1420	☐☐	**once** [wʌ́ns]	接 ～したらすぐ 副 一度, かつて as soon as ～するとすぐに, soon after ～のあとですぐ
1421	☐☐	**at once** [æt wʌ́ns]	フレーズ すぐに immediately すぐに, right away ただちに
1422	☐☐	**upon** [əpάn]	前 ～のときに ➡ upon request 要求があったときに
1423	☐☐	**punctual** [pʌ́ŋktʃuəl]	形 時間を守る on time 時間通りに, as scheduled 予定どおりに

Instructors in the fitness center are all conscious of good health.	そのフィットネスセンターのインストラクターはみな，健康を意識しています。
To be a successful businessperson, you need consistent effort.	成功する事業家となるには，あなたには一貫した努力が必要です。
The proposal was not approved because of the lack of consistency.	一貫性を欠いていたため，その提案は承認されませんでした。
If you find a suspicious item, please inform the train staff.	不審な物を見つけた場合は，列車の乗務員にお知らせください。
Do you have any color preference for the new carpet?	お客様は，新しいカーペットに色の好みはございますか。
Kevin's attitude to our customers is very polite.	私たちの顧客に対するケビンの態度は，とてもていねいです。
Once we receive your payment, we will ship your order.	当社がお客様のお支払いを受け取ったらすぐに，ご注文品を発送いたします。
Please send the replacement parts to the customer at once.	交換部品はすぐにその顧客に送ってください。
You can pick up the mail at the counter upon your arrival.	あなたは，到着時にカウンターで郵便物を受け取ることができます。
You have to be punctual for meetings.	あなたは，会議の時間を守らなければなりません。

1424	☐ ☐	**ongoing** [ángòuiŋ]	形 継続中の
1425	☐ ☐	**seasonal** [síːzənəl]	形 季節の，季節ごとの
1426	☐ ☐	**occasion** [əkéiʒən]	名 行事，機会 time 時
1427	☐ ☐	**interval** [íntərvəl]	名 休憩時間
1428	☐ ☐	**to date** [tə déit]	フレーズ 現在まで，今のところ
1429	☐ ☐	**time-consuming** [táimkənsjùːmiŋ]	形 時間のかかる
1430	☐ ☐	**formerly** [fɔ́ːrmərli]	副 以前は

感情

1431	☐ ☐	**willing to *do*** [wíliŋ tə dúː]	フレーズ 〜してもかまわない ⇨ 名 willingness 乗り気であること
1432	☐ ☐	**upset** [ʌpsét]	形 動揺して，取り乱して
1433	☐ ☐	**regret to *do*** [rigrét tə dúː]	フレーズ 残念ながら〜する
1434	☐ ☐	**relief** [rilíːf]	名 安心，（苦しいことの）緩和，救済

298

The manager is monitoring progress of the ongoing project.	部長が，その継続中のプロジェクトの進行状況を監視しています。
We send seasonal greeting cards to valued customers.	私たちは，大切なお客様に季節の挨拶状を送っています。
The banquet hall is used only for special occasions.	その宴会場は，特別な行事にのみ使われます。
A ten-minute interval is scheduled between the meetings.	会議と会議の間に 10 分間の休憩時間が予定されています。
At the concert she showed her best performance to date.	そのコンサートで，彼女は今までで最高の演奏を見せました。
Market research is a time-consuming task.	市場調査は時間のかかる仕事です。
Ms. Gordon was formerly known as the president of FAS Airways.	ゴードンさんは，以前は FAS エアウェイズ社の社長として知られていました。
We are willing to refund you for any unused items.	当店は，未使用の商品であれば返金するご用意があります。
I was upset about the news of the merger.	私は，その合併のニュースに動揺しました。
I regret to inform you that the seminar is fully booked.	残念ながら，そのセミナーは予約でいっぱいになったことをお知らせします。
It was a relief to find my passport.	私は，自分のパスポートが見つかって安心しました。

Level 1
Level 2
Level 3
Level 4
Level 5

299

| 1435 ☐☐ | **relieve**
[rilíːv] | 動 (苦痛・悩みなど) を和らげる,
〜を安心させる |

期間・範囲

1436 ☐☐	**long-term** [lɔ(ː)ŋtèːrm]	形 長期的な ⇔ short-term 短期的な
1437 ☐☐	**length** [léŋkθ]	名 長さ ⇒ 形 long 長い
1438 ☐☐	**lengthen** [léŋkθən]	動 〜を延長する, 〜を伸ばす, 〜を長くする
1439 ☐☐	**duration** [djuəréiʃən]	名 期間
1440 ☐☐	**shorten** [ʃɔ́ːrtən]	動 〜を短くする ⇒ 形 short 短い
1441 ☐☐	**permanent** [pə́ːrmənənt]	形 常設の, 永久的な ⇔ temporary 臨時の, 一時的な
1442 ☐☐	**scope** [skóup]	名 範囲, 視界, 領域
1443 ☐☐	**remainder** [riméindər]	名 残り (物) ⇒ 動 remain 〜のままである, 残る

逆接

| 1444 ☐☐ | **on the contrary**
[ɑn ðə kɑ́ntrèri] | フレーズ それとは逆に, それどころか |

Bill often listens to classical music to relieve stress.	ビルは，ストレスを和らげるためにクラシック音楽をよく聴きます。
Our long-term goal is to open some overseas branches.	私たちの長期的な目標は，いくつかの海外支店を開設することです。
The bonus will be decided based on length of service.	ボーナスは，勤続期間の長さに基づいて決定されます。
The restaurant lengthens its business hours during the holiday season.	そのレストランは，休暇シーズン中は営業時間を延長します。
Visitors will be asked about the duration of their stay.	訪問者は，滞在期間について質問されることになっています。
The company shortened its work hours to 30 hours a week.	その会社は，勤務時間を週 30 時間に短くしました。
The museum's permanent exhibitions include paintings by French artists.	その美術館の常設展示品には，フランス人芸術家による絵画も含まれています。
Newport Insurance expanded the scope of their business.	ニューポート・インシュアランスは，事業範囲を拡大しました。
The library will be closed for the remainder of the week.	その図書館は，週の残り（の期間）は閉鎖されます。
The sales were not bad. On the contrary, they were the highest in years.	売上は悪くありませんでした。それとは逆に，それはここ数年で最高でした。

Level 1
Level 2
Level 3
Level 4
Level 5

1445 ☐☐	**regardless of** [rigá:rdlis əv]	フレーズ ～とは関係なく

相違

1446 ☐☐	**similarity** [sìməlǽriti]	名 類似(点), 似ていること ⇨ 形 similar 似ている, 同じような
1447 ☐☐	**have ~ in common** [hǽv]　[in kámən]	フレーズ ～を共通に持つ
1448 ☐☐	**vary** [véəri]	動 異なる, 変わる ⇨ 形 various さまざまな ⇨ 名 variety 多様, 種類
1449 ☐☐	**alike** [əláik]	副 同じように 形 似ている

理解

1450 ☐☐	**figure out** [fígjər áut]	フレーズ ～を理解する, (答え)を 見つけ出す
1451 ☐☐	**keep in mind** [kí:p in máind]	フレーズ ～を覚えておく, ～を肝 に銘じる
1452 ☐☐	**patience** [péiʃəns]	名 忍耐, 我慢 ⇨ 形 patient 忍耐強い

達成・結果

1453 ☐☐	**outcome** [áutkλm]	名 結果

Regardless of the weather, the event will be held as scheduled.	天候とは関係なく，そのイベントは予定どおり開催されます。

Level 1

We should check the differences and similarities between the two candidates.	私たちは，その2人の候補者の相違点と類似点を確認する必要があります。
The two companies have much in common.	その2社は，多くの共通点を持っています。
The delivery charge varies according to package size and distance.	配送料は，小包の大きさと（配達の）距離によって異なります。
This seminar is useful for beginners and experts alike.	このセミナーは，初心者にも専門家にも同じように役立ちます。

Level 2

We cannot figure out the reason for the decline in sales.	私たちには，売上の減少の理由を理解することができません。
Please keep in mind that the deadline for submission is this Friday.	その提出期限が今週の金曜日であることを覚えておいてください。
Thank you for your patience and understanding.	お客様のご辛抱とご理解に感謝いたします。

Level 3 Level 4

The outcome of our discussion is all written in the report.	私たちの議論の結果は，すべて報告書に記載されています。

Level 5

1454 ☐☐	**accomplish** [əkámpliʃ]	動 ～を成し遂げる ⇨ 名 accomplishment 成就
1455 ☐☐	**fulfill** [fulfíl]	動 ～（要求など）を満たす
1456 ☐☐	**praise** [préiz]	動 ～をほめる
1457 ☐☐	**eventually** [ivéntʃuəli]	副 ついに，最終的に，結局は
1458 ☐☐	**end up** [énd ʌp]	フレーズ 結局～になる
1459 ☐☐	**turn out to be** [tə̀:rn áut tə bi]	フレーズ （結局）～であることがわかる

問題・原因

1460 ☐☐	**dissatisfied** [dissǽtisfàid]	形 不満がある ⇔ satisfied 満足した
1461 ☐☐	**inefficient** [ìnifíʃənt]	形 効率の悪い ⇔ efficient 効率的な ⇨ 名 inefficiency 非効率
1462 ☐☐	**suffer** [sʌ́fər]	動 苦労する，苦しむ
1463 ☐☐	**worsen** [wə́:rsən]	動 悪化する ⇨ 形 worse より悪い

David Cole accomplished his mission in the end.	デイビッド・コールは，ついに自分の使命を成し遂げました。
We increased our production speed to fulfill customer needs.	当社は，顧客のニーズを満たすために生産のペースを上げました。
Stephen Lee was praised for his achievement.	スティーブン・リーは，その功績を称賛されました。
Researchers at TEC Co. eventually developed a new product.	TEC 社の研究者たちは，ついに新製品を開発しました。
Our sales team ended up winning the contract.	当社の営業チームは結局，契約を獲得することになりました。
The project turned out to be a great success.	そのプロジェクトは，大成功であることがわかりました。
If you are dissatisfied with the product, you can return it within 14 days.	その製品にご不満がある場合は，14 日以内ならば返品することができます。
The computer is old and inefficient.	そのコンピューターは古くて効率が悪いです。
We are suffering from a heavy workload and lack of staff.	私たちは，多すぎる仕事の量とスタッフ不足に苦労しています。
Most of the sporting events were canceled because the weather worsened.	天候が悪化したため，ほとんどのスポーツ行事は中止になりました。

1464	**misplace** [mispléis]	動 ～を置き間違える
1465	**conflict** [kánflikt]	名 衝突, 対立
1466	**disturb** [distə́:rb]	動 ～を邪魔する, ～を乱す bother ～を悩ませる
1467	**disturbance** [distə́:rbəns]	名 (治安などを) 乱すこと, 妨害
1468	**run short of** [rʌ̀n ʃɔ́:rt əv]	フレーズ ～が足りない
1469	**shortage** [ʃɔ́:rtidʒ]	名 不足
1470	**yet** [jét]	接 それにもかかわらず 副 まだ
1471	**prevent** [privént]	動 ～を防ぐ, (-from doing) ～が …するのを妨げる ⇨ 名 prevention 予防 ⇨ 形 preventive 予防の
1472	**leak** [lí:k]	動 漏れる, (秘密など) を漏らす 名 漏れること, (秘密などの) 漏えい
1473	**stuck** [stʌ́k]	形 身動きができない, 行き詰まった
1474	**scratch** [skrǽtʃ]	名 引っかき傷 動 (つめなどで) (～を) 引っかく

306

I can't find the file, so I may have misplaced it.	私はファイルを見つけられないので，置き間違えた可能性があります。
We have a scheduling conflict on December 1 and need to make new arrangements.	私たちは，12月1日にスケジュールの重なりがあり，新たな調整が必要です。
The noise from the renovation may disturb you.	その改修工事からの騒音が，あなたにご迷惑をかける可能性があります。
The construction work may cause some disturbance.	その建設工事は，何らかの混乱を引き起こす可能性があります。
We are running short of time, so we need to work overtime today.	時間が足りないので，私たちは今日，残業する必要があります。
Due to lack of snow, we may face a water shortage this year.	雪不足のため，私たちは今年，水不足に直面する可能性があります。
The plan has been approved. Yet the launch date has not been finalized.	計画は承認されました。それにもかかわらず，発売日は確定されていません。
Creating a detailed plan will prevent us from going behind schedule.	詳細な計画を立てることが，私たちがスケジュールに遅れがでることを防ぐでしょう。
Water is leaking from the ceiling.	天井から水が漏れています。
I was stuck in traffic and was late for the meeting.	私は交通渋滞で身動きができなくなり，会議に遅れました。
There is a scratch on the side of the car.	その車の側面に1つの引っかき傷があります。

307

1475 ☐☐	**disaster** [dizǽstər]	名 災害
1476 ☐☐	**flood** [flʌ́d]	名 洪水 動 ～を水浸しにする
1477 ☐☐	**go bankrupt** [góu bǽŋkrʌpt]	フレーズ 倒産する

予定

1478 ☐☐	**timeline** [táimlàin]	名 予定 (表), 計画 (表)
1479 ☐☐	**put off** [pùt ɔ́(:)f]	フレーズ ～を延期する postpone ～を延期する

組み合わせ

1480 ☐☐	**suitable** [súːtəbəl]	形 適している, ふさわしい ⇨ 動 suit ～に合う, ～に似合う
1481 ☐☐	**appropriate** [əpróupriət]	形 適切な ⇔ inappropriate 不適切な
1482 ☐☐	**mixture** [míkstʃər]	名 混合物

We use durable building materials to prevent damage from natural disasters.	自然災害からの被害を防ぐため，当社は耐久性のある建材を使用しています。
There was a flood due to heavy rain yesterday.	昨日は，豪雨による洪水がありました。
The new financial officer saved the company from going bankrupt.	その新しい財務担当者が，この会社を倒産することから救いました。
If it takes longer to get approval, we need to change the timeline of production.	承認を得るのにさらに時間がかかる場合は，生産計画を変更する必要があります。
Why don't we put off our meeting until next week?	来週まで会議を延期しませんか。
We are in the middle of selecting a suitable candidate for the position.	私たちは，その職に適した候補者を選択している最中です。
This workshop is appropriate for people who want to learn marketing.	この講習会は，マーケティングを学びたい人にとって適切です。
The office space of a global company is a mixture of cultures.	グローバル企業の職場は，いくつもの文化が混じり合ったところです。

条件

1483	☐☐	**as long as** [əz lɔ́(:)ŋ əz]	フレーズ ～する限りにおいては
1484	☐☐	**as far as** [əz fɑ́:r əz]	フレーズ ～に関する限りは
1485	☐☐	**given that** [gívən ðət]	フレーズ ～を考慮すると
1486	☐☐	**otherwise** [ʌ́ðərwàiz]	副 さもなければ

方法

1487	☐☐	**in a ~ manner** [in ə mǽnər]	フレーズ ～なやり方で，～なふうに
1488	☐☐	**via** [váiə]	前 ～経由で，～を通して by way of ～経由で
1489	☐☐	**usage** [jú:sidʒ]	名 使用（法）

出来事

1490	☐☐	**occur** [əkə́:r]	動 起こる happen 起こる
1491	☐☐	**incident** [ínsidənt]	名 事件，出来事

You can use the facility any time as long as your membership is valid.	会員資格が有効である限りにおいては，あなたはいつでもこの施設を利用することができます。
As far as I know, the movie has English subtitles.	私が知る限りは，その映画は英語字幕がついています。
Given that Mr. Harris has contributed to the company for many years, we should have a retirement party for him.	ハリス氏が長年にわたって会社に貢献してきたことを考慮すると，彼のために退職パーティーを開くべきです。
Come to the airport early. Otherwise, you may miss your flight.	空港に早めに来てください。さもなければ，フライトに乗り遅れるかもしれません。

I will respond to their e-mail in a timely manner.	私は，彼らのEメールにタイミングがよいやり方で返信します。
I'm going to visit London via Hong Kong.	私は，香港経由でロンドンに行きます。
The city officials encourage regular usage of mobile devices.	市の当局者は，モバイル機器の定期的な使用を奨励しています。

Shipment delays sometimes occur on a rainy day.	雨の日には，出荷の遅延が起こることがあります。
Doctors need to take special care to avoid a medical incident.	医者は医療事件を避けるために特別な注意をすることが必要です。

Level 1
Level 2
Level 3
Level 4
Level 5

311

意見・質問

1492	**input** [ínpùt]	名 意見, 感想, 入力 動 (情報など) を入力する opinion 意見
1493	**be delighted to** *do* [bi diláitid tə dú:]	フレーズ 喜んで~する be happy to *do* 喜んで~する
1494	**in reference to** [in réfərəns tə]	フレーズ ~に関して about, regarding ~について, 関して
1495	**with regard to** [wið rigá:rd tə]	フレーズ ~に関して about, regarding ~について, 関して
1496	**favor** [féivər]	名 親切 (な行為), 恩恵
1497	**insist** [insíst]	動 主張する
1498	**intend to** *do* [inténd tə dú:]	フレーズ ~するつもりである
1499	**criticize** [krítəsàiz]	動 ~を批判する

説明

| 1500 | **tutorial** [tju:tɔ́:riəl] | 名 マニュアル, 指導書 |
| 1501 | **instruct** [instrʌ́kt] | 動 ~に指示する, ~に教える |

We highly appreciate your input about our service.	当社のサービスに関するご意見をいただければ，とてもありがたいです。
I am delighted to accept the job offer.	お仕事の申し入れは，喜んで受けさせていただきます。
I am writing in reference to the job advertisement.	私は，その求人広告に関して（メールを）書いています。
With regard to the upcoming seminars, please refer to this brochure.	今後のセミナーに関しては，このパンフレットをご参照ください。
May I ask a favor of you?	あなたに頼みごとをしてよろしいですか。
The research and development team insists on investing more in technology.	研究開発チームは，技術にもっと投資することを主張しています。
We intend to continue investment in technology.	当社は，技術への投資を継続するつもりです。
Readers criticized the article for including incorrect information.	読者は，不正確な情報が含まれているとしてその記事を批判しました。
If you don't know how to use the machine, refer to the tutorial.	その装置の使用方法がわからなければ，マニュアルを参照してください。
The tour guide instructed the participants not to take pictures.	そのツアーガイドは，参加者に写真を撮らないよう指示しました。

313

1502 ☐☐	**illustrate** ⑦ [íləstrèit]	動 ~を説明する，~に図解 [挿絵] を入れる ⇨ 名 illustration　図解
1503 ☐☐	**imply** [implái]	動 ~をほのめかす，~を意味する
1504 ☐☐	**intended** [inténdid]	形 対象の

関わり

1505 ☐☐	**related** [riléitid]	形 関係のある
1506 ☐☐	**relevant** [réləvənt]	形 関係のある
1507 ☐☐	**mutual** [mjú:tʃuəl]	形 相互の，共通の
1508 ☐☐	**independent** [ìndipéndənt]	形 独立した ⇨ 名 independence　独立
1509 ☐☐	**independently** [ìndipéndəntli]	副 独立して
1510 ☐☐	**be engaged in** [bi engéidʒd in]	フレーズ ~に従事する，~に参加 する

数・量

1511 ☐☐	**quite a few** [kwàit ə fjú:]	フレーズ かなりの数の

He illustrated how to use the new system with some examples.	彼は，いくつかの例を使って新しいシステムの使用方法を説明しました。
I couldn't understand what Nina was implying about the result.	私は，ニナがその結果について何をほのめかしていたのか理解できませんでした。
This book's intended audience is young businesspeople.	この本が対象とする読者は，若い実業家です。
Candidates should have a degree in marketing or a related field.	候補者は，マーケティングまたは関連する分野の学位を持っている必要があります。
We try to collect relevant information about customer needs.	当社は，顧客のニーズについての関連情報を収集しようとしています。
Mutual understanding is important for making a good team.	よいチームを作るには，相互理解が重要です。
PQG Consulting is one of the largest independent accounting firms.	PQG コンサルティング社は，独立した会計事務所で最大のものの1つです。
It takes time for new employees to work independently.	新入社員が独り立ちして仕事をするまでには時間がかかります。
Some engineers are engaged in developing a new product.	一部のエンジニアは，新製品の開発に従事しています。
Quite a few people visit the park during the weekend.	週末には，かなりの数の人たちがその公園を訪れます。

Level 1

Level 2

Level 3

Level 4

Level 5

315

1512 ☐☐	**numerous** [njú:mərəs]	形 多数の many 多くの
1513 ☐☐	**plentiful** [pléntifəl]	形 たくさんの a lot of, lots of たくさんの
1514 ☐☐	**be filled with** [bi fíld wið]	フレーズ ～でいっぱいである
1515 ☐☐	**not ... left** [nát] [léft]	フレーズ 残っていない
1516 ☐☐	**portion** [pɔ́:rʃən]	名 部分

性質

1517 ☐☐	**sensitive** [sénsətiv]	形 敏感な，繊細な
1518 ☐☐	**typically** [típikəli]	副 通例で，典型的に
1519 ☐☐	**fragile** [frǽdʒəl]	形 壊れやすい
1520 ☐☐	**genuine** [dʒénjuin]	形 本物の true 本物の

頻度

| 1521 ☐☐ | **periodic**
[pìəriádik] | 形 定期的な
⇨ 名 period 期間 |

The historic area attracts numerous visitors from all over the world.	その歴史地区は，世界中から多数の来訪者を引きつけています。
The doctor advised me to drink plentiful quantities of water every day.	その医者は，私に毎日たくさんの量の水を飲むように勧めました。
The storage room is filled with boxes of office supplies.	保管室は，事務用品の箱でいっぱいです。
Unfortunately, we do not have any tickets left for the Friday show.	残念ながら，金曜日のショーのチケットは残っていません。
A large portion of our profits come from overseas sales.	当社の利益の大部分は，海外での売上に由来します。
Some animals are more sensitive to heat than humans.	いくつかの動物は，人間よりも熱に敏感です。
The number of visitors typically increases in August.	訪問者数は通常は 8 月に増加します。
Please take special care when you carry fragile items.	壊れやすいものを運ぶときは，特に注意してください。
Genuine leather is used for all the bags in the shop.	当店のすべてのバッグには，本物の革が使われています。
Periodic inspections are carried out to make sure all the equipment functions properly.	すべての装置が適切に作動することを確認するために，定期的な検査が実施されます。

1522	☐☐	**periodically** [pìəriɑ́dikəli]	副 定期的に

1523	☐☐	**occasionally** [əkéiʒənəli]	副 たまに, ときどき sometimes ときどき

1524	☐☐	**from time to time** [frəm táim tə táim]	フレーズ ときどき sometimes ときどき

1525	☐☐	**repetition** [rèpətíʃən]	名 反復, 繰り返すこと ⇨ 動 repeat ～を繰り返す ⇨ 形 repetitive 繰り返しの

改善・向上

1526	☐☐	**adjust** [ədʒʌ́st]	動 ～を調節する

1527	☐☐	**adjustment** [ədʒʌ́stmənt]	名 調整

1528	☐☐	**room** [rúːm]	名 余地, 可能性

1529	☐☐	**modernize** [mɑ́dərnàiz]	動 ～を最新式にする, ～を近代化する ⇨ 形 modern 現代的な

1530	☐☐	**strengthen** [stréŋkθən]	動 ～を強化する ⇨ 形 strong 強い ⇨ 名 strength 強さ, 強度

1531	☐☐	**alter** [ɔ́ːltər]	動 ～を変更する change ～を変更する

The company newsletter on our Website is updated periodically.	当社のウェブサイト上の社報は，定期的に更新されます。
Our meetings are usually on Wednesdays, but are occasionally held on Tuesdays.	私たちの会議はふだん水曜日に開かれますが，たまに火曜日に開かれることもあります。
Here is our current menu, but it changes from time to time.	ここに現在のメニューがありますが，ときどき変わります。
We learn best through repetition and practice.	私たちは，反復と練習を通して最もよく学習します。

You have to adjust the equipment when you set it up.	あなたは機器を設置するときに，それを調節する必要があります。
This monitor seems to need color adjustment.	このモニターは，色彩調整が必要なようです。
There is still some room for improvement.	まだいくらか改善の余地があります。
Maxim Hotel modernized all the guest rooms last month.	マキシムホテルは先月，すべての客室を最新式にしました。
We need to strengthen our relationships with clients.	私たちは，顧客との関係を強化する必要があります。
We altered the sales approach to attract new customers.	私たちは新しい顧客を引き付けるために，販売手法を変更しました。

Level 1
Level 2
Level 3
Level 4
Level 5

ポジティブ

1532 ☐☐	**pleasant** [plézənt]	形 快適な，心地よい，楽しい
1533 ☐☐	**sufficient** [səfíʃənt]	形 十分な ⇔ insufficient 不十分な ⇨ 副 sufficiently 十分に
1534 ☐☐	**well-known** [wélnóun]	形 よく知られた，有名な famous 有名な
1535 ☐☐	**well-organized** [wél ɔ́:rɡənàizd]	形 よくまとまった
1536 ☐☐	**favorable** [féivərəbəl]	形 好意的な，適した good よい
1537 ☐☐	**preferable** [préfərəbəl]	形 望ましい，好ましい ⇨ 動 prefer 〜のほうを好む ⇨ 名 preference 好み
1538 ☐☐	**fascinated** [fǽsənèitid]	形 魅了された
1539 ☐☐	**fascinating** [fǽsənèitiŋ]	形 魅力的な
1540 ☐☐	**delightful** [diláitfəl]	形 うれしい，喜びを与えてくれる nice, good 楽しい，うれしい
1541 ☐☐	**courteous** [kə́:rtiəs]	形 礼儀正しい，丁寧な ⇨ 名 courtesy 丁寧さ，礼儀正しさ
1542 ☐☐	**exceptional** [iksépʃənəl]	形 非常に優れた，例外的な excellent 素晴らしい ⇨ 名 exception 例外

We hope you had a pleasant flight with Park Airlines.	パーク・エアラインズで，快適なフライトをお楽しみいただけたかと存じます。
We have a sufficient budget to develop a new product.	私たちには，新製品を開発するのに十分な予算があります。
Oscar's Pizza is well-known to local people in Seattle.	オスカーズ・ピザは，シアトルの地元の人たちによく知られています。
The director's speech was well-organized and impressive.	その重役のスピーチは，よくまとまっていて感動的でした。
The street market was crowded due to the favorable weather.	ストリートマーケットは，よい天気のために混雑していました。
E-mail is convenient, but phone calls are preferable in some cases.	E メールは便利ですが，場合によっては電話のほうが望ましいことがあります。
The audience was fascinated by the actor's performance.	観客はその俳優の演技に魅了されました。
This fascinating story will be made into a movie.	この魅力的な物語は映画化されるでしょう。
I had a delightful experience during my trip to South Africa.	南アフリカを旅行中，私はうれしい経験をしました。
Courteous staff greeted every single guest upon arrival at the hotel.	一人一人の宿泊客がホテルに到着するたびに，礼儀正しいスタッフが出迎えました。
We have a reputation for exceptional service by our experienced staff.	当社は，経験豊富なスタッフによる非常に優れたサービスで定評があります。

Level 1
Level 2
Level 3
Level 4
Level 5

1543	**beneficial** [bènəfíʃəl]	形 有益な, ためになる ⇨ 名 benefit 利益, 恩恵
1544	**extraordinary** [ikstrɔ́:rdənèri]	形 並外れた, すばらしい outstanding 卓越した ⇔ ordinary 普通の
1545	**superior** [supíəriər]	形 優れた 名 上司
1546	**rewarding** [riwɔ́:rdiŋ]	形 やりがいのある, 報いのある
1547	**enthusiastic** [enθjù:ziǽstik]	形 熱意のある, 熱狂的な ⇨ 名 enthusiasm 熱意, 熱中

対処・対応

1548	**keep up with** [kí:p ʌ́p wiθ]	フレーズ ～に遅れずについていく
1549	**deal with** [dí:l wiθ]	フレーズ ～に対応する, ～に取り組む, ～と取引する
1550	**cope with** [kóup wiθ]	フレーズ (困難や問題など) に対処する
1551	**make up for** [mèik ʌ́p fər]	フレーズ ～を埋め合わせる
1552	**attempt** [ətémpt]	動 ～を試みる 名 試み try (～を) 試みる

This guidebook contains beneficial information for traveling in Japan.	このガイドブックには，日本を旅行するのに有益な情報が含まれています。
Jane has extraordinary ability in analyzing data.	ジェーンは，データを分析する上で並外れた能力があります。
This printer is superior to any other model on the market.	このプリンターは，市場にあるほかのどの機種よりも優れています。
Gold Finance offers rewarding careers to successful job applicants.	ゴールド・ファイナンス社は，合格した応募者にやりがいのある仕事を提供しています。
Only enthusiastic applicants went on to the second interview.	熱意のある応募者だけが，2回目の面接に進みました。
We cannot keep up with demand because of a significant increase in popularity.	人気の大幅な高まりのせいで，私たちは需要に遅れずについていくことができません。
We need to deal with the system trouble right away.	私たちは，今すぐシステムのトラブルに対応する必要があります。
The manager told us to cope with the user's negative feedback.	部長は私たちに，ユーザーからの否定的な意見に対処するように指示しました。
We will give you a 20% discount to make up for the delay.	遅れを埋め合わせるために，当社はお客様に20パーセントの割引を提供します。
BNT Co. will attempt to enter a foreign market.	BNT社は，外国市場に参入することを試みるでしょう。

Level 1

Level 2

Level 3

Level 4

Level 5

323

1553	☐☐	**address** [ədrés]	動 ~に対処する，~に演説する， 　　~に宛名を書く
1554	☐☐	**resist** [rizíst]	動 ~に抵抗する，~に反抗する ⇨ 名 resistance　抵抗
1555	☐☐	**struggle** [strʌ́gəl]	動 苦労する，もがく，奮闘する
1556	☐☐	**await** [əwéit]	動 ~を待つ
1557	☐☐	**at a glance** [ət ə glǽns]	フレーズ 一目で

状況・状態

1558	☐☐	**secure** [sikjúər]	形 安全な，安心の，固定された 動 ~を固定する
1559	☐☐	**securely** [sikjúərli]	副 安全に，しっかりと
1560	☐☐	**neat** [níːt]	形 きちんとした
1561	☐☐	**in place** [in pléis]	フレーズ 準備が整って
1562	☐☐	**no longer** [nòu lɔ́(ː)ŋɡər]	フレーズ もはや~でない

The government is trying to address the unemployment problem.	政府は失業問題に対処しようとしている。
A technology expert addressed the audience at the convention.	技術の専門家が，その会議で聴衆に演説をしました。
You cannot resist the attraction of the smell from Coast Donut.	あなたは，コースト・ドーノ\nの香りの魅力に抵抗することはできません。
The fitness club is struggling to get new members.	そのフィットネスクラブは，新しい会員を獲得するのに苦労しています。
The research team is awaiting a decision from the management.	その研究チームは，経営陣からの決定を待っています。
I understood the current situation at a glance.	私は，現在の状況を一目で理解しました。

We create secure Web sites to protect personal information.	当社は，個人情報を保護するために安全なウェブサイトを作成します。
A bicycle is secured to the post.	自転車はポールに固定されています。
Files must be stored securely in the cabinet.	ファイルは，そのキャビネットに安全に保管しなければなりません。
Employees are asked to keep the office neat and clean.	社員は，オフィスをきちんと清潔に保つことを求められています。
Everything is in place for our event.	私たちのイベントに向けてすべて準備が整っています。
That old TV model is no longer available.	その古い型のテレビは，もはや入手できません。

Level 1
Level 2
Level 3
Level 4
Level 5

325

1563 ☐☐	**be free from** [bi frí: frəm]	フレーズ ~がない，~を免除され ている
1564 ☐☐	**be tied up** [bi táid ʌ́p]	フレーズ 身動きがとれない be busy 忙しい
1565 ☐☐	**obvious** [ábviəs]	形 明らかな clear 明らかな
1566 ☐☐	**reverse** [rivə́:rs]	形 逆の opposite 逆の
1567 ☐☐	**novice** [návəs]	名 初心者 ⇔ experienced person 経験者
1568 ☐☐	**strength** [stréŋkθ]	名 強さ，強度 ⇨ 形 strong 強い ⇨ 動 strengthen ~を強化する

注目・注意

1569 ☐☐	**cautious** [kɔ́:ʃəs]	形 用心深い，慎重な ⇨ 名 caution 注意，警告
1570 ☐☐	**bring ~ to one's attention** [bríŋ tə wʌ́nz əténʃən]	フレーズ （人の）注意を~に向けさ せる，（人）に~を気づか せる
1571 ☐☐	**be aware of** [bi əwéər əv]	フレーズ ~に気づいている，~を 知っている
1572 ☐☐	**appealing** [əpí:liŋ]	形 魅力的な，訴えるような attractive 魅力的な

326

Our team reached its goals and is now free from pressure.	私たちのチームは目標を達成し，今はプレッシャーがありません。
All of our team members are tied up with work.	私たちのチームのメンバー全員が仕事で身動きがとれません。
It is obvious that Jane will win the prize at the contest.	ジェーンがそのコンテストで賞を取ることは明らかです。
We got the reverse results of what we were expecting.	私たちは，期待していたものとは逆の結果を得ました。
This workshop is intended for novice writers.	この講習会は，初心者の書き手を対象としています。
The strength of the management team is the key to our success.	経営陣の強さが，当社の成功の鍵です。
You should be cautious about protecting your skin during the hike.	ハイキング中は，肌を保護することに用心深い必要があります。
Thank you for bringing this matter to our attention.	この件を当社に知らせていただき，ありがとうございます。
We are aware of the problem with our product.	私たちは，自社の製品のその問題に気づいています。
The poster of the workshop was appealing to many patrons of the library.	その研修会のポスターは，その図書館の多くの利用者にとって魅力的でした。

視点

1573	☐☐	**aspect** [ǽspekt]	名 側面
1574	☐☐	**in terms of** [in tə́:rmz əv]	フレーズ ～の観点からして
1575	☐☐	**in light of** [in láit əv]	フレーズ ～を考慮して，～の視点から

目標・希望・展望

1576	☐☐	**predict** [pridíkt]	動 ～を予想する，～を予言する ⇨ 名 prediction 予想，予言
1577	☐☐	**anticipate** [æntísəpèit]	動 ～を予想する expect ～を期待する ⇨ 名 anticipation 予想
1578	☐☐	**outlook** [áutlùk]	名 展望，見通し，見込み
1579	☐☐	**promising** [práməsiŋ]	形 前途有望な，見込みのある
1580	☐☐	**be eager to** *do* [bi í:gər tə dú:]	フレーズ ～したいと熱望する
1581	☐☐	**unexpected** [ʌ̀nikspéktid]	形 予期しない，思いがけない ⇔ expected 予期された
1582	☐☐	**aim** [éim]	動 （～を）目標とする 名 目標，ねらい

We should consider various aspects of our sales campaign.	私たちは，自分たちの販売キャンペーンのさまざまな側面を考慮する必要があります。
Green Consulting Co. is the best company in terms of quality.	グリーン・コンサルティング社は，品質の観点からすると最高の会社です。
In light of his experience, Mr. White is the most qualified person.	彼の経験を考慮すると，ホワイト氏は最も資格要件を満たした人物です。

The CEO predicts our recovery for the next quarter.	CEO は，次の四半期において当社の復調を予想しています。
Some industry experts anticipate growth in tourism.	何人かの業界専門家は，観光業の成長を予想しています。
Our industry has a bright outlook for the future.	私たちの業界には，将来への明るい展望があります。
Ms. Chen was the most promising candidate, so we hired her.	チェンさんは最も有望な候補者だったので，私たちは彼女を雇いました。
The new employees are eager to receive training at the headquarters.	その新入社員たちは，本社でトレーニングを受けたいと熱望しています。
We were surprised by the unexpected results of the survey.	私たちは，予期しない調査結果に驚きました。
This course aims at obtaining basic skills to make attractive presentations.	この講座は，魅力的なプレゼンテーションを行うための基本スキルを習得することを目標としています。

329

| 1583 ☐☐ | **objective**
[əbdʒéktiv] | 名 目的
purpose 目的 |

重要・必要

1584 ☐☐	**crucial** [krúːʃəl]	形 非常に重要な important 重要な
1585 ☐☐	**highlight** [háilàit]	動 ～を強調する, ～を目立たせる 名 ハイライト stress ～を強調する
1586 ☐☐	**inevitable** [inévətəbəl]	形 避けられない, 必然的な unavoidable 不可避の
1587 ☐☐	**absolute** [ǽbsəlùːt]	形 絶対的な

正確・不正確

1588 ☐☐	**accurate** [ǽkjərət]	形 正確な ⇔ inaccurate 不正確な
1589 ☐☐	**accuracy** [ǽkjərəsi]	名 正確さ, 精度 ⇔ inaccuracy 間違い, 不正確さ
1590 ☐☐	**inaccurate** [inǽkjərət]	形 不正確な, 誤った ⇔ accurate 正確な
1591 ☐☐	**inaccuracy** [inǽkjərəsi]	名 間違い, 不正確さ ⇔ accuracy 正確さ, 精度
1592 ☐☐	**exact** [igzǽkt]	形 正確な

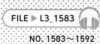
The objective of this course is to understand rights and permissions.	この講座の目的は，権利と許諾について理解することです。
Communication is crucial to maintain good relationships with clients.	顧客との良好な関係を保つには，コミュニケーションが非常に重要です。
I would like to highlight the importance of education.	私は，教育の重要性を強調したいと思います。
It is inevitable that the sales of our products will decrease.	当社製品の売上が減少することは避けられません。
A password is an absolute necessity when using a company computer.	会社のコンピューターを使う場合，パスワードは絶対的な必要事項です。
We need accurate data to analyze the market.	市場を分析するには，正確なデータが必要です。
As an accountant, you should do your job with accuracy.	会計士として，あなたは正確さをもって仕事をするべきです。
We cannot trust the report because it includes inaccurate information.	そのレポートは不正確な情報を含んでいるため，私たちはそれを信頼できません。
There are some inaccuracies in the article in today's newspaper.	今日の新聞の記事には，いくつかの間違いがあります。
The exact number of seats is shown on the theater's Web site.	正確な座席数は，その劇場のウェブサイトに表示されています。

Level 1
Level 2
Level 3
Level 4
Level 5

| 1593 | **uncertain** [ʌnsə́:rtən] | 形 不確実な, はっきりしない ⇔ certain 確信して, 確かな |
| 1594 | **indeed** [indí:d] | 副 確かに clearly 明らかに truly 本当に |

選択

1595	**vote** [vóut]	動 投票する 名 投票
1596	**election** [ilékʃən]	名 選挙, 投票 ⇨ 動 elect ～を選ぶ
1597	**alternate** [ɑ́:ltərnət]	形 代わりの, 交互の

開始・終了

1598	**initiate** [iníʃièit]	動 ～を始める start, begin ～を始める
1599	**suspend** [səspénd]	動 ～を一時中止する stop temporarily 一時的に中止する
1600	**terminate** [tə́:rmənèit]	動 ～を終わらせる, 終わる end ～を終わらせる

挨拶

| 1601 | **greet** [grí:t] | 動 ～にあいさつする |

| We need to survive in an uncertain business environment. | 私たちは，不確実なビジネス環境の中で生き残る必要があります。 |
| Mr. Collins is indeed an experienced chef in the hotel. | コリンズ氏は，確かにそのホテルの経験豊富なシェフです。 |

Level 1

Please take a few minutes to vote for your favorite movie.	少し時間を割いて，あなたのお気に入りの映画に投票してください。
The election for a mayor will take place with five candidates.	市長選挙は，5 人の候補者で行われます。
If you don't like the black computer, the alternate choice is the white one.	その黒いコンピューターが気に入らない場合は，それに代わる選択は白いコンピューターです。

Level 2

Level 3

The two companies will initiate a merger talk next week.	両社は来週，合併協議を始める予定です。
Green Railway suspended operations due to heavy rain.	大雨のため，グリーン鉄道は運行を一時中止しました。
You can terminate the contract after one month.	あなたは 1 カ月後にその契約を終わらせることができます。

Level 4

| Please greet customers with a smile. | 笑顔でお客様にあいさつをしてください。 |

Level 5

333

1602	☐☐	**wave** [wéiv]	動 手を振る

1603	☐☐	**farewell** [fèərwél]	名 別れ (の言葉)

追加

1604	☐☐	**furthermore** [fə́:rðərmɔ̀:r]	副 その上，さらに moreover さらに

1605	☐☐	**besides** [bisáidz]	前 ～以外に，～に加えて

1606	☐☐	**supplement** 名[sʌ́pləmənt] 動[sʌ́pləmènt]	名 補足するもの 動 ～を補足する

解決

1607	☐☐	**resolve** [rizálv]	動 ～を解決する solve ～を解決する ⇨ 名 resolution 解決

1608	☐☐	**manage to** *do* [mǽnidʒ tə dúː]	動 なんとか～する

1609	☐☐	**consult** [kənsʌ́lt]	動 (～と) 相談する，～を調べる ➡ consult with the manual マニュア ルを参考にする

新旧

1610	☐☐	**cutting-edge** [kʌ́tiŋèdʒ]	形 最先端の latest 最新の state-of-the-art 最新式の

We **waved** to each other in the lobby.	私たちはロビーでお互いに手を振りました。
Ms. Fernandez said a **farewell** at the retirement party.	フェルナンデスさんは，退職パーティーで別れの言葉を言いました。
The food was excellent. **Furthermore**, the server was friendly.	料理は素晴らしかったです。その上，給仕係は好意的でした。
Besides English, what other languages do you speak?	英語以外に，あなたはどの言語を話せますか。
The app is a study **supplement** for the online courses.	このアプリは，オンラインコースの学習を補足するものです。
We need to respond quickly to **resolve** the problems.	問題を解決するには，迅速に対応する必要があります。
I **managed to** meet the deadline.	私はなんとか締め切りに間に合わせました。
Please **consult** with the manager if you are in trouble.	困ったときは，部長に相談してください。
Cutting-edge technology is used to make this laptop computer.	このノートパソコンの製造には，最先端の技術が使われています。

Level 1

Level 2

Level 3

Level 4

Level 5

| 1611 | ☐☐ | **antique** [æntí:k] | 形 アンティークの, 古風な
名 骨董品 |
| 1612 | ☐☐ | **secondhand** [sékəndhænd] | 形 中古の |

種類

1613	☐☐	**diversity** [dəvə́:rsiti]	名 多様性 ⇨ 動 diversify ～を多様化する
1614	☐☐	**diverse** [dəvə́:rs]	形 多様な various さまざまな
1615	☐☐	**ordinary** [ɔ́:rdənèri]	形 普通の average 平均的な ⇔ extraordinary 並外れた

所有

1616	☐☐	**ownership** [óunərʃìp]	名 所有権, 所有者であること
1617	☐☐	**possession** [pəzéʃən]	名 所有 (物)
1618	☐☐	**possess** [pəzés]	動 ～を所有する have ～を持っている

利点・価値

| 1619 | ☐☐ | **practical** [prǽktikəl] | 形 実用的な, 実際的な |

| The shop specializes in selling antique furniture from Europe. | その店は，ヨーロッパのアンティーク家具の販売を専門にしています。 |
| I like to buy secondhand books because they are cheap. | 私が古本を買いたいと思うのは，安いからです。 |

To work globally, companies should accept cultural diversity.	グローバルに活動するには，企業は文化的多様性を受け入れる必要があります。
Diverse experience and knowledge will help you succeed in your career.	多様な経験と知識は，あなたが仕事で成功することに役立つでしょう。
We should know what ordinary people think of our products.	私たちは，普通の人たちが当社の製品をどう思っているか知るべきです。

The ownership of the building has recently been changed.	その建物の所有権は最近変更されました。
Some properties near the station are in the possession of our company.	その駅付近のいくつかの不動産は，当社の所有です。
Thomas Marketing possesses unique information about customer services.	トーマス・マーケティング社は，顧客リービスに関する独自の情報を所有しています。

| The manager gave us practical advice on the issue. | 部長は，この問題について私たちに実用的なアドバイスをくれました。 |

| 1620 ☐☐ | **profitable**
[práfətəbəl] | 形 利益をもたらす, 有益な
⇨ 名 profit 利益 |
| 1621 ☐☐ | **worthwhile**
[wə̀:rθwáil] | 形 やる価値がある |

対比・比較

1622 ☐☐	**comparison** [kəmpǽrisən]	名 比較 ⇨ 動 compare ～を比較する
1623 ☐☐	**in contrast** [in kántræst]	フレーズ 対照的に
1624 ☐☐	**rather than** [rǽðər ðən]	フレーズ ～ではなく

知識・スキル

1625 ☐☐	**knowledgeable** [nálidʒəbəl]	形 知識が豊富な
1626 ☐☐	**fluent** [flú:ənt]	形 (言葉が) 流ちょうな
1627 ☐☐	**fluency** [flú:ənsi]	名 (言葉の) 流ちょうさ
1628 ☐☐	**familiarize** [fəmíljəràiz]	動 ～を熟知させる, ～を精通させる ⇨ 名 familiarity (物事を) よく知っていること ⇨ 形 familiar よく知っている, よく知られた

Since the number of tourists has increased, tourism has become a profitable industry.	観光客の数が増えてきたため，観光は利益をもたらす産業になりました。
Teaching children is a difficult but worthwhile job.	子どもたちを教えることは，難しいけれど，やる価値のある仕事です。
The job applicant made a comparison between two similar companies.	その求職者は，2つの似たような企業の比較をしました。
Laptops sell well. In contrast, desktops sell slowly.	ノートパソコンはよく売れています。対照的に，デスクトップは売れ行きが鈍いです。
I want to finish the report today rather than tomorrow.	私は，その報告書を明日ではなく今日，書き終えたいと思っています。
Our knowledgeable tour guides introduce the history of London.	当社の知識豊富なツアーガイドが，ロンドンの歴史を紹介します。
Our Torrance office has some fluent speakers of Japanese.	当社のトーランスオフィスには，流ちょうな日本語を話す人が何人かいます。
The position requires fluency in both Japanese and English.	その職には，日本語と英語の両方が流ちょうであることが必要です。
Please familiarize yourself with the company handbook before the orientation.	オリエンテーションの前に，会社のハンドブックをよく理解してください。

Level 1
Level 2
Level 3
Level 4
Level 5

可能性

1629	**possibly** [pásəbli]	副 ことによると, もしかすると ⇨ 名 possibility 可能性
1630	**be subject to** [bi sʌ́bdʒekt tə]	フレーズ ～の場合がある, ～の可能性がある
1631	**should you** [ʃúd jú:]	フレーズ もし～の場合は if もし～ならば

発展

1632	**advance** [ədvǽns]	名 進歩 動 進歩する, ～を進歩させる
1633	**advancement** [ədvǽnsmənt]	名 向上, 進歩
1634	**revolutionary** [rèvəljú:ʃənèri]	形 革新的な ⇨ 名 revolution 革命
1635	**up-to-date** [ʌ́ptədéit]	形 最新の, 最近の latest 最新の

集中

| 1636 | **concentrate** [kánsəntrèit] | 動 集中する focus ～を集中させる |
| 1637 | **thorough** [θə́:rou] | 形 徹底的な ⇨ 名 thoroughness 徹底 |

The company policy may possibly be changed in the future.	その会社の方針は，場合によっては将来変更されるかもしれません。
The schedule is subject to change without notice.	スケジュールは予告なく変更される場合があります。
Should you have any questions, please don't hesitate to contact me.	もし何かご質問がおありの場合は，お気軽に私にご連絡ください。

Advances in technology have changed our lives significantly.	技術の進歩は，私たちの生活を大きく変えました。
We provide career advancement opportunities.	当社は，キャリア向上［キャリアアップ］の機会を提供します。
A small business created a revolutionary product.	ある中小企業が，革新的な製品を作成しました。
You can visit our Web site for up-to-date information.	最新の情報については，当社のウェブサイトにアクセスしてください。

Everyone is concentrating on work to meet the deadline.	誰もが期限に間に合うように，作業に集中しています。
A thorough inspection will be held at the car manufacturing plant.	その自動車製造工場で，徹底的な検査が行われることになっています。

1638 ☐☐	**dedicate oneself to** [dédikèit wʌnsélf tə]	フレーズ ～に専念する ➡ be dedicated to ～に打ち込んでいる
1639 ☐☐	**be devoted to** [bi divóutid tə]	フレーズ ～に専念する ➡ devote oneself to ～に専念する

分割・一部

1640 ☐☐	**partly** [páːrtli]	副 部分的に，一部は ⇔ totally, completely 完全に
1641 ☐☐	**separate** 動 [sépərèit] 形 [sépərət]	動 ～を分ける，～を引き離す 形 離れた，別個の ⇨ 名 separation 分離
1642 ☐☐	**divide** [diváid]	動 ～を分ける，(～を) 分割する ⇨ 名 division 部門，区分
1643 ☐☐	**split** [splít]	動 ～を分割する divide (～を) 分割する

特定

1644 ☐☐	**identify** [aidéntəfài]	動 ～を特定する，～を識別する ⇨ 名 identification 身分証明書，識別
1645 ☐☐	**in particular** [in pərtíkjələr]	フレーズ 特に especially 特に particularly 特別に
1646 ☐☐	**locate** [lóukeit]	動 ～を探し出す find ～を見つける

David **dedicated** himself to making good presentation materials.	デビッドは，優れたプレゼンテーション資料を作成することに専念しました。
Caroline **is devoted to** helping people in her community.	キャロラインは，自分の地域社会の人たちを支援することに専念しています。

The main street is **partly** closed due to road construction.	その目抜き通りは道路建設のため，部分的に閉鎖されています。
The screen can be **separated** from the keyboard and used as a tablet.	その画面はキーボードから分離して，タブレットとして使用できます。
We will **divide** the workshop into two sessions: one in the morning and one in the afternoon.	私たちは，このワークショップを 2 つのセッションに分けます。1 つは午前，もう 1 つは午後です。
Let's **split** people into groups and divide tasks.	人々をグループに分け，業務を配分しましょう。

The supervisor asked us to **identify** the cause of the problem.	その管理者は，私たちに問題の原因を特定するように求めました。
We conducted a guest survey and found out that, **in particular**, people were not satisfied with our meals.	私たちが顧客調査を実施したところ，特に人々が食事に満足していなかったことがわかりました。
I cannot **locate** the file for the afternoon meeting.	私は，午後の会議のためのファイルを探し出せません。

Level 1
Level 2
Level 3
Level 4
Level 5

343

昇進・昇給・表彰

1647	**incentive** [inséntiv]	名 報奨金［物］，刺激，動機づけ
1648	**compensation** [kàmpənséiʃən]	名 給与，補償 salary　給料
1649	**nominee** [nàməní:]	名 （候補として）指名された人 ⇨ 動 nominate　〜を（候補者として） 　　　推薦する ⇨ 名 nomination　推薦，指名
1650	**recognize** [rékəgnàiz]	動 〜を表彰する，〜を認識する， 　　〜を見分ける ⇨ 名 recognition　認識

Level 1

Level 2

Level 3

Level 4

Level 5

You will receive an incentive bonus for your great achievement.	あなたは，その優れた業績に対して奨励金のボーナスを受けることになるでしょう。
Our company offers competitive compensation based on your experience.	当社は，あなたの経験に基づいて他社に負けない給与を提供します。
A list of nominees will be provided by e-mail.	候補に指名された人たちのリストは，Eメールで提供される予定です。
The president recognizes employees who have made significant contributions.	社長は著しい貢献をした従業員を表彰します。

パート別対策のすすめ

　語彙力が身に付くことで，TOEIC®スコアは上がりやすくなります。しかし，スコアに反映させるためには，テスト本番で英文に出てきた語句を瞬時に理解できる状態に高める必要があります。また，確実に正解できるように，テスト形式や解答のポイントなどに慣れておく必要もあります。テスト本番まで3週間以上ある場合は，語彙学習と並行してパート別対策を行うことをオススメします。

　TOEIC®スコアアップに必要な力は3つあります。

　1．**英語力**（知識）

　2．**情報処理能力**（スキル）

　3．**対策力**（テスト対策）

　「**英語力**」とは全ての土台になる知識です。語彙はまさに理解の土台です。しかし，知っているだけでは聞く力や読む力には転換されません。身に付けた知識をスキルへと高める必要があります。TOEIC® L&R テストは，パートごとに異なるスキルを測っていますので，パート別での学習が必要なのです。語彙力を前提としながら，会話やトークの型，ビジネス文書の構造を理解した上で聞いたり読んだりすることで，英語のまま理解できるようになり，速く読めるようになると「**英語力**」という知識が「**情報処理能力**」というスキルへと転換されます。さらに，TOEIC® L&R テストに出題される形式や頻出問題に触れ，各問題タイプ別の解法を身に付けることによって，知識とスキルが「**対策力**」へとチューニングされます。特に，リーディングパートは時間内にこなす分量が多く，最後まで終わらない受験者が多くいます。そのため，時間配分は事前に練習しておく必要があります。

　初めて TOEIC® L&R テストを受験する方は，全てのパートを1冊で学習できる教材を使うのがよいでしょう。各パートの内容や解法までをつかんで，本番で戸惑うことがないようにしておきましょう。一方，これまで何度も受験したことがあり，各パートの詳細がわかっている方は，苦手なパートを克服するためのパートに特化した「Part 3 / Part 4 対策」や「Part 7 対策」のような教材を使うことをお勧めします。

Level 4

さらに上を目指す語句
200

Score 730 ～ 860

ホテル・レストラン

1651	☐☐	**bistro** [bístrou]	名 ビストロ, 小料理店
1652	☐☐	**buffet** [bəféi, búfei]	名 ビュッフェ, 立食形式の食事
1653	☐☐	**authentic** [ɔ:θéntik]	形 本物の
1654	☐☐	**vacant** [véikənt]	形 空の, 無人の
1655	☐☐	**lodging** [lάdʒiŋ]	名 宿泊 (設備)

イベント

1656	☐☐	**company retreat** [kʌ́mpəni ritrí:t]	フレーズ 社員旅行
1657	☐☐	**memorable** [mémərəbəl]	形 記憶に残る, 忘れられない
1658	☐☐	**commemorate** [kəmémərèit]	動 ~を祝う, ~を記念する
1659	☐☐	**spectator** [spékteitər]	名 観客
1660	☐☐	**operational** [àpəréiʃənəl]	形 稼働して, 運用可能な

We had a business lunch at a local bistro.	私たちは，地元のビストロでビジネスランチをしました。
The hotel offers a buffet breakfast until 11 a.m.	そのホテルは，午前 11 時までビュッフェ形式の朝食を提供しています。
The chef learned authentic Italian cooking in Rome.	ここのシェフは，ローマで本物のイタリア料理を学びました。
It was difficult to find a vacant table at the popular restaurant.	その人気のレストランでは，空いているテーブルをなかなか見つけられませんでした。
The tour package includes one night's lodging with two meals.	このツアーパッケージには，2 食付きの 1 泊の宿泊が含まれています。

We had a company retreat at the resort in Cebu.	私たちは，セブ島のリゾート地で社員旅行をしました。
We are sure that this festival will be one of your most memorable events.	私たちは，このお祭りがあなたにとって最も記憶に残るイベントの 1 つになると確信しています。
The company commemorated their tenth anniversary with a party.	その会社は，パーティーを開いて 10 周年を祝いました。
A lot of excited spectators were cheering for their favorite teams.	多くの興奮した観客が，彼らのお気に入りのチームを応援していました。
The amusement park is not fully operational because of the construction.	その遊園地は，建設作業のために全面的に稼働してはいません。

家庭・料理

1661	☐☐	**nutritious** [n(j)u:tríʃəs]	形 栄養のある ⇨ 名 nutrition 栄養
1662	☐☐	**season** [síːzən]	動 ～に味付けする
1663	☐☐	**utensil** [ju(ː)ténsəl]	名 (家庭で使う) 道具

修正・交換

1664	☐☐	**modify** [mádəfài]	動 ～を修正する，～を変更する
1665	☐☐	**amend** ⑦ [əménd]	動 (議案など) を修正する ⇨ 名 amendment 修正
1666	☐☐	**substitute** [sʌ́bstətjùːt]	形 代わりの 動 ～を代用する ⇨ 名 substitution 代用
1667	☐☐	**tailor** [téilər]	動 (服) を仕立てる，～を調整する 名 洋服屋，仕立屋
1668	☐☐	**discard** [diskáːrd]	動 ～を捨てる

会議・議題

| 1669 | ☐☐ | **council**
[káunsəl] | 名 協議会 |

Eating nutritious food is important for your health.	栄養のある食品を食べることは，あなたの健康にとって大切です。
Season the dish with salt and pepper to your taste.	この料理は，お好みに応じて塩コショウで味付けしてください。
Don't forget to bring cooking utensils for the camping trip.	キャンプ旅行に調理器具を持参することを忘れないでください。

Only the managers are allowed to modify the document.	管理職だけがその文書を修正することを認められています。
We need to amend the original contract in compliance with the regulation.	私たちは，その規制に従って元の契約を修正する必要があります。
We have substitute instructors in case the regular instructors are unavailable.	いつもの講師が用意できない場合に備えて，当方には代わりの講師がいます。
I had my suit tailored by a professional.	私はスーツを専門家に仕立ててもらいました。
When you discard old documents, be careful with personal information.	古い文書を捨てるときは，個人情報に注意してください。

The city council members will vote on the new regulation.	市議会のメンバーらは，その新しい規則について採決する予定です。

1670	**consultation** [kὰnsəltéiʃən]	名 相談
1671	**moderator** [mάdərèitər]	名 議長, 司会者
1672	**biweekly** [baiwí:kli]	副 隔週に, 2週間に1回 形 隔週の, 2週間に1回の
1673	**tentative** [téntətiv]	形 仮の, 一時的な
1674	**unanimous** 発 [ju(:)nǽnəməs]	形 (票・意見・行動などが) 全会 一致の
1675	**podium** [póudiəm]	名 演壇

オフィス・仕事

1676	**accompany** [əkʌ́mpəni]	動 ～に同伴する
1677	**allocate** [ǽləkèit]	動 ～を割り当てる
1678	**by means of** [bai mí:nz əv]	フレーズ ～の方法で

人事・人材育成

1679	**competent** [kάmpətənt]	形 有能な

The initial consultation is free at our advertising agency.	1回目のご相談は，当広告代理店では無料となっています。
We need three moderators for the discussion groups.	私たちは，討論会の複数グループのために3人の議長が必要です。
The branch managers' teleconferences are held biweekly on Wednesdays.	支店長たちのテレビ会議は，隔週で水曜日に開催されます。
The tentative schedule for the next meeting will be emailed soon.	次回の会議の仮のスケジュールは，まもなくEメールで送られます。
The board of directors reached a unanimous agreement on the budget.	取締役会は，予算について全会一致の合意に達しました。
The speaker is standing behind the podium.	その講演者は，演壇の後ろに立っています。
Guests need to be accompanied by an employee to enter the production area.	来客は，製造エリアに入るために社員が同伴する必要があります。
Our manager allocates tasks equally to save time and costs.	私たちの部長は，時間とコストを節約するために業務を均等に割り当てます。
Today, a lot of business takes place by means of the Internet.	今日，多くのビジネスがインターネットを用いて行われています。
Competent managers work more efficiently than other people.	有能な管理職は，ほかの人たちよりも効率的に仕事をこなします。

Level 1
Level 2
Level 3
Level 4
Level 5

353

1680	☐☐	**subordinate** [səbɔ́:rdənət]	名 部下
1681	☐☐	**resign from** [rizáin frəm]	フレーズ ～を辞任する
1682	☐☐	**asset** [ǽset]	名 財産, 資産
1683	☐☐	**benefits package** [bénəfits pǽkidʒ]	フレーズ 福利厚生
1684	☐☐	**probation** [proubéiʃən]	名 試用 (期間)
1685	☐☐	**predecessor** [prédəsèsər]	名 前任者 ⇔ successor 後任者
1686	☐☐	**portfolio** [pɔːrtfóuliòu]	名 作品集

芸術・美術館・図書館

| 1687 | ☐☐ | **sculptor**
[skʌ́lptər] | 名 彫刻家 |
| 1688 | ☐☐ | **craft**
[krǽft] | 名 工芸品 |

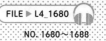
Managers are responsible for motivating their subordinates.	管理職には，部下の士気を高める責任があります。
Mr. Smith resigned from the CEO position after serving 12 years.	スミス氏は CEO（最高経営責任者）を 12 年間務めた後で，その職を辞任しました。
Your unique skills make you a valuable asset to the company.	あなた独自のスキルが，あなたを会社にとっての貴重な財産にしてくれます。
The company offers a competitive salary and an attractive benefits package.	その会社は，他社に負けない給料と魅力的な福利厚生を提供しています。
During the probation period, new employees' performances are evaluated.	試用期間中，新入社員の働きぶりが評価されます。
Bob is working on some problems that his predecessor couldn't solve.	ボブは，前任者が解決できなかったいくつかの問題に取り組んでいます。
To apply for the position, please submit your portfolio.	その職に応募するには，あなたの作品集を提出してください。
The statue in the gallery was made by a famous sculptor.	その画廊にある彫像は，有名な彫刻家によって作られました。
Some hand-made crafts are sold at the souvenir shop.	その土産物屋では，いくつか手作りの工芸品が売られています。

Level 1

Level 2

Level 3

Level 4

Level 5

出版

1689	☐☐	**periodical** [pìəriádikəl]	名 定期刊行物
1690	☐☐	**readership** [rí:dərʃip]	名 読者 (層)
1691	☐☐	**coverage** [kʌ́vəridʒ]	名 報道, 受信可能区域
1692	☐☐	**excerpt** 名 [éksə:rpt] 動 [eksə́:rpt]	名 抜粋 動 ～を抜粋する
1693	☐☐	**capture** [kǽptʃər]	動 ～を捕らえる, ～を獲得する
1694	☐☐	**proofread** [prú:frì:d]	動 ～を校正する

財政・見積

1695	☐☐	**expenditure** [ikspéndítʃər]	名 支出, 出費
1696	☐☐	**quota** [kwóutə]	名 ノルマ
1697	☐☐	**projection** [prədʒékʃən]	名 見積もり, 推定, 投映
1698	☐☐	**audit** [ɔ́:dit]	名 監査 動 ～を監査する ⇨ 名 auditor 監査人

Level 1

Level 2

Level 3

Level 4

Level 5

SSG publishes more than ten kinds of periodicals.	SSG は，10 種類以上の定期刊行物を発行しています。
Daily Grand News has changed its design to increase readership.	『デイリー・グランド・ニュース』は，読者を増やすためにレイアウトを変更しました。
The news coverage focused on a merger between two banks. GT Mobile Communications has expanded its coverage.	ニュース報道は，2 つの銀行間の合併に焦点を当てました。 GT モバイルコミュニケーションズ社は，その受信可能区域を拡大しました。
An excerpt from a book is used in my presentation.	私のプレゼンテーションでは，書物からの抜粋が使われています。
The feature article captured the interest of the company executives.	その特集記事は，会社の重役たちの関心を捕らえました。
The editor proofread my article and found several mistakes.	その編集者が私の記事を校正し，いくつかの間違いを見つけました。

To increase profits, we should reduce unnecessary expenditures.	利益を増やすためには，不必要な支出を減らす必要があります。
The London branch finally achieved its sales quota this month.	ロンドン支社は今月，とうとう販売ノルマを達成しました。
The sales projection for the first quarter seems good.	第 1 四半期の売上見積もりは，よさそうです。
The annual audit is held to assess the company's financial situation.	年次監査は，会社の財務状況を評価するために実施されます。

書類・Eメール

1699	☐☐	**compile** [kəmpáil]	動 ~をまとめる, ~を編集する
1700	☐☐	**prompt** [prámpt]	形 素早い, 即座の 動 ~を促す, ~を刺激する
1701	☐☐	**retrieve** [ritríːv]	動 ~を取る, ~を回収する

契約・規則

1702	☐☐	**conform to** [kənfɔ́ːrm tə]	フレーズ ~に従う
1703	☐☐	**in accordance with** [in əkɔ́ːrdəns wiθ]	フレーズ ~に従って
1704	☐☐	**stick to** [stík tə]	フレーズ ~を守る, ~にこだわる, ~にくっつく follow ~の後に続く
1705	☐☐	**be restricted to** [bi ristríktid tə]	フレーズ ~に制限する
1706	☐☐	**violate** [váiəlèit]	動 ~に違反する
1707	☐☐	**attorney** [ətə́ːrni]	名 弁護士, 法律家 lawyer 弁護士

The marketing department compiles information about customer preferences.	マーケティング部は，顧客の好みについての情報をまとめます。
Your prompt reply to an inquiry will be appreciated by customers.	問い合わせへの素早い回答は，顧客に感謝されます。
You can retrieve messages by pressing this icon.	このアイコンを押すと，メッセージを取得することができます。

All the assembly line workers must conform to the safety guidelines.	組立ラインの全作業員は，安全指針に従わなければなりません。
Please drive your car in accordance with the traffic regulations.	車は交通規則に従って運転してください。
We must stick to our original action plan.	私たちは，最初の行動計画を守らなくてはなりません。
Access to work areas is restricted to authorized personnel only.	作業場への立ち入りは，許可された人員のみに制限されています。
There is a strict penalty for violating the traffic rules.	交通規則に違反した場合には，厳しい罰則があります。
I met an attorney at the law firm to discuss an issue.	私は法律事務所で弁護士と会って問題を話し合いました。

企業・経営

1708	**alliance** [əláiəns]	名 提携
1709	**initiative** [iníʃətiv]	名 主導権
1710	**dominant** [dάmənənt]	形 支配的な
1711	**adopt** [ədάpt]	動 ～を採用する
1712	**withdraw** [wiðdrɔ́:]	動 ～を撤退させる, ～を撤退する, (銀行から預金) を引き出す
1713	**subsidiary** [səbsídièri]	名 子会社

建設・建築

1714	**blueprint** [blú:prìnt]	名 青写真, 詳細な計画 design blueprint 設計図
1715	**patio** [pǽtiòu]	名 中庭, テラス
1716	**demolish** [dimάliʃ]	動 ～を取り壊す

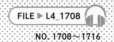
Level 1

First Insurance established a business alliance with Sun Life Insurance.	ファースト・インシュアランス社は，サン・ライフ・インシュアランス社との業務提携を築きました。
Both companies tried to take the initiative in the merger talk.	どちらの企業も，その合併協議で主導権をとろうとした。

Level 2

Medico Co. has the dominant market share in the pharmaceutical industry.	メディコ社は，製薬業界で支配的な市場シェアを有しています。
Companies should adopt a new policy to meet the growing needs.	企業は，増大するニーズを満たすために新たな方針を採用する必要があります。

Level 3

The management decided to withdraw unprofitable products from the market.	経営陣は，収益性の低い製品を市場から撤退させることを決定しました。
The car manufacturer has a subsidiary in each state.	その自動車メーカーは，各州に子会社を持っています。

Level 4

The architect showed us the design blueprint of our new office.	その建築家は，私たちの新しいオフィスの設計図を見せてくれました。
The restaurant plans to put some more tables on the patio.	そのレストランでは，さらにいくつかのテーブルを中庭に置く予定です。
Construction workers have been demolishing old buildings since last month.	建設作業員は，先月からいくつかの古い建物を取り壊しています。

Level 5

製造・生産・工場

1717	☐☐	**assemble** [əsémbəl]	動 ～を組み立てる，～を集合させる
1718	☐☐	**resume** [rizjú:m]	動 (中断したこと) を再開する
1719	☐☐	**prototype** [próutoutàip]	名 試作品
1720	☐☐	**component** [kəmpóunənt]	名 部品，構成要素，成分

商品・発送

1721	☐☐	**merchandise** [mə́:rtʃəndàis]	名 商品，製品
1722	☐☐	**freight** [fréit]	名 積み荷，貨物
1723	☐☐	**channel** [tʃǽnəl]	名 媒体，手段，(-s) 販路
1724	☐☐	**retain** [ritéin]	動 ～を保持する ⇨ 名 retention 保持

場所

| 1725 | ☐☐ | **adjacent to** [ədʒéisənt tə] | フレーズ ～に隣接した next to ～の隣に |

The new robots assemble cars more quickly.	新型ロボットは，車をより速く組み立てます。
After a thorough inspection, the factory will resume operations.	徹底的な検査の後で，その工場は操業を再開するでしょう。
We usually make a prototype to see if our idea will work.	私たちは，いつも試作品を作り，自分たちのアイデアがうまくいくかどうか確認します。
The facility produces the major components of electric cars.	その施設は，電気自動車の主要な部品を製造しています。

Northwest Supermarket has a wide selection of merchandise.	ノースウエスト・スーパーマーケットには，幅広い品ぞろえの商品があります。
There will be an additional freight charge for Sunday deliveries.	日曜日の配達には追加の積み荷料金がかかります。
We sell our products through various channels, such as real shops and the Internet.	当社は，実店舗やインターネットなど，さまざまな販路を通じて製品を販売しています。
You should retain the receipt as proof of purchase.	購入したことの証明として，その領収書を保管してください。

There is a parking lot adjacent to the hospital.	その病院に隣接して駐車場があります。

1726 ☐☐	**situate** [sítʃuèit]	動 ～を置く，～を据える
1727 ☐☐	**station** [stéiʃən]	動 ～を配置する，～を置く

組織・団体

1728 ☐☐	**authorities** [əθɔ́:ritiz]	名 当局，（権限を委任されている）機関
1729 ☐☐	**municipal** [mju:nísəpəl]	形 市の，市営の
1730 ☐☐	**trustee** [trʌstí:]	名 理事，役員

学校

1731 ☐☐	**scholarship** [skálərʃìp]	名 奨学金
1732 ☐☐	**tuition** [tju(:)íʃən]	名 （大学などの）授業料

金額・支払い

1733 ☐☐	**utility bill** [ju:tíliti bìl]	フレーズ 公共料金（ガス・電気・水道代）
1734 ☐☐	**compensate for** [kámpənsèit fər]	フレーズ ～を埋め合わせる，償う make up for ～を埋め合わせる

A large shopping mall is situated in the center of the town.	その町の中心には大きなショッピングモールがあります。
Engineers are stationed in the office to offer technical advice.	何人かの技術者がそのオフィスに配置され，技術的なアドバイスを提供しています。

The authorities made a report on industry's impact on the environment.	関係当局は，産業が環境に与える影響について報告しました。
The city's events are frequently held at the municipal hall.	この市の行事は，たびたび市庁舎で開催されます。
The board of trustees has approved the budget for the next fiscal year.	理事会は，次期会計年度の予算を承認しました。

Some students can receive a scholarship.	一部の学生は，奨学金を受け取ることができます。
The tuition must be paid one month before the class begins.	授業料は，授業が始まる1カ月前に支払われなければなりません。

Utility bills can be paid online with no additional charge.	公共料金は，追加料金なしでオンラインでお支払いいただけます。
We will compensate for the damage caused during the shipment.	当社は，配送中に生じた損害を補償します。

Level 1

Level 2

Level 3

Level 4

Level 5

365

1735 ☐☐	**moderate** [mάdərət]	形 控えめな，適度の
1736 ☐☐	**waive** [wéiv]	動 ～を免除する，～を放棄する

価値

1737 ☐☐	**luxurious** [lʌgʒúəriəs]	形 豪華な，ぜいたくな
1738 ☐☐	**upscale** [ápskèil, ʌ̀pskéil]	形 高級な
1739 ☐☐	**high-profile** [háipróufail]	形 著名な
1740 ☐☐	**premier** [primíər]	形 主要な，最高の

サービス

1741 ☐☐	**exclusive** [iksklú:siv]	形 独占的な，限定の
1742 ☐☐	**exclusively** [iksklú:sivli]	副 限定的に，独占的に
1743 ☐☐	**activate** [ǽktivèit]	動 ～を有効にする

Mark's Store offers various goods at moderate prices.	マークスストアでは，さまざまな商品を手ごろな価格で提供しています。
We waive the membership fee for new members for the first month.	新規メンバーには最初の月の会費を免除します。

It costs at least $500 to stay at the luxurious hotel.	その豪華なホテルに滞在するには，少なくとも 500 ドルかかります。
A lot of famous actors live in the upscale neighborhood.	多くの有名な俳優が，高級住宅地に住んでいます。
The article was written by a high-profile journalist, Tom Ferry.	この記事は著名なジャーナリスト，トム・フェリーによって書かれました。
Value TEC is one of the area's premier appliance stores.	バリューテックは，この地域で主要な家電用品店の１つです。

The sportswear manufacturer has an exclusive contract with the athlete.	そのスポーツ用品メーカーは，その選手と独占契約を結んでいます。
The spa area is exclusively for special members only.	スパエリアは，限定的に特別会員のみのご利用となっています。
Your card will be activated as soon as we have received your payment.	あなたの支払いを受け取ったらすぐにカードを有効にします。

Level 1

Level 2

Level 3

Level 4

Level 5

367

自然・環境

1744	**preserve** [prizə́:rv]	動 ～を保護する，～を保存する ⇨ 名 preservation 保存
1745	**conservation** [kànsərvéiʃən]	名 保護，保全 ⇨ 動 conserve ～を保護する
1746	**endangered** [endéindʒərd]	形 絶滅の危機にさらされた
1747	**be exposed to** [bi ikspóuzd tə]	フレーズ ～にさらされる

道路・屋外

1748	**pavement** [péivmənt]	名 舗装道路
1749	**pier** [píər]	名 桟橋，埠頭，波止場
1750	**stroll** [stróul]	動 ぶらぶら歩く，散歩する 名 散歩

植物・農業

1751	**botanical garden** [bətǽnikəl gá:rdən]	フレーズ 植物園
1752	**crop** [kráp]	名 収穫高，農産物

Level 1

The company stopped cutting down trees to preserve the forest.	その企業は，森林を保護するために伐採をやめました。
The conservation of nature is a big issue around the world.	自然の保護は，世界中で大きな問題となっています。
The Bengal tiger is an endangered species.	ベンガルトラは，絶滅危惧種です。
Plants grow faster when they are exposed to sunlight.	植物は，日光にさらされるとより速く成長します。

Level 2

The surface of the pavement was damaged due to heavy rain.	大雨のせいで舗装道路の表面が損傷した。
You can board a ferry from the pier.	その桟橋からフェリーに乗ることができます。
We enjoyed the beautiful scenery by strolling in the park.	私たちは，公園を散歩して美しい景色を楽しみました。

Level 3

Level 4

There are a lot of beautiful flowers and plants in the botanical garden.	その植物園には，たくさんの美しい花々や草木があります。
We had a poor rice crop because of the bad weather.	悪天候のため，米の収穫高が減りました。

Level 5

未来・展望

1753	☐☐	**prospective** [prəspéktiv]	形 有望な，見込みのある ⇨ 名 prospect　有望 potential　潜在的な
1754	☐☐	**forthcoming** [fɔ́ːrθkʌ́miŋ]	形 今度の，来たるべき upcoming　来るべき
1755	☐☐	**perspective** [pərspéktiv]	名 観点，見通し，視野 viewpoint　観点
1756	☐☐	**foresee** [fɔːrsíː]	動 ～を予見する
1757	☐☐	**unforeseen** [ʌ̀nfɔːrsíːn]	形 予期していない unexpected　予期せぬ

開始・終了

1758	☐☐	**commence** [kəméns]	動 （～を）開始する ⇨ 名 commencement　開始
1759	☐☐	**start from scratch** [stáːrt frəm skrǽtʃ]	フレーズ ゼロから始める
1760	☐☐	**generate** [dʒénərèit]	動 ～を生み出す produce　～を生じさせる
1761	☐☐	**interrupt** [ìntərʌ́pt]	動 ～に口をはさむ，～を妨げる， ～を中断する ⇨ 名 interruption　妨げ

We met several prospective applicants at the job fair.	その就職説明会で，私たちは何人かの有望な応募者と会いました。
Dr. Gale will present his research at a forthcoming event.	ゲイル博士は，自らの研究を今度のイベントで発表する予定です。
Mobile technology will become more important from a business perspective.	モバイル技術は，ビジネス上の観点からより重要になるでしょう。
Analyzing past selling patterns helps us foresee future trends.	過去の販売パターンを分析することが，将来の傾向を予見するのに役立ちます。
We need the ability to manage unforeseen trouble.	私たちには，予期していないトラブルに対処する能力が必要です。

The new training course will commence on June 6.	その新しい研修コースは6月6日に始まります。
Our proposal was not approved, so we have to start from scratch.	私たちの提案は承認されなかったので，ゼロから始めなければなりません。
We generated more profit by launching a new product.	私たちは新製品の発売により，より利益を生み出しました。
Sorry, can I interrupt you for a moment?	すみませんが，あなたのお話にちょっと口をはさんでもいいですか。

増減

1762	**surge** [sə́:rdʒ]	名 急上昇 動 急増する，急騰する rise 上昇，増す
1763	**outgrow** [àutgróu]	動 ～に合わなくなるほど大きくなる，～よりも大きくなる
1764	**surpass** [sərpǽs]	動 ～をしのぐ，～より勝る exceed ～を超える

程度

1765	**steady** [stédi]	形 順調な
1766	**overwhelmingly** [òuvərhwélmiŋli]	副 圧倒的に strongly 非常に
1767	**lengthy** [léŋkθi]	形 非常に長い very long 非常に長い
1768	**massive** [mǽsiv]	形 巨大な，大規模な huge 巨大な，extensive 幅広い
1769	**fierce** [fíərs]	形 （勢いが）激しい，猛烈な

同意・反対

1770	**authorize** [ɔ́:θəràiz]	動 ～に（…する）権限を与える，～を正式に認可する ⇨ 名 authorization 権限

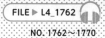

We had a surge in sales after promoting our product on TV.	当社は，テレビで製品を宣伝した後に売上の急上昇を経験しました。
The start-up company has outgrown its office and plans to relocate.	その新興企業は今のオフィスに合わなくなるほど大きくなり，移転することを計画しています。
The number of visitors to the museum has surpassed last year's record.	その美術館への来館者の数は，昨年の記録をしのいでいます。
There has been a steady increase in sales of our new smartphone.	当社の新しいスマートフォンの売上は，順調な増加を示しています。
Andrew Jackson's latest novel received overwhelmingly positive reviews.	アンドリュー・ジャクソンの最新の小説は，圧倒的に肯定的な評価を受けました。
After lengthy negotiations, we finalized the contract.	非常に長い交渉の末に，私たちはその契約をまとめました。
Any company has a chance to enter into the massive global market.	どの企業でも，巨大な世界市場に参入するチャンスがあります。
There is fierce competition among domestic and overseas companies.	国内外の企業の間で激しい競争があります。
The human resources manager authorized Rebecca to hire three editorial assistants.	人事部長は，レベッカに3人の編集アシスタントを雇うことを許可しました。

| 1771 ☐☐ | **in favor of**
[in féivər əv] | フレーズ ～に賛成して，支持して |

伝達

1772 ☐☐	**urge** [ə́:rdʒ]	動 ～を（…するよう）促す，～を 駆り立てる，～を推進する
1773 ☐☐	**claim** [kléim]	動 ～を主張する，～を要求する 名 主張，要求
1774 ☐☐	**gratitude** [grǽtətjùːd]	名 感謝の気持ち thankfulness 感謝（の気持ち）
1775 ☐☐	**convey** [kənvéi]	動 （意思）を伝える，～を運搬する

時・時間

1776 ☐☐	**in time for** [in táim fər]	フレーズ ～に間に合うように
1777 ☐☐	**in the meantime** [in ðə míːntàim]	フレーズ その（合い）間に，一方で
1778 ☐☐	**meanwhile** [míːnhwàil]	副 その間に，その一方では
1779 ☐☐	**make it** [méik it]	フレーズ （時間に）間に合う
1780 ☐☐	**ancient** [éinʃənt]	形 古代の

374

The board of directors is in favor of the strategic changes.	取締役会は，その戦略変更に賛成しています。
The supervisor urged the team members to submit the report soon.	その管理者が，チームのメンバーにレポートをすぐに提出するよう促しました。
A customer claimed that the delivery did not arrive on time.	ある顧客が，配達の品が時間通りに届かなかったと主張しました。
I'd like to express my gratitude to Martin for his hard work.	私は，マーティンの懸命な働きに感謝の気持ちを表したいと思います。
The president conveys his thoughts to employees every month.	社長は毎月，社員に自分の考えを伝えています。
The hotel is renovating the lobby in time for the holiday season.	そのホテルは，休暇シーズンに間に合うようにロビーを改装しています。
New computers will come soon. In the meantime, keep using the old ones.	新しいコンピューターはすぐに届くでしょう。それまでの間，古いものを使い続けてください。
The client will visit us later. Meanwhile, I will finalize the proposal.	その顧客はあとで私たちを訪ねてきます。その間に，私は提案書を完成させることにします。
I can't make it to the meeting because the train is delayed.	電車が遅れているので，私はその会議に間に合いません。
There are a lot of ancient buildings in Rome.	ローマには数多くの古代の建築物があります。

Level 1

Level 2

Level 3

Level 4

Level 5

375

感情

1781	☐☐	**passionate** [pǽʃənət]	形 情熱的な，熱烈な
1782	☐☐	**enthusiasm** [enθjú:ziæzm]	名 熱意，熱中 ⇨ 形 enthusiastic 熱意のある，熱狂的な
1783	☐☐	**be thrilled to** *do* [bi θríld tə dú:]	フレーズ 〜してわくわくする
1784	☐☐	**discouraged** [diskə́:ridʒd]	形 がっかりした disappointed がっかりした
1785	☐☐	**anxious** [ǽŋkʃəs]	形 心配して worried 心配した
1786	☐☐	**reluctant** [rilʌ́ktənt]	形 気が進まない，しぶしぶの hesitant ためらいがちな

思考・判断

1787	☐☐	**come up with** [kʌ̀m ʌ́p wiθ]	フレーズ （アイデア）を思いつく，〜を考え出す
1788	☐☐	**recall** 動 [rikɔ́:l] 名 [rí:kɔ̀:l]	動 〜を思い出す，〜を思い出させる 名 回想
1789	☐☐	**awareness** [əwéərnis]	名 関心，認知 ⇨ 形 aware 気づいている

The president motivated the staff with his passionate speech.	社長は，情熱的なスピーチで社員のやる気を高めた。
The computer experts taught the beginners' class with enthusiasm.	コンピューターの専門家たちが，初心者向けのクラスを熱意をもって教えました。
The manager was thrilled to meet the new engineers.	部長は，新しいエンジニアたちに会えてわくわくしました。
I was discouraged by the negative reviews of our products.	私は，自社製品の否定的な評価にがっかりしました。
I'm anxious about giving a presentation in English.	私は，英語でプレゼンテーションをするのを心配しています。
The client is reluctant to accept our proposal due to its high cost.	その顧客は，高いコストのせいで私たちの提案を受け入れることに気が進みません。

If you come up with some ideas, please let me know.	いくつかアイデアを思いついたら，教えてください。
Many customers cannot recall the name of our product.	多くの顧客は，当社の製品の名前を思い出すことができません。
A family walking event was held to raise awareness for children's diseases.	小児病に対する関心を高めるために，家族ウォーキングのイベントが開催されました。

Level 1

Level 2

Level 3

Level 4

Level 5

数・量

1790	☐☐	**width** [wídθ]	名 幅
1791	☐☐	**dozens of** [dʌ́zənz əv]	フレーズ 数十の，多数の
1792	☐☐	**sizable** [sáizəbəl]	形 （数・量などが）相当な，かなり大きい substantial （数・量などが）相当な
1793	☐☐	**bulk** [bʌ́lk]	形 大量の ➡ in bulk 大量に
1794	☐☐	**excessive** [iksésiv]	形 過大な，過度の ⇨ 名 excess 超過
1795	☐☐	**assorted** [əsɔ́ːrtid]	形 さまざまな種類の
1796	☐☐	**a handful of** [ə hǽndfùl əv]	フレーズ 一握りの，わずかな
1797	☐☐	**sum** [sʌ́m]	名 合計　動 〜を合計する total 合計，合計〜となる

説明

1798	☐☐	**likewise** [láikwàiz]	副 同様に in the same ways 同様に
1799	☐☐	**account for** [əkáunt fər]	フレーズ 〜を説明する，〜からなる explain 〜を説明する

You can adjust the width of the table with a touch of the button.	ボタンに触れるだけでテーブルの幅を調整できます。
We will select two people from dozens of applicants.	当社は，数十人の応募者の中から2名を選びます。
The volunteer group receives a sizable donation every year.	そのボランティア団体は，毎年相当な寄付を受け取ります。
We offer a large discount for bulk orders.	大量の注文の場合，当社は大幅な割引を提供いたします。
GS Communications spent an excessive amount of money on advertising.	GS コミュニケーションズ社は，広告に過大な資金を費やしました。
The patient got a basket of assorted fruits as a gift.	その患者は，お見舞い品としてさまざまな種類の果物が入ったバスケットを受け取りました。
Only a handful of people attended the sales workshop.	わずか一握りの人たちしか，営業研修会に参加しませんでした。
I calculated the sum of all the numbers on the sales report.	私は，販売レポートにあるすべての数値の合計を計算しました。
After I print out my name card, you can do likewise.	私が名刺を印刷した後で，あなたも同様にそうすることができます。
Mr. Rodriguez accounted for the reason behind the shipment delay.	ロドリゲス氏は，出荷が遅延した理由を説明しました。

| 1800 | ☐☐ | **precise**
[prisáis] | 形 正確な
correct 正確な |
| 1801 | ☐☐ | **nevertheless**
[nèvərðəlés] | 副 それにもかかわらず
nonetheless それにもかかわらず |

改善・向上

1802	☐☐	**remodel** [rìmá:dəl]	動 ～を改築 [改装] する
1803	☐☐	**adapt** [ədæpt]	動 適応する，～を適応させる
1804	☐☐	**streamline** [strí:mlàin]	動 ～を合理化する
1805	☐☐	**refine** [rifáin]	動 ～に磨きをかける，～を改良する

対処・対応

1806	☐☐	**assure** [əʃúər]	動 ～に（…を）保証する
1807	☐☐	**endure** [endjúər]	動 ～に耐える，～を辛抱する
1808	☐☐	**complement** [kámpləmènt]	動 ～を補足する，完全にする
1809	☐☐	**provided that** [prəváidid ðæt]	接 ～という条件で，もし～ならば if もし～なら

I'd like to know the precise time of the president's arrival.	私は，社長が到着する正確な時間を知りたいのです。
The weather was bad. Nevertheless, the stadium was filled to capacity.	天気は悪かったです。それにもかかわらず，スタジアムは満員になりました。

Helen remodeled the kitchen because the sink was too small.	ヘレンは，シンクが小さするのでキッチンを改装しました。
It was difficult for us to adapt to the new environment.	私たちが新しい環境に適応することは困難でした。
We will streamline our business process to reduce the operating cost.	私たちは，運用コストを削減するために業務プロセスを合理化します。
Alan refines his public speaking skills through training.	アランはトレーニングを通して，演説のスキルに磨きをかけます。

I assure you that we will provide the lowest prices to consumers.	私は，当社が消費者に最安値を提供することを保証します。
We have to endure our current situation until the economy recovers.	経済が回復するまで，当社は現在の状況に耐えなければなりません。
Outside consultants complement our own in-house staff.	社外のコンサルタントが，わが社の社内スタッフを補完します。
We will sign an agreement provided that you lower the prices.	御社が価格を下げるという条件で，当社は契約書に署名します。

Level 1

Level 2

Level 3

Level 4

Level 5

381

問題・原因

1810	☐☐	**inclement** [inklémənt]	形 (天候が) 荒れ模様の ⇨ 名 inclemency 悪天候
1811	☐☐	**invisible** [invízəbəl]	形 目に見えない ⇔ visible 目に見える
1812	☐☐	**threat** [θrét]	名 脅威, 脅かすもの ⇨ 動 threaten 脅かす
1813	☐☐	**bankruptcy** [bǽŋkrʌptsi]	名 倒産
1814	☐☐	**drawback** [drɔ́:bæk]	名 欠点, 短所 weakness 弱点
1815	☐☐	**stain** [stéin]	名 (液体の) 染み, 汚れ

ポジティブ

1816	☐☐	**terrific** [tərífik]	形 素晴らしい
1817	☐☐	**superb** [supə́:rb]	形 見事な, 一流の
1818	☐☐	**notable** [nóutəbəl]	形 有名な, 注目すべき
1819	☐☐	**magnificent** [mægnífəsənt]	形 とても素晴らしい

The flight was canceled owing to the inclement weather.	荒れ模様の天候のため，その便はキャンセルされました。
Due to fog in the mountains, the lines often become invisible to drivers.	山中での霧のせいで，車線がドライバーの目に見えなくなることがよくあります。
Competitors in the neighborhood could be a threat to our business.	近隣のライバル会社は，当社のビジネスにとって脅威となる可能性があります。
One of the leading accounting firms went into bankruptcy.	大手会計事務所の1つが倒産に陥りました。
The only drawback of the hotel is the location.	そのホテルの唯一の欠点はその立地です。
I took my shirt to a dry cleaner's to remove a stain.	染みを落とすために，私はシャツをドライクリーニング店に持って行きました。

A new employee came up with a terrific idea for our products.	1人の新入社員が，当社の製品のために素晴らしいアイデアを思いつきました。
Ms. Baker's superb presentation satisfied all the participants.	ベイカーさんの見事なプレゼンテーションは，すべての参加者を満足させました。
The bookstore will have a book signing by a notable author.	その書店は，有名な作家のサイン会を開く予定です。
You can enjoy a magnificent view from your hotel room.	ホテルの部屋からは，とても素晴らしい景色を楽しめます。

1820	☐☐	**distinctive** [distíŋktiv]	形 顕著な，特有の
1821	☐☐	**distinguished** [distíŋgwiʃt]	形 著名な，優秀な
1822	☐☐	**renowned** [rináund]	形 有名な famous 有名な
1823	☐☐	**sophisticated** [səfístikèitid]	形 （機械・方式などが）きわめて 複雑な，洗練された
1824	☐☐	**spectacular** [spektækjələr]	形 壮大な，目覚ましい
1825	☐☐	**optimistic** [àptəmístik]	形 楽観的な ⇔ pessimistic 悲観的な
1826	☐☐	**stunning** [stániŋ]	形 驚くほど素晴らしい

達成・結果

1827	☐☐	**ultimately** [áltəmətli]	副 最終的に，ついに finally ついに
1828	☐☐	**consecutive** [kənsékjətiv]	形 連続した
1829	☐☐	**attribute to** [ətríbju:t tu]	フレーズ ～の原因は…にある ➡ attribute ～ to … ～の原因は…にある

A distinctive feature of the DS printer series is its printing speed.	DS プリンターシリーズの顕著な特徴は，その印刷速度です。
Mr. Parker is a distinguished lecturer in the field of marketing research.	パーカー氏は，市場調査の分野で著名な講演者です。
The museum features various artworks by renowned artists.	その美術館は，有名な芸術家たちのさまざまな作品を展示しています。
The course teaches you sophisticated techniques for drawing.	この講座は，あなたにきわめて複雑な描画テクニックを教えてくれます。
The seaside café has a spectacular view of the ocean.	その海辺のカフェからは，大洋の壮大な景色を眺められます。
Companies are optimistic about the future despite the bad economy.	どの企業も，悪い景気にもかかわらず将来については楽観的です。
The view from the top of the mountain was stunning.	その山の頂上からの眺めは，驚くほど素晴らしいものでした。
All the budget plans were ultimately approved by the board of directors.	すべての予算案は，最終的に取締役会によって承認されました。
A famous consultant held a business seminar for five consecutive days.	ある有名なコンサルタントが，5 日間連続のビジネスセミナーを開催しました。
We attribute our success to our thorough market research.	私たちの成功の原因は，徹底した市場調査にあります。

Level 1
Level 2
Level 3
Level 4
Level 5

385

基準・割合

1830	☐☐	**criteria** [kraitíəriə]	名 (判断) 基準
1831	☐☐	**ratio** [réiʃou]	名 比率 rate 割合
1832	☐☐	**vital** [váitəl]	形 必要不可欠な, 必須の important 重要な

特定

1833	☐☐	**chiefly** [tʃí:fli]	副 主に, もっぱら mainly 主に
1834	☐☐	**specified** [spésəfàid]	形 指定された, 特定の ⇨ 動 specify ～を指定 [特定] する

対比・比較

1835	☐☐	**identical** [aidéntikəl]	形 まったく同じの
1836	☐☐	**relatively** [rélətivli]	副 比較的に, 相対的に
1837	☐☐	**in conjunction with** [in kəndʒʌ́ŋkʃən wiθ]	フレーズ ～と併せて, ～と同時に

| To be a successful candidate, you need to meet all of the criteria. | 成功する候補者になるには，あなたはすべての基準を満たす必要があります。 |

| The ratio of positive comments for our products is increasing. | 当社の製品に対する肯定的なコメントの比率は増えつつあります。 |

| Technology plays a vital role in promoting our services. | テクノロジーは，当社のサービスの販売を促進する上で必要不可欠な役割を果たしています。 |

| George Burton's decision is chiefly based on his managerial experience. | ジョージ・バートンの決定は，主に彼の経営上の経験に基づいています。 |

| The order will be shipped to your specified address tomorrow. | その注文品は明日，あなたによって指定された宛先に発送されます。 |

| These products manufactured by different companies are identical in size. | 異なる会社によって製造されたこれらの製品は，サイズがまったく同じです。 |

| The updated online tutorial is relatively easy to follow. | その更新されたオンライン学習プログラムは，比較的容易に理解できます。 |

| This coupon cannot be used in conjunction with other services. | このクーポン券は，ほかのサービスと併せて使うことはできません。 |

調節・変更

1838	☐☐	**loose** [lúːs]	形 緩んだ, たるんだ ⇔ tight きつい, 堅い ⇨ 動 loosen ～を緩める
1839	☐☐	**simplify** [símpləfài]	動 ～を簡単にする ⇨ 形 simple 簡単な
1840	☐☐	**convert** [kənvə́ːrt]	動 ～を転換する ⇨ 名 conversion 転換
1841	☐☐	**transition** [trænzíʃən]	名 移行, 変化, 推移 ⇨ 動 transit ～を通過する

順番

1842	☐☐	**primary** [práimèri]	形 主要な, 最初の ⇨ 副 primarily 主として main 主な
1843	☐☐	**principal** [prínsəpəl]	形 主な, 第一の

実行・実施

1844	☐☐	**behavior** [bihéivjər]	名 態度, 行動
1845	☐☐	**undergo** [ʌ̀ndərgóu]	動 ～を受ける, ～を経験する
1846	☐☐	**undertake** [ʌ̀ndərtéik]	動 ～に着手する, ～に取り組む begin, launch ～を開始する

If the bolts are loose, the machine will not work properly.	ボルトが緩んでいると，この装置は正常に動作しません。
We simplified the application process so that it takes less time.	時間を短縮できるように，私たちは申請手続きを簡単にしました。
The machine can convert solar energy into electric power.	その装置は，太陽エネルギーを電力に転換することができます。
The bank made a smooth transition to the new system.	その銀行は，新しいシステムへスムーズな移行を果たしました。
My primary duty is to supervise the personnel department.	私の主要な任務は，人事部を統括することです。
The principal purpose of the survey is to learn about our customers' needs.	その調査の主な目的は，顧客のニーズについて知ることです。
Behavior toward customers should be courteous.	顧客に対する態度は礼儀正しいものであるべきです。
The machines on the assembly line undergo regular maintenance.	組立ラインの機械装置は，定期的な保守点検を受けます。
After we get permission, we will undertake construction of the mall.	当社は許可を得た後で，そのショッピングモールの建設に着手します。

Level 1

Level 2

Level 3

Level 4

Level 5

1847	☐☐	**incorporate** [inkɔ́:*r*pərèit]	動 ～を組み込む ➡ incorporate ～ into ...　…に～を組み込む
1848	☐☐	**strive** [stráiv]	動 (～しようと) 努力する attempt　(困難なことなど) に挑戦する

資格

1849	☐☐	**certified** [sə́:*r*tifàid]	形 公認の, 認定された
1850	☐☐	**credential** [krədénʃəl]	名 資格, 信用証明物

| You should incorporate exercise into your daily routine. | あなたの日課に運動を組み込むべきです。 |
| We always strive to please our customers. | 私たちは，常にお客様を満足させようと努力しています。 |

| All the business courses are taught by certified instructors. | すべてのビジネス講座は，公認の講師によって教えられています。 |
| You can check our instructors' credentials on our Web site. | 講師陣の資格を当社のウェブサイトで確認いただけます。 |

Level 1

Level 2

Level 3

Level 4

Level 5

391

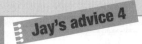
最後のリハーサルとしての
「模擬テスト」活用のすすめ

　語彙学習を終えただけでテスト本番を迎えるのは，スポーツで言うと筋トレをしただけで試合本番を迎えるようなものです。これまでの学習で力は確実についていますが，それを実際に発揮できるかどうかは最後の準備にかかっています。その準備としてテスト直前にオススメなのが，模擬テストの活用です。まさに実戦形式の練習試合です。マークシートを使い本番同様にリーディングパートは75分で実施しましょう。

　模擬テストを活用することで，以下の3つのことができます。

1．各パートの流れ＆解法の確認

　テスト本番と同じ形式のため，Part 1 から Part 7 までの流れを確認しながら，各パートの解法を実際に予行演習することができます。本番と同じ2時間を体験することで，疲労度の確認や，悩む問題の傾向などもつかむことができます。

2．時間配分の練習

　テンポよく解かないと，リーディングパートが時間内に最後まで終わりません。以下の時間配分を目安にして練習しましょう。

　Part 5（30問）— 8〜10分
　Part 6（16問）— 10〜12分
　Part 7（54問）— 55分

3．わからない問題への対応

　TOEIC® L&R テストにはレベル等はなく 10 点から 990 点を測るテストです。よって，易しい問題から難しい問題まで出題されます。テスト本番で大切なのは，「今の実力で解ける問題を確実に正解して，実力を超える問題は早めに切り抜けること」です。模擬テストでのリハーサルを通して，わからない問題に時間をかけて悩みすぎないという練習もできます。

　模擬テストを活用することは，本番のテストで実力を出すための最高の準備となります！

Level 5

高スコアを取るための語句
150

Score 860 〜

旅行・地域

1851	☐☐	**heritage** [hérətidʒ]	名 遺産
1852	☐☐	**excursion** [ikskə́:rʒən]	名 小旅行，遠足 trip 旅行
1853	☐☐	**proximity** [prɑksímiti]	名 (場所，時間，関係などが) 近いこと，接近
1854	☐☐	**vicinity** [visíniti]	名 近辺，付近 neighborhood 近所
1855	☐☐	**queue** [kjú:]	名 列 動 列を作って待つ line 列，〜に沿って並ぶ
1856	☐☐	**congested** [kəndʒéstid]	形 混雑した，密集した ⇨ 名 congestion 混雑 crowded 混雑した

人事・人材育成

1857	☐☐	**apprentice** [əpréntis]	名 (仕事の) 見習い ⇨ 名 apprenticeship 見習いの身分
1858	☐☐	**referral** [rifə́:rəl]	名 推薦，照会
1859	☐☐	**foster** [fɔ́:stər]	動 〜を促進する promote 〜を促進する
1860	☐☐	**morale** 発 [mərǽl]	名 士気，元気

The historic buildings are regularly maintained to preserve the nation's cultural heritage.	その歴史的建造物は，国の文化遺産を保存するために定期的に補修されています。
Employees can invite their family members to the company excursion.	社員は，家族を会社の小旅行に招くことができます。
Sea Dines Restaurant is in close proximity to the ocean.	シー・ダインズ・レストランは，海のごく近くにあります。
There are several hiking trails in the vicinity of the lake.	その湖の近辺には，いくつかのハイキングコースがあります。
Theatergoers are waiting in a queue to buy tickets to the popular play.	芝居が好きな人たちは，人気のある演劇のチケットを購入するために列を作って待っています。
Main Street is so congested that drivers are asked to make a detour.	メイン・ストリートは非常に混雑しているため，ドライバーは迂回することを求められています。

Jane Anderson started as an apprentice and became the president in the end.	ジェーン・アンダーソンは，見習いから始め，最後には社長になりました。
The office can provide you a referral to find a new job.	会社は，あなたに新しい仕事を見つけるための推薦を与えることができます。
The sales staff should foster better relationships with customers.	営業スタッフは，顧客とのよりよい関係を促進する必要があります。
The aim of this workshop is to increase the morale of the employees.	この講習会の目的は，社員の士気を高めることです。

ビジネス

1861	**practice** [prǽktis]	名 (医師などの) 業務 動 開業する, (〜を) 営業する, (〜を) 実践する
1862	**sustainable** [səstéinəbəl]	形 持続可能な continuous 継続的な
1863	**emerge** [imə́:rdʒ]	動 出現する, 発生する ⇨ 名 emergence 出現 appear 現れる
1864	**lucrative** [lú:krətiv]	形 儲かる, 利益のあがる profitable 利益をもたらす

記事・出版・雑誌・新聞

1865	**acknowledge** [əknálidʒ]	動 〜に感謝する
1866	**biography** [baiágrəfi]	名 伝記, 経歴 life story 伝記 経歴の意味では, bio と省略することもある
1867	**abstract** [ǽbstrækt]	名 要約, 抜粋 summary 要約, outline 概要
1868	**anonymous** [ənánəməs]	形 匿名の unidentified 正体不明の

建物・家

1869	**mow the lawn** [móu ðə lɔ́:n]	フレーズ 芝生を刈る

Linda opened a dental practice in her hometown.	リンダは，自分の生まれ育った町で歯科診療業務を始めました。
It is important to maintain sustainable development for a stronger economy.	より力強い経済のためには，持続可能な開発を維持することが重要です。
Ecolines Tech has emerged in Asia as a leader in recycling technology.	エコラインズ・テック社は，リサイクル技術のリーダーとしてアジアで出現しました。
The mobile Internet industry is becoming a lucrative business.	モバイルインターネット業界は，収益性の高いビジネスになりつつあります。
The president acknowledged Mr. Smith for his many years of service.	社長は，スミス氏に長年勤めてくれたことを感謝しました。
The biography tells Paul Jackson's story, from his childhood to his long career.	その伝記は，ポール・ジャクソンの物語を彼の子ども時代からその長い経歴にいたるまで伝えています。
Dr. Harper submitted an abstract of his research to the publisher.	ハーパー博士は，研究の要約を出版社に提出しました。
The article was written by an anonymous author.	その記事は，匿名の筆者によって書かれました。
You need to mow the lawn in front of the house.	あなたは，家の前の芝生を刈る必要があります。

Level 1

Level 2

Level 3

Level 4

Level 5

1870 ☐☐	**refurbish** [rifə́:rbiʃ]	動 ～を改装する renovate ～を修復する

イベント

1871 ☐☐	**applause** [əplɔ́:z]	名 拍手喝采 ⇨ 動 applaud ～に拍手を送る
1872 ☐☐	**exposition** [èkspəzíʃən]	名 展示会, 博覧会 exhibition, expo 展覧会, 見本市
1873 ☐☐	**plaque** [plǽk]	名 (記念品・賞などの) 盾

契約・ルール

1874 ☐☐	**enforce** [enfɔ́:rs]	動 (法律など) を実施する, ～を施行する carry out ～を実行する
1875 ☐☐	**adhere to** [ædhíər tə]	フレーズ ～を順守する, ～に粘着する follow, comply with ～に従う stick to ～にくっつく
1876 ☐☐	**impose** [impóuz]	動 (税金, 罰金, 義務など) を課す
1877 ☐☐	**lapse** [lǽps]	動 (期限が) 切れる expire 期限切れになる
1878 ☐☐	**stringent** [stríndʒənt]	形 (規則などが) 厳しい, 厳格な strict 厳格な

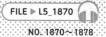
The interior designers will refurbish our office this weekend.	今週末，そのインテリアデザイナーたちが私たちのオフィスを改装する予定です。
The audience gave a round of applause for the distinguished lecturer.	聴衆は，その著名な講師に満場の拍手喝采を送りました。
A new line of cars was introduced at the automobile exposition.	その自動車展示会で，自動車の新製品のラインアップが紹介されました。
The president gave plaques to three employees for their contributions.	社長は，彼らの貢献に対して3人の社員に記念の盾を贈りました。
Human Resources sent an e-mail to all employees to enforce the new regulations.	人事部は，その新しい規則を実施するために全社員にEメールを送りました。
All workers are required to adhere to the new guidelines for safety.	すべての従業員は，安全のための新しいガイドラインを順守しなければなりません。
Fines will be imposed on illegal parking of vehicles.	車両の違法駐車には，罰金が課せられます。
Unless you renew your membership, it will lapse next week.	あなたの会員資格を更新しなければ，来週に期限が切れます。
The products will have stringent quality control tests before they are marketed.	それらの製品は，販売される前に厳しい品質管理検査を受けます。

Level 1
Level 2
Level 3
Level 4
Level 5

399

農業・食物

1879	☐☐	**culinary** [kʌ́lənèri, kjú:lənèri]	形 料理の
1880	☐☐	**perishable** [périʃəbəl]	形 腐りやすい

会議・議題

1881	☐☐	**convene** [kənví:n]	動 (会議・人など) を招集する gather, assemble ～を招集する
1882	☐☐	**pending** [péndiŋ]	形 未決定の undecided 未決定の, unresolved 未解決の
1883	☐☐	**solicit** [səlísit]	動 ～を請い求める, ～を頼む ask ～を求める
1884	☐☐	**petition** [pətíʃən]	名 請願書, 陳情書 request 要求 (書)

点検・確認

1885	☐☐	**verify** [vérəfài]	動 ～を確かめる, ～を証明する ⇨ 名 verification 照合 confirm ～を確認する
1886	☐☐	**validate** [vǽlidèit]	動 ～を有効にする, ～を認証する
1887	☐☐	**diagnose** [dáiəgnòus]	動 ～を診断する ⇨ 名 diagnosis 診断

The chef learned culinary skills at a restaurant in Paris.	そのシェフは，パリのレストランで料理の技術を学びました。
All perishable products must be kept in the refrigerator.	すべての腐りやすい食料品は，冷蔵庫に保管する必要があります。

The Human Resources department convened a meeting to discuss the new hiring policy.	人事部は，その新しい雇用方針を議論するために会議を招集しました。
The employees were told that their request was still pending.	従業員たちは，彼らの要求はまだ未決定であると伝えられました。
We need to solicit donations at the conference.	私たちは，その会議で寄付を求める必要があります。
More than 50,000 people signed a petition against the construction of the skyscraper.	5万人を超える人々が，高層ビルの建設に反対する請願書に署名しました。

Please verify your name at the entrance of the building.	その建物の入り口で，あなたの名前を確認してください。
You have to validate your credit card before you buy something.	何かを購入する前に，自分のクレジットカードを有効にする必要があります。
The doctor diagnosed the patient as having metabolic syndrome.	その医師は，患者をメタボリックシンドロームであると診断しました。

Level 1

Level 2

Level 3

Level 4

Level 5

401

経理・金銭

1888	☐☐	**constraint** [kənstréint]	名 制約, 抑制 limit 制限
1889	☐☐	**redeemable** [ridí:məbəl]	形 (商品と) 交換できる ⇨ 動 redeem ～を現金 [商品] に換える
1890	☐☐	**deduct** [didʎkt]	動 ～を差し引く, ～を控除する take ～を取り除く
1891	☐☐	**deficit** [défəsit]	名 赤字, 損失 loss 損失

データ

1892	☐☐	**breakdown** [bréikdàun]	名 内訳, (機械などの) 故障
1893	☐☐	**high-definition** [háidèfəníʃən]	形 高解像度の

評価

1894	☐☐	**admire** [ədmáiər]	動 ～を称賛する ⇨ 名 admiration 称賛
1895	☐☐	**commend** [kəménd]	動 ～をほめる
1896	☐☐	**appraise** [əpréiz]	動 ～を評価する ⇨ 名 appraisal 評価

We cannot hire additional staff due to budget constraints.	予算の制約により，私たちは追加のスタッフを雇うことはできません。
The voucher is redeemable with any merchandise under twenty dollars.	そのクーポン券は，20ドル未満の商品と交換できます。
Your income tax is deducted from your paycheck every month.	あなたの所得税は毎月，給料から差し引かれます。
Due to the decrease in sales, our deficit will continue to grow.	売上の減少により，当社の赤字は増え続けるでしょう。

Please check the breakdown of your payment for more details.	さらなる詳細については，お客様の支払いの内訳をご確認ください。
We use a high-definition camera to take pictures for advertisements.	広告用の写真を撮るために，私たちは高解像度カメラを使います。

Employees admire the president for her leadership.	社員たちは，社長のリーダーシップを称賛しています。
The president commends you highly for your innovative idea.	社長は，あなたの革新的なアイデアで，大いにあなたをほめています。
Managers are required to appraise their team members fairly.	管理職は，公正に自分のチームメンバーを評価する必要があります。

| 1897 ☐☐ | **acclaimed**
[əkléimd] | 形 評価された
renowned 有名な |
| 1898 ☐☐ | **testimonial**
[tèstəmóuniəl] | 名 (商品の) 推薦文
recommendation 推薦 |

注文・発送

| 1899 ☐☐ | **logistics**
[lədʒístiks] | 名 物流 (管理)，事業計画 |
| 1900 ☐☐ | **dispatch**
[dispǽtʃ] | 動 ～を派遣する |

素材・材料

1901 ☐☐	**substance** [sʌ́bstəns]	名 物質 material (特定の) 物質
1902 ☐☐	**garment** [gáːrmənt]	名 衣類 apparel 衣類
1903 ☐☐	**sturdy** [stə́ːrdi]	形 頑丈な strong 強い

芸術・作品

| 1904 ☐☐ | **compose**
[kəmpóuz] | 動 ～を作曲する，構成する
make ～を作る |
| 1905 ☐☐ | **curator**
[kjuəréitər] | 名 (博物館・図書館などの) 学芸員，館長 |

The new album of the highly acclaimed musician had the highest sales.	その高く評価されているミュージシャンの新しいアルバムは，最高の売り上げを記録しました。
Click here to read our clients' testimonials.	当社の顧客の推薦文を読むには，ここをクリックしてください。

The logistics centers are located downtown and deliver goods to customers.	その物流センターは町の中心部にあり，顧客に商品を配送しています。
We dispatched a group of technicians to the client's office.	私たちは，顧客のオフィスに技術者の一団を派遣しました。

Please take special care when you handle that chemical substance.	その化学物質を取り扱うときは，特別な注意を払ってください。
The garment is made of 90 percent cotton and 10 percent polyester.	その衣類は 90 パーセントのコットンと 10 パーセントのポリエステルでできています。
All of the furniture at our store is made from sturdy materials.	当店のすべての家具は，頑丈な材料で作られています。

The artist composed a piece of music for the symphony orchestra.	そのアーティストは交響楽団のために 1 つの曲を作曲しました。
The curator of the museum displayed the new artwork.	その美術館の学芸員は，新しい芸術作品を展示しました。

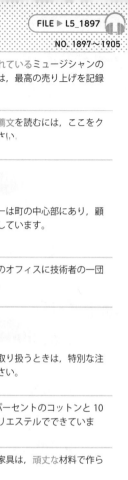

Level 1

Level 2

Level 3

Level 4

Level 5

計画・未来

1906	☐☐	**impending** [impéndiŋ]	形 差し迫った，切迫した upcoming まもなくやって来る[起こる，現れる]，nearing 近づいている
1907	☐☐	**aspiring** [əspáiəriŋ]	形 ～になろうとしている，～志願の
1908	☐☐	**envision** [invíʒən]	動 ～を心に描く，～を想像する visualize ～を思い描く
1909	☐☐	**be slated to** *do* [bi sléitid tə du]	フレーズ ～する予定[計画]である be scheduled to *do* ～する予定である

対処・対応

1910	☐☐	**expedite** [ékspədàit]	動 ～を早く処理する，～を促進する
1911	☐☐	**accordingly** [əkɔ́:rdiŋli]	副 それに応じて
1912	☐☐	**commensurate** [kəménsərət]	形 釣り合った，同等の
1913	☐☐	**precaution** [prikɔ́:ʃən]	名 予防策，用心
1914	☐☐	**dispose of** [dispóuz əv]	フレーズ ～を処分[処理]する， ～を捨てる eliminate ～ from ... ～を…から除去する
1915	☐☐	**withstand** [wiðstǽnd]	動 ～に耐える，～に抵抗する

The impending merger of the two leading companies will have a big impact on the whole industry.	その2つのトップ企業の差し迫っている合併は，業界全体に大きな影響を与えるでしょう。
The writing workshop is intended for aspiring novelists.	その執筆講習会は，小説家になろうとしている人たちを対象としています。
The CEO envisions the future of company growth and expansion.	CEOは，会社が成長し拡大する未来を心に描いています。
The new branch office is slated to open in New York next month.	新しい支社は，来月ニューヨークで開業することが予定されています。

We can expedite your delivery with an extra fee.	当社は，追加料金で配送を早めることができます。
Whether you choose a train or a plane, make your travel arrangements accordingly.	あなたが電車と飛行機のどちらを選ぶにしても，それに応じて自分の旅行の手配を進めてください。
Your salary will be commensurate with your performance.	あなたの給与はあなたの実績に釣り合ったものとなります。
To take precautions against natural disasters, always follow the latest news.	自然災害に対する予防策を講じるには，常に最新のニュースに注意してください。
Please make sure to dispose of waste properly.	廃棄物を，必ず適切に処分するようにしてください。
The building was built to withstand heavy wind and rain.	その建物は，激しい風や雨に耐えるように建てられました。

Level 1
Level 2
Level 3
Level 4
Level 5

407

増減

1916 ☐☐	**accelerate** [əksélərèit]	動 ～を加速する，～を促進する expedite ～を促進する
1917 ☐☐	**stimulate** [stímjəlèit]	動 ～を活性化する，～を刺激する ⇨ 名 stimulus 刺激
1918 ☐☐	**accumulate** [əkjú:mjəlèit]	動 ～を蓄積する，積もる increases ～を増やす

時・時間

1919 ☐☐	**contemporary** [kəntémpərèri]	形 現代の，同時代の current, now 現在の
1920 ☐☐	**simultaneously** [sàiməltéiniəsli]	副 同時に at the same time 同時に
1921 ☐☐	**set aside** [sèt əsáid]	フレーズ ～を確保する

数・量

1922 ☐☐	**adequate** [ǽdikwət]	形 十分な ⇔ inadequate 不十分な enough 十分な
1923 ☐☐	**abundant** [əbʌ́ndənt]	形 豊富な rich 豊富な
1924 ☐☐	**ample** [ǽmpəl]	形 十分な，豊富な enough 十分な

An expansion in tourism will accelerate regional growth.	観光業の拡大は，地域の成長を加速するでしょう。
The newly opened shopping complex should stimulate the local economy.	新たにオープンした複合商業施設は，地域経済を活性化するはずです。
The recently appointed leaders will accumulate experience in the coming year.	最近任命されたリーダーたちは，今後1年間に経験を積むでしょう。

The museum features contemporary art in the permanent exhibition.	その美術館は，常設展示室で現代美術を大きく取り上げています。
This system can perform several transactions simultaneously.	このシステムは，複数の業務を同時に実行できます。
I had set aside enough time to finish my project before the deadline.	私は，期限までに自分のプロジェクトを完成させるための十分な時間を確保しました。

We have adequate time to finish assembling all of the products.	私たちには，その製品をすべて組み立て終えるのに十分な時間があります。
The manager should have abundant knowledge of all the company's products.	管理職は，会社のすべての製品についての豊富な知識を持っている必要があります。
We don't have ample funds to hire additional accountants.	私たちには，追加の会計士を雇うのに十分な資金はありません。

Level 1
Level 2
Level 3
Level 4
Level 5

思考・判断

1925	☐☐	**compromise** [kámprəmàiz]	動 妥協する，譲歩する 名 妥協，譲歩
1926	☐☐	**consent** [kənsént]	動 同意する，承諾する 名 承諾，同意 agree 同意する, agreement 同意
1927	☐☐	**endorse** [endɔ́:rs]	動 ～を承認する，（意見・提案など） を支持する ⇨ 名 endorsement 是認, 支持
1928	☐☐	**settle** [sétəl]	動 ～を解決する，～を決定する solve ～を解決する
1929	☐☐	**devise** [diváiz]	動 ～を考案する，～を工夫する create ～を創作する, develop ～を開発する
1930	☐☐	**formulate** [fɔ́:rmjəlèit]	動 ～を考案する devise ～を考案する
1931	☐☐	**discretion** [diskréʃən]	名 自由裁量 preference 好むこと

重要・必要

1932	☐☐	**mandatory** [mǽndətɔ̀:ri]	形 必須の，義務的な obligatory 義務的な
1933	☐☐	**imperative** [impérətiv]	形 必須の 名 義務 important 重要な, critical 重大な
1934	☐☐	**entail** [entéil]	動 ～を伴う，～を必要とする require ～を必要とする

The schedule was tight, but we didn't want to compromise on quality.	スケジュールは厳しかったものの，私たちは品質について妥協したくありませんでした。
The client consented to our proposal.	その顧客は，私たちの提案に同意しました。
The manager endorsed our proposed budget.	部長は，私たちが提案した予算を承認しました。
We settled the shipping problem with the supplier.	私たちは，供給業者と配送の問題を解決しました。
Let's devise a marketing plan to sell our new product.	新製品を販売するためのマーケティング計画を考案しましょう。
We formulated a short-term plan to deal with current problems.	現在の問題に対処するための短期計画を考案しました。
You can make any changes to the product at your discretion.	ご自身の裁量でその製品に変更を加えることができます。
It is mandatory for workers to wear safety gear at all times.	作業員は，常に安全装備を着用することが必須です。
It is imperative that you contact each member of the project soon.	あなたがそのプロジェクトの各メンバーとすぐに連絡をとることが，必須です。
This position entails researching and writing reports of your findings.	この役職は，研究することと，その結果の報告書を書くことを伴います。

411

問題・原因

1935 ☐☐	**interfere with** [intərfíər wið]	フレーズ ～の妨げとなる ⇨ 名 interference 妨害, 干渉
1936 ☐☐	**incur** [inkə́:r]	動 (損害・非難・危険など) をこ うむる, ～を招く
1937 ☐☐	**disruption** [disrʌ́pʃən]	名 中断, 混乱 ⇨ 動 disrupt ～を中断させる
1938 ☐☐	**deteriorate** [ditíəriərèit]	動 悪化する worsen 悪化する
1939 ☐☐	**adverse** [ædvə́:rs]	形 有害な, 反対の, (天候が) 不都 合な ⇨ 副 adversely 逆に
1940 ☐☐	**flaw** [fló:]	名 欠陥, 傷 動 ～を損なう defect 欠陥
1941 ☐☐	**deviate** [dí:vièit]	動 外れる, それる
1942 ☐☐	**outage** [áutidʒ]	名 機能 [供給] 停止, 停電 disruption 中断
1943 ☐☐	**jeopardy** [dʒépərdi]	名 危険, 危機 danger, risk 危険
1944 ☐☐	**impassable** [impǽsəbəl]	形 通行できない ⇔ passable 通行できる

The strong winds interfered with the construction work outside.	その強風は，屋外の建設工事の妨げとなりました。
I incurred a late fee for keeping the rental car one day longer.	私は，レンタカーを1日長く持っていたために延滞料をこうむりました。
The building construction may cause a temporary disruption to the electricity service.	その建物の建設が，電力供給の一時的な中断を引き起こす可能性があります。
The financial situation has deteriorated due to the bad economy.	不景気のせいで，財務状況は悪化してきています。
We need to find out ways to prevent adverse effects on the environment.	私たちは，環境への悪影響を防ぐ方法を見つける必要があります。
The facility did not pass the inspection because of a structural flaw.	その施設は，構造上の欠陥のために，その検査に合格しませんでした。
We cannot deviate from our original plan because it requires significant changes.	私たちは当初の計画から外れることができませんが，それは大幅な変更が必要となるからです。
Currently, we cannot use the equipment due to a power outage.	現在，電気の供給が停止しているために，私たちは設備が使えません。
The fires in the forest have put the lives of animals in jeopardy.	その森林での火災は，動物たちの命を危険にさらしています。
The trails were impassable due to the muddy conditions.	その山道は，泥だらけの状態なので通行できませんでした。

協力・組み合わせ

1945	**affiliated** [əfílièitid]	形 関連のある，提携している connected 関連のある
1946	**consolidate** [kənsálidèit]	動 ～を統合する，～を合併する combine ～を組み合わせる
1947	**liaison** [liéizà:n]	名 連絡（係） point of contact 連絡窓口，連絡先

状態

1948	**transparent** [trænspǽrənt]	形 透明な，明白な clear 透明な
1949	**vibrant** [váibrənt]	形 精力的な，生き生きした，活発な energetic エネルギッシュな
1950	**robust** [roubʌ́st]	形 （経済などが）活発な，堅固な powerful 強力な
1951	**rigorous** [rígərəs]	形 厳しい，厳格な strict 厳しい

説明

1952	**concise** ⑦ [kənsáis]	形 簡潔な brief 簡潔な
1953	**respectively** [rispéktivli]	副 それぞれに

We are going to set up an affiliated company to help sell our product.	私たちは，当社の製品の販売を促進するために関連会社を設立します。
The two companies will consolidate their branch offices after they merge.	その2社は，合併した後で支社を統合する予定です。
Our headquarters acts as a liaison between our domestic and international offices.	当社の本部は，国内と国外のオフィス間の連絡係として機能しています。
Garbage must be put in a transparent plastic bag.	ごみは透明なビニール袋に入れなければなりません。
Because Ben Grant is a vibrant speaker, everyone will pay attention to him.	ベン・グラントは精力的な講演者なので，誰もが彼に注意を払うでしょう。
Because of the robust economy, people are spending more than before.	活発な経済のため，人々は以前よりも多くのお金を使っています。
Mr. Hopkins has successfully completed the rigorous business course.	ホプキンス氏は，その厳しいビジネス講座を首尾よく修了しました。
Your explanation is concise and easy to follow.	あなたの説明は，簡潔でわかりやすいものです。
The monitor and keyboard cost $100 and $50 respectively.	そのモニターとキーボードは，それぞれ100ドルと50ドルの価格です。

415

1954	☐☐	**clarify** [klǽrifài]	動 ～を明確にする ⇨ 名 clarification 明確化 ⇨ 形 clear 明確な
1955	☐☐	**articulate** [ɑːrtíkjəlèit]	動 ～を明確に表現する ⇔ veil ～を覆い隠す
1956	☐☐	**unveil** [ʌnvéil]	動 (新製品など) を公表する, ～を明らかにする disclose, open ～を公表する
1957	☐☐	**reiterate** [riːítərèit]	動 ～を繰り返す repeat ～を繰り返す
1958	☐☐	**anecdote** [ǽnikdòut]	名 逸話 episode 出来事
1959	☐☐	**pertain to** [pərtéin tə]	フレーズ ～に関連する be relevant to ～に関連する

興味・関心

1960	☐☐	**intriguing** [intríːgiŋ]	形 興味をそそる, 魅力的な fascinating 魅惑的な, exciting わくわくする
1961	☐☐	**avid** [ǽvid]	形 熱心な passionate 熱烈な

達成・結果

1962	☐☐	**consequence** [kánsəkwèns]	名 結果 ⇨ 副 consequently その結果 result 結果

416

We need to clarify our goals before launching the project.	そのプロジェクトを立ち上げる前に，自分たちの目標を明確にする必要があります。
The management articulated the importance of customer satisfaction.	経営陣は，顧客満足度の重要性を明確に表現しました。
The designer has unveiled a plan for a small shopping center downtown.	そのデザイナーは，繁華街の小さなショッピングセンターの計画を公表しました。
You should reiterate the main points of the meeting at the end.	あなたは，最後に会議の要点を繰り返すべきです。
A personal anecdote is persuasive as part of a presentation.	個人的な逸話は，プレゼンテーションの一部として説得力があります。
The e-mails from human resources pertain to all newly hired employees.	人事部からのそのEメールは，新しく雇用されたすべての社員に関連するものです。
I had an intriguing discussion with my client about new business opportunities.	私は，顧客と新しいビジネスチャンスについて興味深い議論を行いました。
Christina Perry is an avid reader of the financial newspaper.	クリスティナ・ペリーは，その経済新聞の熱心な読者です。
Ryan Gale led the project to success. As a consequence, he got promoted.	ライアン・ゲールは，そのプロジェクトを成功に導きました。その結果，彼は昇進しました。

Level 1

Level 2

Level 3

Level 4

Level 5

417

1963	**endeavor** [endévər]	名 試み，努力 動 試みる，努力する effort 努力	

能力・資格

1964	**resourceful** [ri:sɔ́:rsfəl]	形 機転が利く，資源が豊富な ⇨ 名 resource 資源	
1965	**proficient** [prəfíʃənt]	形 堪能な，熟練した ⇨ 名 proficiency 熟練	
1966	**command** [kəmǽnd]	名 運用力 動 （言葉など）を自由に操る ability, skill 能力	
1967	**privilege** [prívəlidʒ]	名 名誉，特権	
1968	**savvy** [sǽvi]	形 知識が豊富な，精通した knowledgeable 知識の豊富な	

ポジティブ

1969	**optimal** [áptəməl]	形 最適な best 最善の	
1970	**prominent** [práminənt]	形 著名な remarkable 注目すべき	
1971	**prestigious** [prestí(:)dʒəs]	形 名声のある，一流の honorable 光栄である	

The endeavor to create a new product was successful.	新製品を生み出す試みは成功しました。

The restaurant is looking for experienced and resourceful staff.	そのレストランは，経験豊富で機転が利くスタッフを求めています。
Charles Mine is good at learning languages and became proficient in Japanese.	チャールズ・マインは，語学が得意で，日本語が堪能になりました。
We are seeking experienced service representatives who have a good command of English.	私たちは，英語の高い運用力を持った経験豊富なサービス担当者を募集しています。
It has been a privilege to work with your staff.	御社のスタッフと一緒に仕事ができたことは，名誉なことでした。
The video editing software is designed for savvy computer users.	そのビデオ編集ソフトは，知識が豊富なコンピューターユーザー向けに設計されています。

Please keep the room at the optimal temperature in the chemical laboratory.	その化学実験室では，室内を最適な温度に保ってください。
Jason Lindsay is a prominent actor at the famous London theaters.	ジェイソン・リンジーは，ロンドンの有名な劇場で著名な俳優です。
The director received a prestigious award for his film.	その監督は自身の映画で，名誉ある賞を受賞しました。

Level 1
Level 2
Level 3
Level 4
Level 5

419

1972 ☐☐	**prosperous** [práspərəs]	形 繁栄する
1973 ☐☐	**vigorous** [vígərəs]	形 活気にあふれた energetic エネルギッシュな

変化・変更

1974 ☐☐	**fluctuate** [fláktʃuèit]	動 変動する，変化する change 変わる
1975 ☐☐	**variable** [véəriəbəl]	形 変わりやすい，変動する
1976 ☐☐	**dilute** [dailúːt]	動 ～を薄める

集中・注意

1977 ☐☐	**deliberate** [dilíbərət]	形 慎重な careful, cautious 慎重な
1978 ☐☐	**elaborate** 動 [ilǽbərèit]　形 [ilǽbərət]	動 ～を念入りに仕上げる 形 精巧な，入念な ⇨ 名 elaboration 仕上げること
1979 ☐☐	**meticulous** [mətíkjuləs]	形 細心の，綿密な thorough 徹底的な

実行・実施

1980 ☐☐	**implement** [ímpləmènt]	動 ～を実行する conduct, carry out ～を実行する

We look forward to a long and prosperous relationship with you.	当社は，御社との長くて繁栄する関係を待ち望んでいます。
The chef has a vigorous personality, so he is popular among customers.	そのシェフは活気にあふれた個性の持ち主なので，顧客に人気があります。

Airfares fluctuate greatly depending on the season.	航空運賃は，季節によって大きく変動します。
The weather in the mountain area is variable.	山岳地帯の天気は変わりやすいです。
Dilute the liquid with water before using it.	その液体は，使う前に水で薄めてください。

This achievement was made possible by our deliberate approach.	この成果は，私たちの慎重な方法によって達成されました。
Diana elaborated a marketing strategy to convince her supervisor.	ダイアナは，彼女の上司を説得するために，マーケティング戦略を念入りに仕上げました。
The photographer takes meticulous care when cleaning her expensive camera.	その写真家は，自分の高価なカメラの汚れを落とすとき，細心の注意を払います。

The factory implemented a new procedure to streamline the production.	その工場は，生産を効率化するための新しい方法を実行しました。

Level 1

Level 2

Level 3

Level 4

Level 5

421

| 1981 ☐☐ | **utilize**
[jú:təlàiz] | 動 〜を活用する
⇨ 名 utility 有用性，役立つもの
take advantage of 〜を活用する |
| 1982 ☐☐ | **execute**
[éksəkjù:t] | 動 〜を遂行する
⇨ 名 execution 実行，実施 |

対比・比較

| 1983 ☐☐ | **equivalent**
[ikwívələnt] | 形 同等の，(-to) 〜に相当する
equal 等しい |
| 1984 ☐☐ | **proportion**
[prəpɔ́:rʃən] | 名 割合，比率
rate, ratio 割合 |

構成

| 1985 ☐☐ | **comprehensive**
[kàmprihénsiv] | 形 包括的な，広範囲にわたる
complete 完全な |
| 1986 ☐☐ | **be composed of**
[bi kəmpóuzd əv] | フレーズ 〜で構成されている |

可能性

| 1987 ☐☐ | **feasible**
[fí:zəbəl] | 形 実行可能な
⇨ 名 feasibility 実行できること |
| 1988 ☐☐ | **viable**
[váiəbəl] | 形 実行可能な
feasible 実行可能な |

Participants will be able to utilize their new skills after the workshop.	参加者は，その講習会の後で自分の新しいスキルを活用することができるでしょう。
We need to execute the business plan perfectly.	私たちは，完璧にその事業計画を遂行する必要があります。

The height of the building is equivalent to the tallest tower downtown.	その建物の高さは，中心街で最も高いタワーに相当します。
The proportion of applicants with overseas experience has been increasing.	海外での経験を持つ応募者の割合が増加してきています。

This is a comprehensive guide to the hiking trails in the park.	これは，この公園内のハイキングコースの総合的な案内です。
The research team is composed of experts in various fields.	その研究チームは，さまざまな分野の専門家で構成されています。

The project will progress smoothly because of our feasible plan.	私たちの実行可能な計画のおかげで，そのプロジェクトは円滑に進行するでしょう。
Hard work is a viable approach to achieving your goals.	懸命に働くことが，目標を達成するための実行可能な方法です。

Level 1

Level 2

Level 3

Level 4

Level 5

| 1989 | ☐☐ | **plausible**
[plɔ́:zəbəl] | 形 もっともらしい
persuasive 説得力のある, possible あ
りえる |

種類

| 1990 | ☐☐ | **miscellaneous**
[mìsəléiniəs] | 形 種々の, 寄せ集めの, 多面的な |

| 1991 | ☐☐ | **versatile**
[vɔ́:rsətəl] | 形 多才な, 用途が多い |

順番・継続

| 1992 | ☐☐ | **persistent**
[pərsístənt] | 形 根気強い, やり抜く
⇨ 動 persist 固執する |

| 1993 | ☐☐ | **subsequent to**
[sʌ́bsəkwənt tə] | フレーズ ～の後で
⇔ prior to ～の前に |

| 1994 | ☐☐ | **unprecedented**
[ʌnprésidəntid] | 形 前例がない
⇔ precedented 先例のある |

| 1995 | ☐☐ | **coincide with**
[kòuinsáid wiθ] | フレーズ ～と同時に起こる,
～と一致する
➡ coincidence (偶然の)一致 |

責任

| 1996 | ☐☐ | **liable**
[láiəbəl] | 形 法的責任がある
reasonable 責任のある |

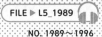
A train delay is a plausible explanation for being late for work.	列車が遅れたということは，仕事に遅れたことの1つのもっともらしい説明です。

Level 1

All topics that are not in any categories go in the miscellaneous section.	どの分野にも属さないトピックはすべて，その他いろいろの区分に入ります。
The robot's versatile abilities surprised everyone at the show.	そのロボットの多才な能力は，その発表会でみんなを驚かせました。

Level 2

The sales staff must make a persistent effort to reach their goals.	営業部員は，自分の目標を達成するために根気強い努力をしなければなりません。
Subsequent to the launch of the product, there was a huge ad campaign.	その製品の発売の後で，大規模な広告キャンペーンがありました。
The company has been facing an unprecedented situation due to changing trends.	変化し続ける動向により，その会社は前例がない状況に直面しています。
The release of the new toy will coincide with the holiday season.	新しいおもちゃの発売は、休暇シーズンと同時に起こります。

Level 3

Level 4

The company is not liable for any non-work related injuries.	会社は，業務に関係のないけがについては責任がありません。

Level 5

425

1997	☐☐	**assume** [əsjúːm]	動 (役割) を引き受ける, ～を推定する accept ～を受け入れる
1998	☐☐	**delegate** 動 [déligèit] 名 [déligət]	動 ～を委譲 [委任] する 名 代行者, 代理人

生産・工場

1999	☐☐	**yield** [jíːld]	名 収穫 (量・物) 動 ～を産出する
2000	☐☐	**crate** [kréit]	名 木箱 wooden box 木箱

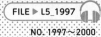
Each team leader will assume responsibility for the team's performances.	各チームリーダーは，チームの実績に関して責任を引き受けることになります。
While on a business trip, the manager delegated his responsibilities to his subordinate.	出張中，部長は自分の職務を部下に委任しました。
The farm will have a good yield of rice this year.	今年，その農場は米の収穫量が多いでしょう。
The manufactured items are stored in crates at our warehouse.	製造された商品は，当社の倉庫で木箱に入れて保管されます。

Level 1

Level 2

Level 3

Level 4

Level 5

「覚える語句」から「使える語句」へ

　1冊の学習を終えたあなたの語彙力は，学習前と比べて飛躍的に伸びています。ここまで覚えた単語やフレーズが，TOEIC® L&R テストで登場した時にそれらを瞬時に理解できるように学習を進めてきました。ここでさらに上のレベルを目指しませんか？

　覚えた語句をリスニング・リーディングの中で理解するという目的を，ビジネスなどで実際にスピーキングやライティングで使える状態に変えてみませんか？

　レベル1の語句は見れば意味がすぐに言えるくらい簡単かもしれませんが，そのレベル1の例文の日本語訳を見て，スムーズに英語で言えるのは簡単ではないかもしれません。これが「語句の意味を言える」という状態と「語句を使える」という状態のギャップなのです。

　このギャップを埋めるためにオススメなのが，例文のアウトプットです。日本語訳と英文を先に確認した上で，英文を見ずに声に出したり，PC などに文章を入力したりすることで使い方が身に付きます。英文をご自身に関連した内容に変更するとさらに効果的です。

　例えば，レベル1の最初の英文は I made a reservation for a group of six. ですが，もし今日食事の予約をするのであれば，この文を思い出しながら，I'd like to make a reservation for a group of four. などにすることで，より「自分向き」の英文となります。

　語句は文を使って練習すればするほど，使い方が身に付きます。また，文にすることで文法も含まれていますから，使える語句を身に付けることは使える文法を身に付けることにもつながります。ぜひ一歩上の語彙力を手にしてください！

　最後に，私は毎日英語のフレーズをメルマガ「ボキャブラリーブースター」として配信しています。購読は無料ですので，ぜひ追加の学習にお役立てください！

https://boosterstation.jp/vocabulary/

さくいん

数字は見出し語句番号で，語句と数字の太字は見出し語句であることを示しています。
動 名 形 副 前 接 フ 各品詞，フレーズであることを示しています。
同じ単語でも意味が異なる場合は，別掲載しています。
品詞のない語句は反意語です。

早川 幸治（はやかわ こうじ）

ニックネームはJay。株式会社ラーニングコネクションズ代表取締役。IT企業から英語教育の世界へ転身し，現在はTOEIC® L&Rテスト対策や英語学習法セミナーや講演などで，これまで全国で170社を超える企業を担当。また明海大学や桜美林大学，明徳義塾高校などでも教える。高校2年生で英検4級不合格から英語学習をスタート。苦手意識を克服した経験から，学習者サポートにも力を入れている。

TOEIC® L&Rテスト990点（満点），英検1級取得。著書に『TOEIC® L&Rテスト 書き込みドリル【スコア500全パート入門編】』『TOEIC® L&Rテスト 書き込みドリル【スコア500文法編】』『TOEIC® L&Rテスト 書き込みドリル【スコア650全パート標準編】』（以上，桐原書店），『TOEIC® L & R テスト 究極のゼミ Part 3 & 4』（アルク），『英単語おぼえ放題』（スリーエーネットワーク），『はじめてでも600点ごえ! TOEIC® テスト全パート完全対策 新形式問題対応』（永岡書店）など50冊以上。桐原グローバルアカデミーにて「TOEIC® L&Rテスト速習プログラム」「TOEIC® L&Rテスト点数保証コース」をプロデュース。

単語メルマガ「ボキャブラリーブースター」を毎日，ポッドキャスト番組「Jayの英語スキルブースター」を毎週配信中。

● ウェブサイト 「Jay's Booster Station」https://boosterstation.jp/
● ブログ 「英語モチベーション・ブースター」https://ameblo.jp/jay-english/
● YouTube 「JayのTOEIC®テストスコアアップチャンネル」https://www.youtube.com/user/jayscoreup
● twitter @jay_toeic

教材のご感想をお聞かせください。jay@jay-toeic.com

● **執筆協力**

　　伊藤 雄馬／大城 玲奈／大西 由紀子／野上 文子／原 純／番場 直之／矢津 裕子／山本 直実

● **英文校閲**

　　Karl Matsumoto

データベース TOEIC® L&R テスト 最強 単語&フレーズ

2020年3月25日　初　版第 1 刷発行

著　者	早川 幸治
発行人	門間 正哉
発行所	株式会社 桐原書店
	〒 160-0023　東京都新宿区西新宿 4-15-3
	住友不動産西新宿ビル 3 号館
	TEL：03-5302-7010（販売）
	www.kirihara.co.jp
装　丁	石垣 由梨（Isshiki）
DTP	尾崎 朗子（Isshiki）
印刷・製本	図書印刷株式会社

Ⓚ **桐原書店のアプリ**